新自由主義と金融覇権

現代アメリカ経済政策史

萩原伸次郎
Shinjiro Hagiwara

大月書店

はじめに

■「ケインズ連合」の形成と崩壊

　かつて私は,『アメリカ経済政策史——戦後「ケインズ連合」の興亡』(有斐閣, 1996年) と題する著書を上梓したことがある．この書は，ニューディール期以降アメリカ経済に形成され，1960年代ジョン・F・ケネディ (John F. Kennedy) ～リンドン・ジョンソン (Lyndon Johnson) 政権期において最高潮を迎える「ケインズ連合」の興亡を歴史的に描いたものだった．

　ケインズ連合とは，一言でいえば，高利潤と高賃金水準によって経済成長を実現させた，アメリカ巨大企業と巨大労働組合の協調関係のことである．経済政策的には，かのジョン・メイナード・ケインズ (John Maynard Keynes) の経済学をアメリカ経済の実態に合わせ実践に移したものだ．このケインズ政策の実施により，戦後のアメリカ経済における景気循環は，軽微に済んでいた．1929年大恐慌の再来と言われた，2008年9月15日に始まる世界経済危機のような恐慌は，ケインズ連合の下では決して起こることはなかったのである．

　しかし，このケインズ連合は，1970年代に危機を迎え，ロナルド・レーガン (Ronald Reagan) 政権期には崩壊してしまう．ケインズ連合崩壊後のアメリカ経済は，長らく混迷の時代が続き，徐々に金融を基軸とする構造に転換していく．その行き着く先は，2008年9月15日のリーマン・ショックに始まる世界経済危機だった．

　前著では，このケインズ連合の崩壊と，金融を基軸とするアメリカ経済の出現を，次のように述べていた．「ケインズ連合崩壊後のアメリカ経済は，まさしくケインズが憂慮した投機活動が優位を占める構造それ自体を政策的に作り出してしまったのである」．しかしながら，前著では，「ケインズの憂慮」を指摘してはいたが，2008年世界経済危機を予測していたわけでは，もちろんない．

■現代アメリカ経済の理論的分析

その後，私は，『世界経済と企業行動——現代アメリカ経済分析序説』（大月書店，2005年）を上梓することができた．この書では，第二次世界大戦後今日に至るアメリカ経済を，大きく2つの歴史的段階に区分し，経済理論的分析をおこなった．すなわち，ケインズ連合が支配する段階と，ケインズ連合崩壊後の現代アメリカ経済の分析である．

後段の現代アメリカ経済分析において，私が主張したのは，次の点であった．第1に，現代世界経済の幕開きは，リチャード・ニクソン（Richard Nixon）政権によっておこなわれた金ドル交換停止・変動相場制・国際投資規制撤廃によって戦後の国際通貨体制が大きく転換した1971年～73年に求めることができるということである．その体制転換の主要アクターはアメリカ多国籍企業であることから，その行動の理論分析をおこない，多国籍企業のめざす世界通商・投資システムの基本について明らかにした[2]．

第2に，現代世界経済における金融危機の頻発の理論的把握である．金融自由化の下で引き起こされる金融危機の頻発，すなわち1997年アジア通貨危機，翌年のルーブル危機，またこの時期アメリカでは，2000年春以降の株価急落と巨大企業不正会計事件に端を発する企業倒産など，金融不安の連発があった．この書では，アメリカ経済の金融不安定状況を，金融機関を含めた企業行動と関連させ，その本質は何かを究明した．金融不安定性仮説の提唱者，ハイマン・ミンスキー（Hyman Minsky）の議論の現代化を図り，アメリカ型金融システムの形成を論じる中で，経済の証券化の理論的把握をおこなった．これは図らずも，2008年世界経済危機勃発の理論的基盤を構築することになったと思っている[3]．

そして第3に，現代国際金融システムが生み出す金融不安創出の理論的把握である．国際資本取引の自由化が生み出す金融システムと金融不安の理論的分析である．アメリカ投資銀行を基軸に形成されるアメリカ金融覇権が，世界経済の中でどのように利益を追求するか，また国際的取引関係を通じて金融危機をどのように誘発するのかについての分析であった[4]．

しかしながら，この書では，理論的分析に走るあまり，歴史具体的な経済政策分析となってはいなかった．この書のあとがきでは次のように記されている．

「本書は現代アメリカ経済の分析を試みたものではあるが，理論的な分析にはしるあまり，具体的な資料に基づく現代経済政策分析になっていない点は，十分認識している．本書の副題として，現代アメリカ経済分析序説としたのは，その意味を込めている．ある意味で，私は本書を書き上げたことによって，現代アメリカ経済政策の『本論』を書かねばならない宿題を負ったことになる」．

■ **金融覇権の興隆と危機を軸とする政策史**

本書は，その意味で，前著において果たせなかった，現代アメリカ経済政策の「本論」のつもりである．果たして宿題を果たせた「本論」となっているかどうかは，読者諸賢のご判断にまつしかない．

本書は，アメリカにおける金融覇権の生成・確立・危機を基軸に，ニクソン政権以降の経済政策を論じた．こうした視角からアメリカ経済を基軸とする世界経済の展開を論じることが正当かどうかは，議論の分かれるところであろう．例えば，現代世界経済では超国籍資本階級（Transnational Capitalist Class）の勃興によるグローバルな階級形成がなされているとするウィリアム・ロビンソン（William Robinson）の見解からは，アメリカにおける金融覇権が世界経済に深刻な影響を与えるという議論は出てきそうにない．彼によれば，資本主義は，4つの段階のグローバリゼーションを経て今日に至ったという．第1段階が，ヨーロッパの封建制から生成した重商主義と地理上の発見の時代（1492年から1789年まで），第2が産業革命を経て競争的な古典的な資本主義の形成時代（19世紀末まで），第3が戦争と帝国主義の時代（1970年代初頭まで），そして第4が，情報時代のマイクロチップとコンピュータに象徴される超国籍資本階級によって世界資本主義が形成される現代というわけだ．彼によれば，1970年代初頭以降，覇権の杖は，アメリカから新しい覇権国家や地域ブロックへではなく，超国籍の形をとるグローバル資本主義の時代へ移動してゆくということになる．

また，国際政治経済学の碩学，ロバート・ギルピン（Robert Gilpin）は，冷戦後の世界経済を論じた研究書において，かつての自らの折衷主義的立場を自己批判しながら，次のように述べている．「1987年の折衷主義的拙著によって，私は，国際政治経済学における3つの主要な見解を考察した——自由主義，マルクス主義，ナショナリズムがそれであるが，この本では，国際経済を分析す

るのに意識的にリアリストか国家中心主義的アプローチをとる．グローバル経済についての多くの最近の著作と異なり，私は，国民国家が国内および国際的な経済事情の両方において，支配的なアクターとして残ると信じて疑わない」．冷戦終結後，ソ連・東欧の消滅によって，自由主義が勝利し，グローバル経済が国家の枠組みを超えたと議論される時に，あえてギルピンは，国家中心主義的リアリズムの立場を堅持したいという．「冷戦終結とともに，アメリカのリーダーシップと資本主義列強間の緊密な経済協力は衰えた．と同時に，かつての共産主義国や第3世界の国々が市場システムに喜んで参加するようになれば，市場志向の世界はより大きく成長することとなるだろうし，これは，世界貿易機関（WTO）における低開発諸国による，より活動的な役割によって示されてきたものだ」とも述べている．

　こうした，最近の世界経済をめぐる相反する政治経済学的把握に対して，私はどのような立場をとるべきなのか迷いもあったし，また，アメリカの金融覇権の生成・確立・危機という本書の視角から上梓することに躊躇がなかったわけではない．しかし，こうした躊躇を払拭し，本書を書き上げることに勇気を与えてくれた最近の著作として，デービッド・コッツ（David Kotz）の『ネオリベラル資本主義の興亡』（未邦訳）があったことを，ここで正直に告白しておこう．コッツは，現代資本主義を単にグローバリゼーションやファイナンシャリゼーション（金融化）という概念で捉えることに異議を唱える．そして，ネオリベラル資本主義の興隆にこそ現代資本主義の特徴があり，それが2008年世界経済危機の構造的要因であると指摘する．だから，この危機は，ネオリベラル資本主義が引き起こした構造的危機なのだ．

　私は，コッツの現代資本主義把握に賛意を表しつつ，さらに的を絞って，金融覇権の興亡に焦点を当てたいと考える．というのは，2008年に勃発した世界経済危機は，アメリカの金融覇権が生成・発展し，確立した後に起こったからこそ，その規模はまさしくグローバルであり，1929年大恐慌を想起させるものとなったからに他ならない．かくして私は，戦後の通貨システムの大転換であり，アメリカにおける金融覇権生成の歴史的起点となった，ニクソン政権による金ドル交換停止に始まり，変動相場制を経て，国際資本取引の自由に帰結するプロセスから議論を始めることとしよう．

本書は，大月書店編集部木村亮氏の強いお勧めによるものである．本来ならばもっと早く出版にこぎつけるはずであったが，著者の怠慢により，原稿の執筆が遅れ，氏には，たいへんご迷惑をおかけした．著者の原稿完成を忍耐強く待たれたことに，深く感謝申し上げる．

　また，本書執筆の最終段階で，『バーニー・サンダース自伝』（大月書店，2016年）監訳の仕事が加わった．この翻訳については，『米国経済白書』翻訳チームである朝比奈剛，大橋陽，十河利明，千原則和，宮﨑礼二の各氏のご協力によって無事仕上げることができた．この自伝は，「民主的社会主義者」であると自ら名乗り，2016年民主党大統領候補者選びにおいてヒラリー・クリントン（Hillary Clinton）と大接戦を演じたバーニー・サンダース（Bernie Sanders）上院議員の政治人生を彼自らが描いたものであり，本書と重なるところが多い．併せてご一読くだされば，新自由主義と金融覇権について，それと闘う立場からの理解が一段と深まるに違いない．

　また，本書は，今日まで約40年にわたって発表した私の著作，研究論文，雑誌論文などを基として作成したものである．本来ならば，これら文献の全てを巻末に載せるべきではあろうが，かなりの加筆と再構成を加えてあるし，本文の註にも記載した場合があるので，割愛した．

　最後に，本書は，私の妻美穂に捧げたい．妻は，結婚以来長い期間にわたって，研究上・生活上の苦楽を共にし，私への協力を惜しまなかった．ささやかではあるが，本書がそうした妻へのねぎらいになれば，これに勝る喜びはない．

2016年8月8日
信州・阿智村の平野邸にて　著者しるす

註
（1）　萩原伸次郎『アメリカ経済政策史——戦後「ケインズ連合」の興亡』有斐閣，1996年，248ページ．
（2）　萩原伸次郎『世界経済と企業行動——現代アメリカ経済分析序説』大月書店，2005年，

第 3 章を参照.
（ 3 ）　同上，第 4 章，第 1 〜 3 節を参照.
（ 4 ）　同上，第 4 章，第 4 節を参照.
（ 5 ）　同上，305ページ.
（ 6 ）　William I. Robinson, *A Theory of Global Capitalism: Production, Class, and State in a Transnational World*, The Johns Hopkins University Press, Baltimore and London, 2004, pp. 4-5.
（ 7 ）　*Ibid*., p. 129.
（ 8 ）　Robert Gilpin, *Global Political Economy: Understanding the International Economic Order*, Princeton University Press, Princeton and Oxford, 2001, p. 4. 1987年出版の折衷主義的著作とは，Robert Gilpin, *The Political Economy of International Relations*, Princeton University Press, Princeton, New Jersey, 1987. のことである.
（ 9 ）　Robert Gilpin, *Global Political Economy*, p. 5.
（10）　David M. Kotz, *The Rise and Fall of Neoliberal Capitalism*, Harvard University Press, Cambridge, Massachusetts & London, England, 2015.

目 次

はじめに……………………………………………………………… 3

序　章　新自由主義経済政策の歴史的源流……………………… 13
　第1節　ニクソン政権とIMF体制崩壊　13
　第2節　多国籍企業・銀行の利害とニクソン政権　17
　第3節　新国際経済秩序とアメリカにおける多国籍企業批判　20
　第4節　アメリカ金融覇権生成の歴史的起点　25

第Ⅰ部　金融覇権の生成　レーガン～ジョージ・H・W・ブッシュの経済政策

第1章　レーガン政権の経済政策とアメリカ企業………………… 36
　第1節　レーガン軍拡経済とアメリカ軍需企業・多国籍企業　36
　第2節　レーガン政権の経済政策と経済危機　44
　第3節　レーガン経済政策の特質　51
　第4節　金融優位の構造と所得不平等形成の歴史的起点　54

第2章　レーガン政権と金融覇権の生成…………………………… 62
　第1節　金融自由化とその経済的背景　62
　第2節　金融業の競争激化と金融危機　64
　第3節　レーガン政権の対日金融自由化要求　69

第Ⅱ部　金融覇権の確立　クリントン政権の経済政策

第3章　クリントン政権の経済政策とアメリカ企業 …………… 78
第1節　共和党政権の敗北とクリントン政権の誕生　*78*
第2節　クリントン政権の経済再生計画　*83*
第3節　クリントン政権は世界経済をどのように見たか　*87*
第4節　クリントン政権の通商政策　*91*

第4章　世界貿易機関の成立とアメリカ多国籍企業 …………… 97
第1節　世界貿易機関の成立　*97*
第2節　世界貿易機関とハイテク多国籍企業　*103*

第5章　クリントン政権とアジア金融危機 ……………………… 111
第1節　東アジアの成長とアメリカ　*111*
第2節　アジア金融危機と国際資本移動　*115*
第3節　アジア金融危機はなぜ起こったのか　*118*
第4節　クリントン政権による国際金融システムの改革　*121*

第6章　クリントン政権とアメリカ型金融システムの確立 ……… 135
第1節　資本市場を基盤とする金融システムの形成　*135*
第2節　アメリカ型金融システムの確立と証券化　*140*
第3節　クリントノミクスと「ニューエコノミー」　*143*

第Ⅲ部　金融覇権の危機　ブッシュ政権の経済政策

第7章　ブッシュ政権の誕生と「ニューエコノミー」の終焉……154
- 第1節　景気減速と減税政策　*154*
- 第2節　9.11同時多発テロの発生と緊急の経済対策　*157*
- 第3節　不正経理・粉飾決算事件の発覚とコーポレート・ガバナンスの再構築　*161*

第8章　イラク戦争とブッシュ政権……175
- 第1節　「悪の枢軸」と軍拡路線　*175*
- 第2節　ブッシュ政権の帝国主義的途上国戦略　*179*

第9章　ブッシュ政権の経済政策と貧困層の拡大……182
- 第1節　富裕層優遇の減税政策　*182*
- 第2節　貧困層の拡大と緩慢な景気回復　*188*

第10章　世界経済危機はいかにして発生したか……192
- 第1節　ブッシュ政権下の景気拡大　*192*
- 第2節　危機勃発とブッシュ政権の経済対策　*197*

第Ⅳ部　アメリカ経済の復興と金融覇権　オバマ政権の経済政策

第11章　世界経済危機とオバマ政権の経済政策 ……………… 208
第1節　オバマ政権の金融危機対策　208
第2節　オバマ政権による金融制度改革　213
第3節　オバマ政権の経済復興政策　217

第12章　オバマ政権の経済政策実施を阻む共和党 ……………… 226
第1節　共和党「小さな政府論」による徹底抗戦　226
第2節　「財政の崖」と議会共和党の瀬戸際作戦　232

第13章　オバマ政権の「中間層重視の経済学」 ……………… 237
第1節　経済政策の基本理念　237
第2節　潜在成長能力の拡大と持続的経済成長　246
第3節　貧困対策と最低賃金　252

第14章　オバマ政権と国際経済 ……………… 263
第1節　世界経済危機とグローバル不均衡　263
第2節　世界経済危機と貿易構造の変化　273
第3節　対外経済政策とTPP　282

終　章　アメリカの経済政策に、今何が問われているのか ……… 297
第1節　大恐慌勃発の世界経済的条件と危機対策　298
第2節　ニューディール政策の歴史的意義　302
第3節　世界経済危機勃発の世界経済的条件と危機対策　308
第4節　新自由主義的経済政策からの転換を求めて　312

序　章

新自由主義経済政策の歴史的源流

第1節　ニクソン政権とIMF体制崩壊

■ニクソン新経済政策の意義

　アメリカにおける新自由主義的経済政策の歴史的源流を求めれば，ニクソン政権による1971年8月15日の金ドル交換停止に始まり，1973年の変動相場制への移行，1974年国際資本取引の規制解除に至る過程に求めることができるだろう．コッツの言葉でいえば，「規制された資本主義」(regulated capitalism) から「ネオリベラル資本主義」(neoliberal capitalism) への移行の歴史的源流ということであり，私の言葉でいえば，「ケインズ連合」の時代から「新自由主義的金融覇権」の時代への移行の歴史的源流ということになる．

　1971年8月15日，ニクソン大統領は，突如「新経済政策」(New Economic Policy) を発表し，国際的・国内的政策の転換を図った．国際的には，ドルの金あるいはその他の準備資産との交換停止，また一時的ではあるが10％の輸入課徴金の追加が発表され，国内的には，90日間の賃金・物価・賃料の凍結，10％の新設備投資への税額控除，個人所得税減税の繰り上げ実施，連邦自動車消費税の廃止による減税，そして連邦財政支出の47億ドルの削減が提起された[1]．

　8月13日金曜日，ニクソン大統領は，主要閣僚を引き連れキャンプ・デー

ヴィッドの山荘に向かった．そこでの会議の結論が以上のニクソン声明となったのだが，財務長官ジョン・コナリー（John B. Connally）がその経済政策の発表についてリードをとった．経済の拡張のテンポは遅い．インフレは収まらない．貿易収支は赤字となり，国際収支の赤字は深刻となっている．このままでは，1972年11月の大統領選挙でニクソンの再選はままならないというのが，この政策発表の背景にあった事実だが(2)，今日的視点に立って考察すると，新自由主義的経済政策の歴史的源流となったという評価を下すことができるだろう．なぜなら，国際的に衝撃を与えた，アメリカによる金ドル交換停止という一方的声明は，戦後 IMF 体制の崩壊につながったからだ．

　この政策の実質的責任者であるコナリーは，ドル切り下げによって外国貿易黒字130億ドルを生み出し，その黒字によってアメリカの海外軍事費と海外投資による赤字を賄うとした．事実その年12月のスミソニアン協定では，ドルの金量の引き下げとドイツ・マルクの13.58％ならびに日本円の16.88％の切り上げがおこなわれた．だがここまでならば，戦後 IMF 体制が崩壊したとは言えないだろう．なぜなら，戦後 IMF 体制は，固定相場制ではあったが，各国のファンダメンタルズに合わせて時々改定をおこなう為替相場を理想としたからだ(3)．

　しかし，スミソニアン協定は，1973年になると，イタリア，スイスに次いで2月12日に日本が為替フロート（変動為替相場制）に移行する．3月11日には，EEC6カ国が共同フロートを宣言し，世界は固定相場制から変動相場制へと移行することになった．アメリカは，1974年1月，金利平衡税(4)ならびに企業の直接投資規制を全面的に撤廃するのである．

■ドル危機と SDR

　ところで，この戦後 IMF 体制崩壊に至る過程には，ケインズ的自由貿易体制を維持しようとする利害と，それを崩壊に導き新自由主義的金融覇権を志向するグループとの確執があり，金融覇権を志向するグループの勝利の下で歴史が動いた事実を無視するわけにはいかないだろう．ここでは，まずケインズ的自由貿易体制の維持を試みるグループの SDR 創出とその衰退についてまず論じておくことにしよう．

序章　新自由主義経済政策の歴史的源流　**15**

　SDR とは，戦後国際通貨の位置を占めたドルに代わる国際決済手段として考案された特別引出権（Special Drawing Rights）の略称である．戦後の国際通貨体制は，言うまでもなく米ドルによる固定相場制だった．その固定相場制は，金1オンス＝35ドルを基軸に各国の対ドル相場が決められていた．しかしこのシステムは，アメリカが国際収支の赤字を出すことによる国際流動性の供給によって成り立っていた．つまり，各国は，国際取引をおこなうには国際通貨ドルが必要であり，その供給は言うまでもなくアメリカがおこなわざるをえなかったというわけだ．

　このドルは，外国通貨当局の手に入ると，彼らの意思によって金との交換が可能だった．民間人は金との交換はできないから，かつての金本位制とは全く異なることは言うまでもないのだが，外国通貨当局の金交換が継続的におこなわれるようになると，アメリカの金保有額が減少する．外国通貨当局の保有する短期ドル債権額が，アメリカの金保有額を超えはじめると，金1オンス＝35ドルの交換レートの維持に疑問符が打たれる．民間金市場の金価格が1オンス＝35ドルを超えはじめると，外国通貨当局の金交換にも拍車がかかる．

　これが戦後 IMF 体制下におけるドル危機の概要だが[5]，1965年2月10日，ジョンソン大統領によって発表された米銀への自主的対外貸付規制が発表されるに至り，SDR 創設の必要が現実味を帯びてきた．なぜなら，国際決済の手段であるドルの供給を制限するということは，国際通貨ドルの自殺行為であり，本来あってはならないことだからだ．

　こうしたドル危機の過程で生じた国際決済手段不足に対応すべく考案されたのが，SDR であった．1967年9月リオデジャネイロで開催された IMF 年次総会において，SDR ファシリティの大綱が認められた．翌年の1968年3月17日，金プール協定破棄による金の二重価格制の導入という事態を受け，ストックホルムで開かれた10カ国グループ会議において，SDR の創設に最終的決着がつけられたのだった[6]．

　金プール協定とは，ロンドン自由金市場において金価格が公定レートを超えて上昇した場合，アメリカを含む先進8カ国が金1オンス＝35ドルを維持すべく市場介入する協定のことだ．1968年3月の場合，あまりの金価格上昇に金プール協定破棄になったわけで，金の二重価格制とは言っても，制度という

のは名ばかりで，金1オンス＝35ドルという公定レートも崩壊するのは時間の問題だと誰しもが思っていた．

■ SDRはなぜドルに代わりえなかったのか

SDRは，かつて，国際清算同盟案としてケインズが理想とした国際決済システムの再来に他ならない．というのは，SDRは，金や外国通貨と同じように，国際決済に使われる準備資産と言ってよいからだ．世界貿易の拡大に伴い必要とされる決済手段として機能し，その額は，世界の金生産やアメリカの国際収支赤字にもはや依存することがないからである．リチャード・ガードナー (Richard Gardner) は，SDRによる国際決済システムの出現を目の当たりにし，「ケインズは，ハリー・ホワイトに25年後になってようやく勝利できたと言えよう」と述べた．SDRは，ケインズが戦時の交渉においてまさに実現しようとしたタイプの国際流動性を持ち，参加各国は割当額の2倍までのSDRを交換可能通貨に転換させる義務を負った．

最初のSDRの配分は1970年1月1日におこなわれ，その額は34億ドルだった．2回目は，翌年1971年の1月1日で30億ドル，3回目は，1972年1月1日で30億ドルだったが，その後国際決済の準備資産として着実に増加することはなかった．だが，制度的にはSDRを基軸とする国際通貨制度の改革が，金ドル交換停止後に展開され，SDRを国際通貨制度の中心的な準備資産とすべきことが強調された．ドルが金との関係を断ち切られ，アメリカが金決済という約束を果たさないのだから，かつてケインズが提案したような，国民通貨から超越した国際間の決済通貨を創ることによって事はうまくいくはずだ．しかも，こうした決済システムがうまくいけば，国際貿易は活発化し，各国のGDP水準を上昇させることが可能なはずで，投機を取り締まる観点から国際資本取引を規制すれば，世界経済を実体的な側面からサポートできるはずだった．

とりわけそこで強調された「代替勘定案」は，従来金交換によって資産決済をおこなっていたアメリカに，今度はSDRによる資産決済を課すものだった．各国は，そのワーキング・バランスを超える過剰ドルを代替勘定に払い込み，代わりにSDRを受け取る．アメリカは，ドルを代替勘定から買い戻し，SDR

を払い込むのである．IMF の代替勘定において，ドルに代わり SDR が準備資産となり，IMF には国際清算機関としての役割を持たせることになる．この案はしかし，アメリカの合意を得られずに廃案となってしまう(8)．

　アメリカが拒否した背景には何があったのだろうか．かつて，ケインズが国際清算同盟案を提示し，バンコール建てで決済することを提示した時も，アメリカは拒否した．固定相場制には賛意を示し，金融政策の自主性と投機を取り締まる観点からの国際資本取引規制にも同意を示しながら，国民通貨ドルを国際決済通貨として通用させたかったからだ．その意味では，かつてケインズ案を拒否したものの，アメリカはケインズ的自由貿易体制には賛意を表明していたと言っていいだろう．アメリカの代表ハリー・ホワイト（Harry White）がケインズに深く敬意を表していたことはよく知られている．

　ドルとの金決済が事実上困難な事態の中で，アメリカは，いかにして SDR を拒否することができたのだろうか．その経済的根拠をどこに求めるべきなのだろうか．節を改めて論じることとしよう．

第 2 節　多国籍企業・銀行の利害とニクソン政権

■ユーロダラー

　この問題を解く鍵は，ユーロダラー市場にありと私は考える．ニクソン政権期になると国際貿易の主体は，戦後ケインズ連合の重要な一翼だった世界市場志向・資本集約型産業企業から(9)，新自由主義的経済政策を支える多国籍企業に(10)変質した．そしてユーロダラー市場などグローバルに支店網を張りめぐらす多国籍銀行が，これらアメリカ主力企業の資金調達をおこなう時代になった．

　ユーロカレンシーとは，その国で使用されている国民通貨が，そのまま国境を越えて存在している事態を指す．したがって，ユーロダラーとは，アメリカ以外の地域に存在するドルということになる．もちろん，ドルは，ユーロダラー市場と言われるように，金融市場，つまり銀行に存在しているから，より厳密に言えば，ユーロダラーとは，アメリカ以外に所在する銀行が負っているドル建て預金債務のことを言う．したがってユーロダラーは，アメリカの銀行に

あるドル預金を，現地の通貨に代えずにそのままアメリカ国外の銀行に預け替えたときに生じる．その預金を元手に貸し付けられる国際金融市場をユーロダラー市場と言うのである．

　もちろん，預け替えられたドル預金は，ユーロ銀行の資産として，同時にアメリカの銀行のそのユーロ銀行所有の預金として計上されているから，ユーロダラーが糸の切れた凧のようにアメリカ以外の国の金融機関を徘徊するということではない．しかし，ユーロ銀行に預け替えられたユーロダラーは，アメリカの金融当局の規制の外にあるから，ユーロ銀行は，本国の金融規制に縛られることなく貸付行動をおこなうことができる．元はと言えば，1940年代末から1950年代にかけて，貿易で稼いだドルの凍結を恐れたソ連と中国がアメリカ以外の銀行にドルのまま預けたことが始まりで，当時，ドル不足に悩む西側諸国の銀行が積極的に受け入れたことで拡大したと言われる．

■ユーロダラー借入

　1960年代はロンドンを中心として，ユーロダラー市場が形成される．1965年2月10日のジョンソン大統領による商業銀行への自主的対外貸付規制の実施は，急速に米銀の在外支店設立に弾みをつけ，米銀のユーロダラー市場での貸付残高が上昇する．1968年1月のジョンソン政権による直接投資抑制策は，アメリカ多国籍企業のユーロダラー市場での借入を増大させたのだった．ジェームズ・ホーレー（James P. Hawley）は，次のように指摘している．「資本規制の後，アメリカ多国籍企業はヨーロッパ投資を継続することができた．その理由の多くはユーロカレンシー制度の存在と成長にあり，そのシステムにおけるアメリカ多国籍銀行の拡大がそれを可能にした」[11]．

　多国籍企業によるユーロダラー借入の全容を把握することは困難である．1967年から1971年にかけてのアメリカ多国籍企業関連会社は，長短合わせた負債額を94億ドルから149億ドルへと増加させた．その多くはユーロダラー市場からの借入によるものだった[12]．

　こうしたユーロダラー市場からの大量の借入による国際投資活動の継続は，当然にもアメリカ多国籍企業の財務内容の悪化をもたらした．膨大な借越（debt overhang）が企業経営にとって問題にされるに至った．すなわち，この直

接投資規制が緩和されないかぎり，大陸ヨーロッパにおいて，海外事業展開を拡大するには，対外借入による比率を増やさざるをえないのだ．

　ジョンソン政権の直接投資規制の緩和が求められるゆえんなのだが，それが望めない以上，対外借入に依存せざるをえない．海外資金の将来にわたる入手可能性に信頼がおけないとなると，多国籍企業の長期にわたる海外営業プランを縮小しなければならなくなる．ジョンソン政権の直接投資抑制策が，多国籍企業側の利害と激しく対立する理由がそこにある．アメリカ多国籍企業は，あくまでも対外直接投資規制の撤廃と自由な企業活動の保障を要求することとなるのである．

■新しい利害とニクソン政権

　ジョンソン政権の直接投資規制策に対して，共和党ニクソンは，1968年大統領選挙の期間中「できるだけ早い時期に自滅的な海外投資規制を取り除く」というゴットフリード・ハーバラー（Gottfried Harberler）の助言を受け入れ，多国籍企業側に沿った政策立案を約束した．多国籍企業側は，ニクソンの大統領就任によって早期の直接投資規制の撤廃を期待した．[13]

　もちろん，規制は，ニクソン大統領就任とともに撤廃されるというものではない．民主党支配下での下院外交委員会では，対外経済政策小委員会に権限が与えられ，アメリカ対外直接投資規制の即時撤廃を求めるいくつかの決議について公聴会が開かれることとなった．

　公聴会は，1969年3月26日から5月1日までの間におこなわれた．化学製造業協会（Manufacturing Chemists Association），オキシデンタル石油会社，ユナイティッド・フルーツ社，米国ゼネコン連合（Association General Contractors of America），全米貿易政策委員会（Committee for a National Trade Policy），全米製造業者協会（National Association of Manufacturers），米国商業会議所（United States Chamber of Commerce）のスポークスマンたちは，いずれも規制反対の論陣を張った．4月4日，大統領の規制緩和政策の発表後においては，その政策の手ぬるさを指摘する論調が主流を占めた．[14]規則の継続を支持する唯一重要な証言は，5月1日の最終日におこなわれた．アンドルー・ビーミラー（Andrew Biemiller）は，AFL-CIO法律部門の責任者らしく，組織労働者の立場から直接投

資規制の重要性を論じた．

　大統領ニクソンは，1970年5月21日に国際貿易投資政策委員会を立ち上げた．この時期はニクソン大統領の「自滅的な海外投資規制は取り除く」という路線がすでに定着していた．国際貿易投資政策委員会の基本報告は，明確に海外投資規制撤廃の論旨で貫かれていたのである．「委員会は，たとえアメリカ企業の海外投資活動の自由が，たまたま生産と雇用の移動に関連しているとしても，その自由は維持されるべきであると信じる．海外投資を規制することは，好ましいことではなくかつ効果的でもない」と論じた．[15]

　つまり，この時期のニクソン政権を支えたアメリカ多国籍企業は，もはやかつての世界市場志向・資本集約型の輸出企業ではなかった．SDRによる国際貿易の進展が，かつてのケインズ政策による国際資本取引の規制を不可欠とするようでは意味がない．ユーロダラー市場を軸にして国際的資本取引の自由によって莫大な収益を上げてきたアメリカ多国籍企業とそれを金融的に支える多国籍銀行の利害は，SDRによる国際決済システムの構築などにはなく，変動相場制による国際資本取引の完全自由化にあったことが，ここから理解できるだろう．

第3節　新国際経済秩序とアメリカにおける多国籍企業批判

■新国際経済秩序

　1974年1月にアメリカでは，金利平衡税が廃止され，国際資本取引の自由化も実現された．アメリカ多国籍企業にとっては，資本蓄積をグローバルに展開できる絶好の条件整備となった．

　しかしながら，1970年代，多国籍企業がその蓄積をグローバルに展開することは，途上国から手放しで歓迎されたわけではなかった．一言でいえば，1970年代は，多国籍企業受難の時代であった．なぜなら，戦後IMF体制の崩壊は，別様の表現をすれば，確かに戦後ケインズ的世界経済秩序の崩壊だったのだが，だからと言って，多国籍企業が望む理想的な世界経済システムが即時

に形成されたわけではないからだ．

　戦後ケインズ的世界経済から取り残された途上国を基軸とする諸国が，彼らを主軸とする国際経済秩序を要求しはじめた．この要求は，「新国際経済秩序」(NIEO：New International Economic Order) という言葉で，国際連合を中心として具体的要求事項として提起された．これは，自国天然資源の恒久主権の確立と第3世界の経済的発展を促す金融的支援の要求であり，1974年5月，国際連合総会において，2つの決議が採択されることとなった．その第1は，新国際経済秩序の確立についての声明であり，第2が，新国際経済秩序という目標を達成するにあたって必要な行動を計画することだった．

　「必要な行動」とは次のように要約することができよう．第1が，途上国の生産する商品の価格安定と輸出収益を維持する総合的なプログラムを作ること，第2が，国際通貨改革であり，対外負債の軽減や援助レベルの上昇，さらには，先進国経済の資本市場へのアクセスを改善することであった．第3が，先進国の技術援助を通して，途上国の技術的基礎を強化し，先進国の技術に近づけさせ，その国際行動基準を確立し，途上国の必要に応じた技術移転を図ることであり，第4が，発展途上国との貿易と協調を強化することであり，ハバナ憲章の改定が究極の目的とされた．第5に，多国籍企業に関しては規制を図るが，その目的は，外国資本によって国民経済の発展を図るためであり，多国籍企業による利潤の母国送金に限度を設けること，途上国の天然資源の恒久主権を実現するために外国資産の国有化が強調された．また，その補償については，現地国の裁判所によるという「カルボ原則」(Calvo doctrine) が是認されたのである．[16]

■超国籍企業の行動規範

　この時期の多国籍企業に関する規則は，その多くが国際連合経済社会理事会 (UN Economic and Social Council) によって検討された．理事会は，多国籍企業の国際活動について勧告する賢人会議の創設を事務総長に要請した．20人からなる同会議は1974年6月，多国籍企業に批判的な2つの勧告からなる報告書をまとめた．

　第1が，超国籍企業について永続的な新たな委員会を創設することだった．

この報告で，多国籍企業に代わって超国籍企業 (transnational corporation) という言葉が国連において使用されたが，それは国境を超えるという企業活動をよりいっそう強調するための表現だった．第2の勧告は，国連事務局に超国籍企業に関する情報・研究センターを創設し，多国籍企業の活動の行動規範を作成するために途上国に技術サポートを与えるものだった．

経済社会理事会は，1974年12月，超国籍企業委員会と超国籍企業センターを設置した．その48人の委員の多くは，途上国から選出された人たちだった．これら機関の目的は，多国籍企業活動の本質とその影響について理解を深め，自国の経済発展に資する多国籍企業との効果的な国際的協定を結ぶことだったが，受入国政府に多国籍企業との交渉力を強化させることもめざした．

また，超国籍企業センターには，特別の諸任務が与えられ，なかでも重視されたのが，超国籍企業の行動規範を作ることだった．この行動規範はもちろん強制されるものではないが，国際機関の権限による倫理的説得の手段となり，一般の支持を得ることが求められた．

1970年代前半は，多国籍企業批判が続出した時代だった．途上国が多数を占めているとはいえ，多国籍企業規制の行動規範は，先進国の同意を得られなければ成立するものではなかった．超国籍企業委員会は，行動規範について政府間の作業委員会を設置し，草稿準備に取りかかったが，結局実現できなかった．途上国の交渉力が付くと石油危機など経済危機が頻発するという事態も起こってくるし，アジアNIESと言われる香港，マレーシア，シンガポール，韓国は，積極的に外資を導入し，輸出主導の経済成長を実現することに成功する．一方，石油も産出せず，さりとて外資導入の輸出志向戦略もとれないという国もあり，途上国間の利害が一致することがなかったからである．[17]

■バーク＝ハートケ法案

多国籍企業が望む経済システムの形成は，本国アメリカにおいても，簡単にできうるものではなかった．組織労働者によるケインズ主義的要求が，ニクソン政権の直接投資抑制策の廃止に対して，AFL-CIOを通じて出されたからである．

こうした要求は単に要求にとどまらず，実際の法案として1971年9月28日，

ヴァンス・ハートケ (Vance Hartke) 上院議員とジェームズ・バーク (James Burke) 下院議員により，上院財務委員会ならびに下院歳入委員会に提出された.[18] いわゆるバーク＝ハートケ法案である.

この法案は，まず海外所得税納税猶予制度や外国税額控除制度を廃止して，多国籍企業優遇税制をやめ，大統領の指名によって輸入数量規制を任務とする外国貿易投資委員会を創設すること，1965年〜69年の平均輸入量を基準に1972年の輸入数量を規制すること，アンチダンピング法・相殺関税の改革によって不当な輸入を阻止し，国内雇用の維持という観点から大統領は対外直接投資ならびに技術輸出を規制できること，これらを内容としていた.

しかしこの法案には，当然ながら，企業の多国籍化を急速に進めていた主力企業側から批判が続出した．すでに述べたように，ニクソン政権は，ジョンソン政権の直接投資抑制策を批判し，その撤廃を約束していた．「関税および運送コストの削減が，衛星諸国の集まりである世界経済を国際化し，テレビの地球的規模の普及が世界の通信ネットワークを国際化したのであって，この劇的な発展を提供したものこそ多国籍企業の成長である」[19]と多国籍企業の役割を高く評価していたため，行政側もこの法案に賛成するわけにはいかなかった．かくて，この法案は，委員会すら通過することができず廃案となった．

■ AFL-CIO の勧告

バーク＝ハートケ法案は，以上の顛末を辿ったのだが，1970年代にこうした組織労働者側からの多国籍企業批判は，雇用情勢が悪化するたびに噴出した．1974年から1975年にかけてアメリカ経済は，オイルショックにより不況となったが，AFL-CIO は，その要因のひとつを巨大企業の海外投資の巨額化に求めた．

1975年12月10日に開かれた上院外交委員会多国籍企業小委員会公聴会における AFL-CIO 研究部門責任者ナサニエル・ゴールドフィンガー (Nathaniel Goldfinger) の証言はまさしくその点を表わしていると言える．委員長チャーチの問い「失業率が継続して高い主要原因のひとつとして巨大企業による海外投資の巨額化が挙げられるのではないか」に対して，彼は「確かにそのとおりであります」と答え，現下の失業の深刻さを述べている．「先週の金曜日，労働

省はこの11月の雇用状況を発表しましたが，770万人の労働者が公式には失業状況にあり，それは労働人口の8.3％にあたります．世界の主要工業諸国のいかなる失業率よりも相当高く，いくつかの重要グループならびに特定の労働者グループの失業者は，まさに深刻な不況のレベルにあると言えるのであります」と彼は証言している．

AFL-CIO 法律部門責任者アンドルー・ビーミラーは，この公聴会において，アメリカ企業の多国籍化という新たな問題に直面し，AFL-CIO は1975年10月にひとつの決断をおこなった，と述べ，バーク＝ハートケ法案の再来を思わせる次のような勧告を取りまとめた．「多国籍企業の海外活動を特別に有利にする税制を廃止すること．雇用，投資そして生産性への多国籍企業のインパクトを詳細に計測する連邦による包括的な監視．わが国の最も先進的な生産設備および産業プラントの輸出規制．アメリカ人の雇用を助け，強力な産業基盤を持った経済としてアメリカの未来を確実にするための輸入規制．われわれは，今こそアメリカ合衆国議会がこれらの諸問題について取り組むべき時だと考える」．

■企業内国際分業の形成

以上のように，多国籍企業の国際的活動を制限する強烈な動きがアメリカ国内の労働者側からあったものの，アメリカ多国籍企業は，1970年代には，かつてのケインズ的世界経済における市場拡大的多国籍化とは異なる企業内国際分業を基軸に国際化を進展させていた．単なる市場拡大的多国籍化から，世界市場競争の激化とともにアメリカ企業は，製造コストを比較衡量した個別企業の海外投資の限界効率重視の戦略に移行していった．もちろん，多国籍企業にとって市場が重要であることは，以前にもまして変わることはなかったが，多国籍化が現地生産・現地販売という販売密着型の投資から，製造工程の地球的編成を目指すという，企業の垂直的統合の路線が顕著になっていった．

1970年代以降活発化したアメリカ多国籍企業の発展途上国展開を中心とする世界展開は，発展途上国の輸出志向型工業化戦略を取り込む形で進行した．従来アメリカ資本による発展途上国投資は，原材料を確保する第1次産品部門への投資が多くを占めたが，1970年代になると製造業部門への投資が多くを

占めるに至った．多国籍企業内部製造工程の地球的規模での「効率的」編成が，輸送手段および通信手段の革命的発展の下で可能となったのであり，とりわけ発展途上国においてはその低賃金が魅力となった．エレクトロニクス，自動車，時計，電気機械，建設機械などの労働集約的工程を途上国でおこない，それを第三国あるいは本国へ輸入して利益を上げるという，地球的規模での垂直的企業内部分業が定着したのである．

　また，アメリカ多国籍企業は，「国際下請関係」(international subcontracting) を途上国の製造業と結び，第三国からアメリカへの輸出を完全に支配することを目的としたのである．例えばそれは，アメリカのシアーズ社が香港のある企業と契約関係に入り，後者が標準サイズの白いポリエステルのシャツを製造し，前者に納入することであり，シアーズ社は，それについての研究，宣伝，販売について完全な支配権を有するのである．

　こうした国際下請関係がなぜ形成されるのかについて，マーティン・ランズバーグ (Martin Landsberg) は，次の3つの理由を挙げている．第1が，繊維，靴といった古い労働集約型産業に付け加わって，エレクトロニクス等新たな軽量な労働集約型産業が興隆してきたことである．近年の運輸・通信手段の革新によって，それら諸製品・諸部品を速く，安く，安全に輸送することができるようになった．第2には，他国企業との競争の熾烈化である．とりわけ，相対的低賃金・政府援助・近代設備の充実という有利な条件に恵まれた西ドイツ，日本の対米輸出志向型経済としての成立は，アメリカ企業にとっての脅威となり，彼らはそれを国際下請関係形成によって乗り切ろうとしたわけである．第3に，アメリカ国内における労働者の賃上げ攻勢によるコスト・プッシュを，第3世界の低賃金を利用する国際下請関係でかわし，自企業の国際競争力の強化に役立てようとしたのである．[24]

第4節　アメリカ金融覇権生成の歴史的起点

■アメリカ商業銀行の海外進出

　アメリカ金融覇権生成の歴史的起点が，1971年金ドル交換停止から1973年

変動相場制への転換にあると，なぜ言うことができるのだろうか．金融覇権とは，金融を基軸に世界経済を支配する体制を言う．そこで，国際通貨システムの転換がおこなわれた1960年代から1970年代にかけて，アメリカの銀行にどのような転換が引き起こされたのか，というところから探ってみることとしよう．

アメリカの商業銀行は，1960年代半ばから急速に在外支店を設立する．この在外支店設立ブームは，多国籍銀行という新語を生み出すまでに広がった．1981年に発表された国際連合多国籍企業センターの報告書によれば，多国籍銀行とは，「5カ国以上の異なる国・地域において，支店ないし多数所有の子会社を有する預金受け入れ銀行」[25]と定義される．この規定をより敷衍すれば，多国籍銀行とは，世界的規模での支店網を通じて本国本店による経営管理を徹底させ，国際的視野により利益を追求する銀行資本ということになる．

しかしなぜアメリカ商業銀行は，1960年代後半から急激に海外支店を多く設置するようになったのだろうか．これは明らかに，1965年2月10日ジョンソン大統領が議会へ国際収支に関する教書を発表し，その中でアメリカ商業銀行の国際貸付へ金利平衡税を適用し，自主的対外貸付規制という形で国際貸付に規制を課すと述べたからだ．

だがもし，アメリカ商業銀行が，当時貿易金融にのみ重点を置いていたならば，国際貸付に規制が加えられるとしても，こうした対外支店設置の急増は起こらなかったはずだ．なぜなら，貿易金融に関わる為替手形は，国際金融の中心地に送付され，そこで決済されるというのが，19世紀のパックス・ブリタニカ時代からの常識であるし，戦後のIMF・GATT体制においても，国際金融の中心地ニューヨークにおいて貿易決済はおこなわれていた．「ロンドン宛手形」(Bill on London)，「ニューヨーク宛手形」(Bill on New York)という言葉がその事情をよく表している．国際取引をおこなう国は，金融中心国に銀行の支店を置けばいいのであって，国際金融の中心国の金融機関が対外的に進出する必要は全くないのである．

この時期に米銀の在外支店設置が急増した原因は，ユーロダラー市場を基軸にして多国籍企業が必要とする貸付資本需要が急増していたこと，貿易金融とは異なる国際貸付資本需要が高まっていたことにある．

■3大銀行の多国籍化

　米銀の多国籍化は，バンク・オブ・アメリカ（Bank of America），ファースト・ナショナル・シティ・バンク・オブ・ニューヨーク（First National City Bank of New York），チェース・マンハッタン・バンク（Chase Manhattan Bank）の巨大3銀行を軸におこなわれた．1972年当時，アメリカ商業銀行の在外支店648のうち，実にその429店がこの3大銀行によるものだった．この時点で，世界的な支店網を通じ真の意味でグローバルな活動をしていたのは，この3行に他ならなかった．もちろん，マニュファクチャラーズ・ハノーヴァー（Manufacturers Hanover），ケミカル・バンク（Chemical Bank），モルガン・ギャランティ・トラスト（Morgan Guaranty Trust）などの銀行も必死に追い上げを図ったが，世界的支店網その他の競争でこの3行に追いつくことは難しかった．

　これらの銀行の海外支店は，ロンドンに集中していたことは特筆されていいだろう．ロンドンは，国際金融の中心地であるし，商業的に衰退したとはいえ，ポンド・スターリングを基礎とするさまざまな金融的便宜がそこにはあったからだ．

　こうしたユーロダラー市場を基軸とする国際資本取引が，戦後IMF・GATT体制を崩壊に導き，変動相場制と国際資本取引の自由体制を創り出したことは，既述の通りである．したがって，変動相場制への移行・国際資本取引の移行を機に多くの銀行がリスキーな為替取引に利益の源を求める行動も許されることとなり，それゆえにまた，為替投機に失敗してドイツのヘルシュタット銀行やアメリカのフランクリン・ナショナル・バンク・オブ・ニューヨーク（Franklin National Bank of New York）が破綻するという事態も起こった．

■アメリカ金融の直接金融化

　ところで，金融覇権の生成という場合，1970年代アメリカに起こった金融システムの変化を論じなければならない．

　アメリカでは戦後長らく，金融の規制がおこなわれてきた．とりわけ，1933年に成立したグラス・スティーガル法は，銀行が証券業を営むことを禁止した．また，要求払い預金（当座預金）には利子払いを禁止したし，定期預金金利については，連邦準備制度理事会が上限を設定した．この金利規制は，

連邦準備制度理事会規則 Q 項により，レギュレーション Q と呼ばれる．アメリカでは，大恐慌以来長らく，金融は「経済の召使い」であり，金融資本を「経済の主人」としてはならなかったのだ．

しかし，1960年代末から1970年代に激しくなったインフレーションが，この体制に揺さぶりをかける．インフレの進行は，規制の最も少ない市場性財務省証券の利回り（金利）を高騰させ，金利規制があり金利を低く抑えられている商業銀行や貯蓄貸付組合などへの貯蓄性預金が，証券業界に流れるという事態が起こった．これを非仲介化（ディスインターミディエーション）というのだが，これによって，アメリカ商業銀行の国内業務は，さっぱり儲からないということになってしまった．銀行業に比較して証券業の活発化が起こり，アメリカ金融の直接金融化が進展する．

この傾向に拍車をかけたのが，1971年に投資銀行によって開発されたMMMF（money market mutual fund：短期金融資産投資信託）であり，それが，CMA（cash management account）という現金勘定に組み込まれ，家計の金融資産が商業銀行から MMMF に移っていくことが起こった．MMMF とは，投資銀行が，小口の資金を投資信託として受託し，それを TB（treasury bills：財務省証券）や CD（negotiable time certificate of deposit：譲渡可能定期預金証書）などの短期の金融資産に投資し，顧客に高い利子収益を実現するという金融商品だ．それだけならば，爆発的に普及することはなかったと思われる．しかし，投資銀行が銀行と連携し，最低2万ドルを現金か証券で CMA（現金管理勘定）に預託すれば，クレジットカードや小切手振出が可能であり，残高が MMMF で運用されるというシステムになって，急速に普及しはじめた．

もちろん，こうした投資銀行の攻勢に，商業銀行がただ座視していたわけでは決してない．1978年には，新型定期預金 MMC（money market certificates：短期金融市場資産証券）を売りに出し，さらには小口の資金を吸収するため，1980年には SSC（small savers certificate：小口貯蓄者資産証券）を売りに出し，証券業への巻き返しを図った．しかし，1970年代を通して，商業銀行側は，投資銀行に対して，アメリカ国内業務では劣勢に立ったことは否めない．だから商業銀行は，変動相場制と国際資本取引の自由化が実現した1973年〜74年以降，ユーロダラー市場を中心に，まさしく国際的に金融覇権をめざし，能動的に国際資

本取引へ関与していくことになるのである．

　1970年から1976年にかけて，アメリカ多国籍銀行トップテンの税引き後年収益変化率を見れば，国内が−1.4％であるのに対して，国際業務は＋33.4％となっている．主要多国籍企業の数値を見てみれば，バンク・オブ・アメリカがそれぞれ＋6.1％と＋32.4％，ファースト・ナショナル・シティ・バンク・オブ・ニューヨークが＋4.3％と＋31.0％であり，チェース・マンハッタン・バンクが，−22.8％，＋17.8％となっている．(27)

■アメリカ覇権の衰退？

　ここで注目しなければならないのは，1971年の金ドル交換停止以降，1973年の変動相場制への移行，国際資本移動の自由という体制が確立するにつれ，ドルはユーロダラー，すなわち国際金融市場の重要通貨として，ますますその存在意義を増していくこととなった事実だ．

　戦後ブレトンウッズ体制の崩壊がアメリカ覇権の衰退につながるという議論が，国際政治学においてなされてきたことはよく知られている．例えば，ロバート・コヘイン（Robert Keohane）は，アメリカの貨幣準備額（monetary reserves）がイギリス，日本，ドイツ，フランスなどに比較して落ちてきていることにその覇権衰退の要因を見出している．「準備額という形において，アメリカの金融資源が急激に落ちていることは，1960年におけるアメリカの優位が1970年代の為替相場をめぐる闘争へと変化していることの反映である」．また，ロバート・ギルピンによって，アメリカの衰退を日本経済が支える「ニチベイ経済」(28)（Nichibei Economy）システムの提起もなされた．(29)

　しかしこうしたアメリカ覇権衰退論は，アメリカの戦後ケインズ体制，私の言葉でいえば戦後ケインズ連合の崩壊を言っているにすぎないのであり，アメリカは，その衰退期に着々と金融覇権の構築をねらってきたことを忘れてはならない．1970年代は，変動相場制の下で，通貨トレーダーが為替裁定取引や投機的資本取引を通じて為替相場を決定していく．こうした市場でドルがますます幅を利かせ，シンガポール，ロンドン，バーレーン，ルクセンブルグ，バハマなどの国際金融市場を通じて取引がおこなわれてきたのだ．1974年から1980年にかけて，総額1500億ドルもの資金がOPEC（石油輸出国機構）からユー

ロ市場に流れ込み，国際的に活動を続けるアメリカ多国籍銀行などを通じて，ラテン・アメリカ，アジア，アフリカの諸国へ大量に貸し付けられていった．[30]

■ユーロ・シンジケートローン

ところで，ユーロ市場における貸付とはどのようなものなのか．ここでは，1973年～74年の石油危機後，途上国貸付において注目されたユーロ・シンジケートローンについて述べてみることとしよう．

国内の金融市場だと，借り入れる側の企業担当者は，過去のいきさつもあって，簡単に個々の銀行と折衝し，融資を受けることができる．しかし，ユーロ市場はかなり複雑であり，借り入れる側にとって個々の銀行と折衝することがかなり困難となる．したがって，貸付側がシンジケートを組んで，借入側と折衝することが自然の形態となる．有力銀行が幹事行（managing bank）となり，仲介的な業務をこなすのだ．小さい銀行もシンジケートに組み入れられるから，巨額な融資から生じるリスクも分散することが容易になるというわけである．

1970年代に進んだこのユーロ・シンジケートローンは，ユーロ銀行が石油価格の高騰を通じて集めた多額のオイルマネーを，主として非産油国の経済開発に役立てる資金として貸し付けられた．ユーロ市場は，本来短期市場だった．多国籍企業の運転資金，金利差を利用して利益を得ようとする金利裁定資金，通貨当局の準備資金，オイルマネーなどがユーロ市場に流れ込んだのだが，いずれも短期資金であり，いつでも換金できる流動性の高い貸付先が必要とされた．この短期資金を長期の開発資金として活用する貸付手段が，ロール・オーバーという方法であった．つまり，短期で調達して普通6カ月ごとに更新して，短期で調達した資金を結果として長期で貸すことができるという仕組みである．[31]

ユーロダラー市場の展開が，ドルの国際的利用を著しく増大させたことは明らかだった．国際貿易のみならず国際資本取引においてドルの必要を増加させたことは，世界経済におけるドルの位置を急速に高めたことになる．

■国際資本取引の自立化

ケインズ的世界経済における国際金融では，経常収支取引量が独立変数であり，その取引量の結果として，資本収支取引量が従属的に決定されていた．国

際資本取引は，経常収支取引の決済のために必要とされたのであり，国際資本取引，とりわけ資本の投機的取引は厳しく規制されていた．けれども，ユーロダラー市場を基軸に形成されつつあった世界では，国際資本取引が経常収支取引とは独立に独自の論理で展開し，したがって，その動きに世界経済の経済実体が規定されるという，新たなシステムの幕開きとなった．

1980年12月アメリカ政府は，国際金融ファシリティ（IBFs：International Banking Facilities）の創設に踏み切る．この国際金融ファシリティとは，アメリカの預金金融機関が外国居住者や機関に対し，特別の金融サービスの便宜を図ることを許可するものである．その金融サービスとは，10万ドル以上の外国資本を預金するに際して，金利規制もおこなわず，連銀に預け金も割く必要がなく，また州あるいは地方所得税の免除もなされるというものであった．

国際金融ファシリティは，アメリカで事業をおこなっている金融機関に，ユーロカレンシー市場で事業を展開するのと同様の条件を提供することによって，在米金融機関により強い国際競争力を付与させることを目的として開設されたと言えるだろう．国際金融ファシリティは，ユーロダラー市場の一部であって，その80％がニューヨークに存在することとなった．1970年代末までには，ユーロ市場は，連邦準備制度外の51番目の州と見なされ，アメリカ金融システムの一部となったのである．

アメリカ金融機関の次なる目標は，外国の金融システムの自由化をめざして，金融イノベーション，金融改革，金融外交を展開することであった．それは，証券化を軸とするアメリカ金融覇権の国際的展開を意味していた．[32]

註
（1）ニクソン声明とその後の経済政策の具体的過程については，Herbert Stein, *Presidential Economics: The Making of Economic Policy from Roosevelt to Clinton*, American Enterprise Institute Press, Washington, D. C., pp. 176-190.
（2）この点については，David P. Calleo, *Imperious Economy*, Harvard University Press, Cambridge, Mass., 1982, p. 64.
（3）戦後の過渡期後の国際通貨制度についてケインズの意見を5つに集約したラグナー・ヌルクセ（Ragnar Nurkse）によれば，その2番目にケインズは，為替の安定は，もし

それが達成されなければならないとすれば，将来においてもはや所得と雇用の国内安定を犠牲にしてではなく，その安定の結果として達成しなければならないと述べた．不断に変動する為替相場ではなく，各国のファンダメンタルズに合わせて時々改定をおこなう為替相場を理想としたのがケインズだった．ケインズは，国内政策が対外関係によって規定される硬直的な金本位制に反対した．その意味で戦後の国際通貨体制は，金本位制とはまさに反対のものであったと言えるだろう．詳細は，R. ヌルクセ著，河村鎰男・松永嘉夫・大畑弥七・渡辺行郎訳『世界経済の均衡と成長』ダイヤモンド社，1967年，78〜80ページ．
（４）　金利平衡税とは，外国株式，外国債券を発行するアメリカ対外貸付機関に課される税金のこと．それら金融機関は，その税を借り手に転嫁するから証券発行が抑えられ，資本勘定赤字の削減をねらって制定された．これを廃止すれば，外国株式や債券が発行しやすくなる．詳細は，萩原伸次郎『アメリカ経済政策史』160〜162ページ参照のこと．
（５）　この時期のアメリカ政権がドル危機にどう対処したかの歴史的過程については，同上書，第4章を参照のこと．
（６）　Robert Solomon, *The International Monetary System 1945-1976: An Insider's View*, Harper & Row, New York, 1977, pp. 143-50.
（７）　Richard N. Gardner, *Sterling-Dollar Diplomacy, The Origins and the Prospects of Our International Economic Order*, McGraw-Hill Book Company, New York, 1969, p. xxv.
（８）　岩本武和「1970−80年代におけるSDR（１）」『経済評論』1989年11月を参照のこと．
（９）　世界市場志向・資本集約型企業の行動様式の理論的把握については，萩原伸次郎『世界経済と企業行動』第2章を参照のこと．
（10）　新自由主義的経済政策を支える多国籍企業の行動様式の理論的把握は，同上書，第3章を参照のこと．
（11）　James P. Hawley, *Dollars & Borders: U. S. Government Attempts to Restrict Capital Flows, 1960-1980*, M. E. Sharpe, Armonk, N. Y., 1987, p. 114.
（12）　*Ibid.*, p. 113.
（13）　*Ibid.*, p. 94.
（14）　John J. Reardon, *America and the Multinational Corporation: the History of a Troubled Partnership*, Praeger, Westport, Conn., 1992, p. 90.
（15）　Commission on International Trade and Investment Policy, *United States International Economic policy in an Interdependent World*, Report, U. S. G. P. O., Washington, D. C., 1971, p. 177.
（16）　詳細は，Thomas L. Brewer and Stephen Young, *The Multilateral Investment System and Multinational Enterprises*, Oxford University Press, Oxford and New York, 1998, p. 87.
（17）　詳しくは，Martin Landsberg, "Export-Led Industrialization in the Third World: Manufacturing Imperialism," *Review of Radical Political Economics*, Vol. 11, No. 4, Winter 1979, pp. 52-53.

(18) 詳細は，中本悟『現代アメリカの通商政策』有斐閣，1999年，127ページ以下．
(19) Reardon, *op. cit.*, p. 93.
(20) U. S. Congress, Senate, Committee on Foreign Relations, Hearings before the Subcommittee on Multinational Corporations, *Multinational Corporations and the United States Foreign Policy*（Part 13），U. S. G. P. O., Washington, D. C., 1976, p. 89.
(21) *Ibid.*, p. 88.
(22) 市場拡大的多国籍化の論理については，萩原伸次郎『世界経済と企業行動』78ページ以下，企業内国際分業を基軸とする国際化の論理については，同書108ページ以下を参照．
(23) 同上，143ページ．
(24) Landsberg, *op. cit.*, p. 57.
(25) United Nations Centre on Transnational Corporations, *Transnational Banks: Operations, Strategies and Their Effects in Developing Countries*, 1981, p. 22.
(26) Richard N. Gardner, *Sterling-Dollar Diplomacy, The Origins and the Prospects of Our International Economic Order*, McGraw-Hill Book Company, New York, 1969, p. 76.
(27) Leonard Seabrooke, *US Power in International Finance: The Victory of Dividends*, Palgrave, 2001, p. 97, table 4-1.
(28) Robert O. Keohane, *International Institutions and State Power: Essays in International Relations Theory*, Boulder, Westview Press, 1991, pp. 87-8.
(29) Robert Gilpin, *The Political Economy of International Relations*, Princeton University Press, Princeton, New Jersey, 1987, pp. 336-9.
(30) Jeffry A. Frieden, *Banking on the World, The Politics of American International Finance*, Harper & Row Publishers, New York, 1987, pp. 79-88.
(31) 詳しくは，奥田宏司『多国籍銀行とユーロカレンシー市場——ドル体制の形成と展開』同文舘，1988年，214～223ページ．
(32) Seabrooke, *op. cit.*, p. 111.

第 I 部

金融覇権の生成
レーガン〜ジョージ・H・W・ブッシュの経済政策

――新自由主義的世界経済の生成――

第 1 章

レーガン政権の経済政策とアメリカ企業

第1節　レーガン軍拡経済とアメリカ軍需企業・多国籍企業

■新自由主義的世界経済の構築

　レーガン～ジョージ・H・W・ブッシュ（George H. W. Bush）の政治経済政策を一言でいえば，世界システムとして常にアメリカと緊張関係にあったソ連を解体に導くこと，さらに，国内的には，戦後アメリカに形成されたケインズ連合を最終的に解体すること，この2つにあったと言えるだろう．

　結論から先に言えば，この2つの目標はいずれも達成することができた．まさに，国際的にも，国内的にも，多国籍企業・多国籍金融機関を基軸とする市場原理主義がグローバルに広がるシステムを創り出すことに成功したのだ．このシステムを私は，新自由主義的世界経済と名づけたい．

　しかし，それはどのようにして構築されたのか．しかも，それがなぜ金融覇権の生成と重なるのだろうか．まずレーガン～ブッシュの軍拡経済がどのように展開したのかについて論じてみよう．

■対ソ連の軍事増強路線

　レーガン大統領は，1981年1月に就任した．ジミー・カーター（Jimmy Carter）民主党政権に代わる共和党政権であり，一般には，小さな政府論をスローガンとする市場原理主義の権化のように言われがちだが，こと軍事に関しては，対ソ戦略を優先し，カーター政権以来の対ソ強硬戦略をいっそう強く打ち出し，強いアメリカを旗印に，軍需主導の財政支出政策を一貫して実行したことで知られる．

しかもその路線はブッシュ政権にも引き継がれ，アメリカは1991年12月，冷戦に勝利した．1992年1月28日ブッシュ大統領は，上下両院合同会議で恒例の一般教書演説に臨み，アメリカが冷戦に勝利したことを国民に告げた．1991年末のソ連自己崩壊を受け，「私の生涯において生じた最大の出来事は，神の恩寵によってアメリカが冷戦に勝利したことにある(1)」と述べた．

1947年3月12日ハリー・S・トルーマン（Harry S Truman）大統領によって表明された「共産主義への闘争宣言」を内実とする「冷戦」の宣戦布告以来45年，約半世紀を経て，アメリカ帝国主義は，「帝国主義的共産主義(2)」に勝利したのだ．さらに敗軍の将，ロシア大統領ボリス・エリツィンの「共産主義敗北宣言」と彼の卑屈な「資本主義システム賛美論」によって，世界は，「資本主義勝利論」に酔っているかのごとくだった．

これ以降，世界の経済システムは，新自由主義的政策によって大きく改変が企てられることになった．新自由主義的世界経済の形成にとって，ソ連の自己崩壊をもたらしたレーガン〜ブッシュ政権の軍事戦略は，きわめて大きな意義があったと認めることができるだろう．

■レーガン軍拡

ヴェトナム戦争敗北後，連邦予算に占める軍事費の割合は，低下の一途を辿っていた．しかし，レーガン政権の登場とともに，その比率は急ピッチで上昇した．

レーガン大統領にとって「強いアメリカ」とは，軍事力の増強に裏づけられたアメリカ帝国主義の復活を意味した．いわばレーガン大統領は，軍事覇権の再構築によって，ソ連を「悪の帝国」と呼び，追い込み，彼らを自己崩壊へ導く戦略を行使したと言えるだろう．

1983年3月8日フロリダ州オーランドでの全米福音派教会年次総会の演説

でレーガン大統領は，ソ連を「悪の帝国」と決めつけた．「全体主義の闇の中に住んでいる全ての人々の救済のために祈りましょう．……歴史的事実と悪の帝国の好戦的衝動を無視し，軍備競争は単に大きな誤解の産物であると呼ぶことで，正と邪，善と悪の戦いから身を引くような誘惑にかられないように[3]」と述べ，ソ連を全体主義，悪の帝国であると規定し，それを軍事的に打ち倒すことこそ正義を貫くことなのだと，アメリカ国民の感情に訴える演説をした．さらに，3月23日夜の演説でレーガン大統領は，ソ連の脅威を訴え，「アメリカや同盟国にミサイルが到達する前に，迎撃し，打ち落とし」，「核兵器を時代遅れにする」戦略防衛構想（SDI：Strategic Defense Initiative）に着手すると述べた[4]．

したがって，レーガン軍拡で何よりも特徴的だったのは，陸海空の全ての面にわたって，新鋭装備の兵器体系に重点を置いて計画されたことであろう．1970年代，兵器調達は，国防予算の4分の1程度であった．カーター政権においても確かに，戦略核兵器から戦術兵器に至る全ての戦力を機動的にコントロールする体系，C3I システムの導入があった．このシステムは，指揮・管制・通信・情報システム（Command-Control-Communication-Information System）を意味し，軍需品そのもののハイテク化が進行した．レーガン政権期になると，兵器調達比率は3分の1以上に跳ね上がり，1982年段階においても国防省は，1987会計年度まで兵器購入およびその研究開発に6000億ドルを計画したのだった[5]．

■巨大軍需企業

こうしたレーガン軍拡の生産的基盤に，アメリカ巨大軍需企業が存在していたことを忘れてはならない．周知のように，アメリカ経済に恒常的に平時においても軍需企業が存在するようになったのは，戦後の冷戦下においてである．アイゼンハワー大統領が大統領職を辞する告別演説の中で，「軍産複合体」（military-industrial complex）に注意を促したのはよく知られた事実だし，ケネディ政権下の軍需産業は，軍事ケインズ主義の産業的基盤の一翼をなすものだった[6]．

1982年から1987年にかけて計画された国防省による兵器調達リストを一瞥すれば，陸海空の全ての面にわたって，高度な技術を駆使した爆撃機，ミサイ

表1-1 国防総省兵器購入計画リスト　　　（単位：10億ドル）

	兵器	契約者	総見積もり額
空軍	高度技術爆撃機（ステルス）	ノースロップ	40.0
	B-1B 爆撃機	ロックウェル・インターナショナル	30.0
	巡航ミサイル（空中発射）	ボーイング	8.5
	巡航ミサイル（地上発射）	ゼネラル・ダイナミックス	3.8
	C-5B（空輸機）	ロッキード	10.6
	防衛用通信衛星（DSCS-3）	ゼネラル・エレクトリック	1.9
	E-3A 偵察衛星（AWACS）	ボーイング	6.3
	F-15戦闘機	マクダネル・ダグラス	40.5
	F-16戦闘機	ゼネラル・ダイナミックス	42.0
	HARMミサイル（対放射能）	テキサス・インスツルメント	4.2
	独航ミサイル（空対地）	ヒューズ・エアクラフト	6.2
	MXミサイル（大陸間）	マーチン・マリエッタ	35.0
	ナブスター航行衛星	ロックウェル・インターナショナル	2.4
	スパロー・ミサイル（空対空）	レイセオン、ゼネラル・ダイナミックス	1.7
海軍	AV-8B戦闘機（垂直離陸）	マクダネル・ダグラス	10.6
	CG-47巡洋艦	バース，リットン	27.6
	CVN航空母艦	テネコ	10.0
	FFG-7フリゲート鑑	バース，トッド	14.2
	F-14戦闘機	グラマン	35.8
	F-18戦闘機	マクダネル・ダグラス	39.7
	ハープン・ミサイル（船対船）	マクダネル・ダグラス	3.5
	SH-60Bヘリコプター（対潜水艦）	シコルスキー	6.7
	SSN-688潜水艦（攻撃）	ゼネラル・ダイナミックス，テネコ	24.2
	トマホーク巡航ミサイル（海中発射）	ゼネラル・ダイナミックス，マクダネル・ダグラス	11.8
	トライデント潜水艦	ゼネラル・ダイナミックス	28.0
	トライデントIミサイル	ロッキード	4.8
陸軍	AH-64ヘリコプター（攻撃）	ヒューズ・ヘリコプター	7.4
	コパーヘッド・シェル（誘導砲）	マーチン・マリエッタ	1.6
	ディヴァット銃	フォード・エアロスペース	4.2
	ヘルファイアー・ミサイル（対戦車）	ロックウェル・インターナショナル	2.0
	歩兵用戦闘機器	FMC	13.4
	M-1戦車	ゼネラル・ダイナミックス	19.5
	多発射ロケットシステム	ヴォート	4.1
	パトリオット・ミサイル（対航空機）	レイセオン	11.3
	パーシングIIミサイル（核兵器）	マーチン・マリエッタ	2.8
	UH-60Aヘリコプター（兵員輸送機）	シコルスキー	7.7

（出所）*Business Week*, November 29, 1982, p. 70より作成.

ル，戦闘機などが並んでいる（表1-1）．そして，それら主契約企業は，いずれもアメリカを代表する航空宇宙産業関連企業なのだ．F16戦闘機のゼネラル・ダイナミックス社は，1985年度国防契約第2位の企業だし，F15戦闘機のマクダネル・ダグラス社は，同年国防契約第1位の軍需会社である．この兵器リストでは金額こそ少ないが，ゼネラル・エレクトリック社は，言わずと知れたアメリカを代表する多国籍企業のひとつであり，1985年度国防契約第4位の位置を占める．

いかなる産業が軍需産業となるかは，その時の軍事技術水準と世界軍事戦略により規定され，また事態が進展すると軍事技術が先行し，それに戦略が規定されるという逆転の関係が生じるのはよく知られた事実だ．レーガン軍事戦略が，戦略防衛構想（SDI）に規定されるようになると，核とミサイルを中軸とする戦略核兵器体系に依存せざるをえない．1980年代の主要軍需企業は，航空宇宙企業および電子・情報・通信企業である．レーガン政権の軍事スペンディングは，航空宇宙産業の興隆を図り，危機に陥ったアメリカ経済の国際競争力の回復をめざしたものだったと言えるだろう．

■軍事支出と「双子の赤字」

次節で詳論するが，レーガン政権発足当時，アメリカ経済は深刻な政策不況に陥った．しかし，レーガン政権は，ソ連「悪の帝国」論をぶち上げ，SDIによる軍拡をその後急速に展開した．この財政支出増大は，軍需会社に膨大な利益をもたらした．B-1B爆撃機の製造会社で名高いロックウェル・インターナショナル社は，同機の契約額160億ドルのみで，過去6年間の同社の収入の4分の1以上を賄ったのである．(7) 同社の6年間の販売高および純利益を見ると，1981年経済恐慌の影響もなく，販売額，純利益とも一貫して上昇傾向を辿った．1981年から1986年にかけて販売額で74.7％，純利益で91.7％もの上昇率を示した（表1-2）．

レーガン軍拡は，アメリカ連邦財政に巨額の赤字を創出した．レーガン政権において大統領経済諮問委員会のメンバーとして活躍したウィリアム・ニスカネン（William A. Niskanen）は，次のように記している．「レーガン・プログラムには多くの要素が絡んでいるが，国防のビルドアップには，カーター政権末期

表 1-2　ロックウェル・インターナショナル社営業成績

(単位　100万ドル)

	1981	1982	1983	1984	1985	1986
販売額	7,039.7	7,395.4	8,097.9	9,322.1	11,337.6	12,295.7
純利益	318.8	331.6	389.1	496.5	595.3	611.2

(出所) *Moody's Industrial Manual*, 1987, p. 3403より作成.

に開始された諸変化の加速化が現れている．多くの諸条件の積み重ねは1980会計年度に始まる超党派の国防ビルドアップの支持を取り付けた．ソ連とのいくつかの軍縮協定とアメリカの抑制にもかかわらず，彼らは戦略的核兵器を増強することを継続した．第3世界での共産主義者のクーデターがあり，それに続いて，ニカラグアとイランの革命，そしてソ連のアフガニスタン侵略が引き起こされた」[8]．

確かに，連邦国防支出は，1980会計年度の1340億ドルから1985会計年度の2527億ドルに至るまで，10％を超える上昇率が継続した[9]．連邦財政赤字は，1980会計年度に738億3500万ドルであったものが，1985会計年度では2123億3400万ドルに膨れ上がった[10]．

こうした連邦財政赤字の急増は，アメリカ金融市場に金利の急上昇が起こることを予想させたが，世界各国とりわけ日本からの資本流入の活発化は，これらの事態を緩和する要因となった．これは，アメリカの軍拡を日本の証券投資が支えるという日米間の構造的連関の形成を意味した．これは，かつてギルピンが指摘した「ニチベイ経済」の創生に他ならないが[11]，アメリカへの活発な資本流入は国際通貨ドルへの需要増をもたらし，ドル相場の全面的上昇を引き起こした．このドル相場の全面的急上昇は，アメリカ貿易収支の構造的赤字の引き金になった．アメリカ商品貿易は，1983年に575億ドル程度だったのが，1984年には1079億ドル，1985年には1321億ドルを記録した[12]．アメリカ経済は，財政赤字と経常収支赤字を併せ持つ，いわゆる「双子の赤字」とともに[13]，世界最大の債務国の道を歩むことになる[14]．

■アメリカ企業の輸出競争力

ところで，アメリカが構造的貿易赤字を出しつづけることになったとしても，

アメリカ企業が世界市場において，国際競争力を全く喪失してしまったと判断するのは早計である．とりわけ，軍需を軸としたアメリカのハイテク産業は，アメリカ輸出企業の基軸を形成していると言えるだろう．ハイテク産業とは，一般に研究開発（R&D）投資額が相対的に高い産業であり，具体的には次のものが挙げられる．化学製品，医薬品，発電機，電気機器，データ処理機器，電子事務機器，通信機器，電子部品，航空機，化学装置である．[15]

1986年アメリカ最大輸出企業50社のリストを見てみよう（表1-3）．同表によれば，アメリカの主要輸出企業は，ボーイング，ゼネラル・エレクトリック，デュポン，マクダネル・ダグラスと続き，その中で航空宇宙産業，電気・エレクトロニクス産業，すなわち，当時の軍需産業関連企業がかなりの部分を占めていたことがわかる．ボーイング，マクダネル・ダグラス，ゼネラル・ダイナミックス，ロッキード，レイセオン，FMC，ロックウェル・インターナショナル，グラマン，ノースロップといった航空宇宙産業企業は，レーガン軍拡による軍需増大により恩恵を受けた，れっきとした軍需企業である．

しかも，この事実は決して偶然ではない．レーガン軍拡によってアメリカには，ハイテク技術に基づく軍需産業の興隆があり，先端技術を駆使した航空機・軍用機が，他国の追随を許さない強力な国際競争力を持った商品なのだ．

だから，アメリカの武器輸出は，1980年代レーガン政権下において急増したのだった．アメリカの対外武器取引引き渡し額を見れば，1980年58億7600万ドルであったが，1984年には100億3900万ドルに上昇した．もちろん，1986年トップのボーイング社の輸出収入25％増，73億3000万ドルの収益は，商業用航空機の売り上げが好調だったことによるのだが，ボーイング社がアメリカ有数の軍需企業のひとつであることは疑いえない事実なのである．[16]

1980年代アメリカにおける主要輸出企業は，航空機あるいはコンピュータ関連等，ハイテク技術を駆使した諸産業だったと言えるだろう．

■**アメリカ企業の多国籍化**

また，アメリカ企業は，輸出のみならず在外活動売上額の観点から眺めれば，製造工程の地球的編成をおこないながら世界市場での売上を伸ばす，多国籍企業として存在するようになった．かつて，スティーブン・ハイマー（Stephen

第1章　レーガン政権の経済政策とアメリカ企業　**43**

表 1-3　アメリカ最大輸出企業50社（1986年）

順位		第3者への輸出額	変化率（昨年比）	全販売額中の比率	順位		第3者への輸出額	変化率（昨年比）	全販売額中の比率
		100万ドル	%	%			100万ドル	%	%
1	ボーイング	7,330	25	45	26	ドレッサー・インダストリーズ	452	-14	12
2	ゼネラル・エレクトリック	3,709	11	11	27	ピットン	431	-11	36
3	デュポン	2,960	15	11	28	フィリップス・ペトロリアム	415	-18	4
4	マクダネル・ダグラス	2,805	5	22	29	インガソルーランド	373	8	13
5	ユナイテッド・テクノロジー	2,126	0	14	30	MCA	371	53	15
6	キャタピラー	2,016	5	28	31	コンバスチョン・エンジニアリング	357	13	14
7	アーライド・シグナル	1,358	119	12	32	モンサント	346	-7	5
8	フィリップ・モリス	1,193	29	6	33	ヘンリー・グループ	278	-9	9
9	オキシデンタル・ペトロリアム	1,092	13	7	34	テレダイン	278	-1	9
10	アメリカン・プレジデント	1,089	21	72	35	エマーソン・エレクトリック	256	-11	5
11	ウェスティングハウス・エレクトリック	1,079	1	10	36	クーパー・インダストリーズ	251	11	7
12	アーチャー・ダニエルズ・ミドランド	1,014	53	19	37	グラマン	249	-1	7
13	ゼネラル・ダイナミックス	1,003	14	11	38	モトローラ	242	7	4
14	ワイアハウザー	932	18	16	39	サンズトランド	240	28	17
15	テキストロン	786	10	16	40	ユニバーサル・リーフ・タバコ	239	-16	21
16	ロッキード	784	13	8	41	ダナ	235	-13	7
17	NWA	733	11	20	42	アドヴァンスト・マイクロ・デイヴァイス	235	17	37
18	レイセオン	732	26	10	43	エンゲルハード	234	14	10
19	FMC	594	1	20	44	ノース・アメリカン・フィリップス	216	21	5
20	ワーナー・コミュニケーションズ	536	41	19	45	ノースロップ	215	-53	4
21	インターナショナル・ペイパー	533	21	10	46	ガルフ&ウェスタン	206	-8	10
22	ユニオン・カーバイト	528	-12	8	47	B. F. グッドリッチ	199	-4	8
23	ロックウェル・インターナショナル	493	11	4	48	ハーキュルズ	198	4	8
24	ディア	484	-8	14	49	カミンズ・エンジン	198	3	9
25	イーストマン・コダック	483	-10	4	50	ルイジアナーパシフィック	191	31	13

(註) 海外子会社への販売額，米加自動車自由貿易協定による。販売額は含まれず．
(出所) *Business Week*, July 20, 1987, p.100より作成．

Hymer)は，次のように指摘したことがある．「現代の事業部門制あるいはコングロマリット企業は，一国企業の規模よりもより一層強力な組織形態であり，そして一層大規模に世界の生産と交換を統合することができるように見える．規模の大きさと一層進んだ経営管理機構とによって，それはさらに広い視野を持ち，多くの場合地球規模の視野に通じ，多国籍企業段階へ向かって移行していく．ある時点を過ぎると，企業は単なるアメリカ市場やヨーロッパ市場の中の存在としてよりもむしろ世界市場中の存在として考えられるようになり，そして世界的規模で生産要素の利用と需要パターンを計画するようになる[17]」．

　第二次世界大戦後，アメリカ企業の対外進出は，市場を求めてヨーロッパへと展開した．かつて私は，こうしたアメリカ企業の多国籍化を「市場拡大的多国籍化の投資論理」として指摘したことがある[18]．この多国籍化は，ケインズ的世界経済における世界市場志向・資本集約型産業企業の行動だったが，金ドル交換停止，変動相場制となり，国際的資本取引の自由化の下で，アメリカ企業による多国籍化の論理は，現地生産・現地販売という販売密着型投資から，製造コストを比較考量し，製造工程の地球的編成をめざすという，企業の垂直統合と多角的事業部門制へと変化した[19]．1980年代レーガン政権期になり，この傾向はいよいよ顕著となり，アメリカ主力多国籍企業は，以前にもまして，在外活動売上高を増加させたのである．表1-4は，1986年における在外活動売上高最大アメリカ系多国籍企業30社を示したものだが，いずれもアメリカ主力企業が急速に在外活動を活発化させていることが理解できるだろう．

第2節　レーガン政権の経済政策と経済危機

■レーガン政権はケインズ主義者？

　かつて，レスター・サロー（Lester Thurow）は，レーガン政権の経済政策について，次のように指摘したことがある．「レーガン政権はケインズ主義者に生まれ変わり，金融緩和や大減税，政府支出の増大や赤字財政へと宗旨替えした．レーガン大統領は最初の任期の半ばまできて，それまでたえず非難してきた政策を，そのまま採用したのである[20]」．

第1章 レーガン政権の経済政策とアメリカ企業　**45**

表1-4　在外活動売上高最大アメリカ系多国籍企業30社（1986）

順位	会社名	在外売上高	売上高総計に占める比率	売上高地域別分布	税引前利潤	
					在外活動による利潤	利潤総額に占める比率
		100万ドル	%		100万ドル	%
1	エクソン	54,117.0	76	78％東半球：22％西半球	3,910.0※	75
2	モービル	29,922.0	62	3％カナダ：他は不明	1,858.0※	78
3	IBM	25,888.0	51	66％ヨーロッパ，中東，アフリカ：23％アジア太平洋：11％米州	3,184.0※	67
4	フォード	19,926.0	32	63％ヨーロッパ：16％カナダ：12％ラテン・アメリカ：10％アジア太平洋	825.0※	25
5	GM	19,836.7	19	54％ヨーロッパ：28％カナダ：9％ラテン・アメリカ：61％東半球：38％西半球	-186.3※	—
6	テキサコ	15,494.0	49	61％東半球：38％西半球	1,185.0※	99
7	デュポン	9,955.0	33	73％ヨーロッパ	644.0※	36
8	フィリップモリス	6,648.0	25	78％ヨーロッパ	346.0	10
9	シェブロン	6,158.0	24	16％カナダ：他は不明	808.0※	77
10	ダウ・ケミカル	5,948.0	54	56％ヨーロッパ	684.0	53
11	アメリカン・ブランズ	5,146.8	61	95％ヨーロッパからの輸出	200.9	30
12	プロクター＆ギャンブル	4,490.0	29	未発表	143.0※	18
13	アモコ	4,311.0	21	39％ヨーロッパ：21％カナダ	263.0※	35
14	ITT	4,180.0	24	78％ヨーロッパ：他は主としてカナダ	647.0	57
15	イーストマン・コダック	4,152.0	35	64％ヨーロッパ：19％アジア，アフリカ，オーストラリア：17％カナダ，ラテン・アメリカ	389.0	53
16	ユナイティド・テクノロジーズ	4,027.9	22	54％ヨーロッパ	216.4	117
17	コカ・コーラ	4,018.6	46	46％太平洋，カナダ：41％ヨーロッパ，アフリカ：14％ラテン・アメリカ	858.2	63
18	RJRナビスコ	3,920.0	25	53％ヨーロッパ：27％カナダ	491.0	19
19	ゼロックス	3,875.0	41	69％ Rank Xerox の子会社	158.0※	33
20	ゼネラル・エレクトリック	3,821.0	10	未発表	740.0	17
21	シュルンバーガー	3,467.0	76	22％フランス：27％他のヨーロッパ：17％西半球	363.0	356
22	グッドイア・タイヤ	3,450.0	38	39％ヨーロッパ：24％ラテン・アメリカ：13％カナダ：12％中東，アフリカ：12％太平洋	127.9	57
23	ヒューレット・パッカード	3,290.0	46	67％ヨーロッパ	461.0	46
24	アメリカン・エクスプレス	3,234.0	22	52％ヨーロッパ，21％アジア・太平洋	248.0	15
25	3M	3,219.0	37	69％ヨーロッパ	513.0	36
26	ユニシス	3,188.2	43	61％ヨーロッパ，アフリカ：39％米州，太平洋	301.2	79
27	テネコ	3,128.0	22	60％ヨーロッパ：23％カナダ：17％アフリカ，太平洋，ラテン・アメリカ	90.0	16
28	ディジタル・エクイップメント	3,118.2	41	72％ヨーロッパ，28％カナダ，極東，米州	612.8	64
29	ジョンソン＆ジョンソン	3,030.9	43	55％ヨーロッパ：25％西半球：20％アフリカ，アジア，太平洋	594.3	102
30	アメリカン・インターナショナル	2,997.8	34	59％極東	459.8	61

（註）※は税引後の利潤．
（出所）*Business Week*, July 20, 1987, pp. 98-9より作成．

最初の任期の半ばとは，1983年初めということだから，ソ連「悪の帝国」論をぶち上げ，SDI 計画による大軍拡をおこなった時期を指して，サローは言っているようだ．こうした把握が正しいか否かは，レーガン政権がどのような政策を実施し，その結果アメリカ経済がどのような事態に陥ったかを，トータルに見てみなければわからないだろう．それ抜きで，彼のように軽々しくその特質の評価を下すことはできないだろう．

■インフレ沈静化のための金融引き締め

ここでは，まずレーガン政権の経済政策はどのようにして始まったか，から論じよう．

レーガン政権の経済政策のねらいは，インフレーションの沈静化だった．1980年のリセッションで低下したかに見えた物価上昇率は，その年8月以降の金融緩和政策によって，1981年初めにはふたたび2桁台の物価上昇率を示しはじめていた．

レーガン大統領は，伝統的マネタリストの見解を金融政策の要においた．また，合理的期待形成学派の見解も採用した．彼らの主たる政策含意は，次の3点にある．第1に，連邦準備制度理事会は，金利政策よりもむしろ，目標経路 (a target path) に沿って貨幣供給の安定化を試みるべきである．第2に，貨幣供給の目標については，あらかじめ公衆に知らせておくべきである．第3に，実際におこなうにあたってのいくつかの変更は，貨幣供給をコントロールするために推奨されるべきであるというものだ．[21]

彼らの見解によれば，連邦準備銀行が，商業銀行に供給するハイパワード・マネー（マネタリー・ベース）を管理すれば，要求払い預金や銀行融資を効果的に制御し，貨幣供給量を決定できる．貨幣供給量が決定できれば，それに伴って物価水準が決定されるというものだ．[22] したがって，貨幣供給量の目標変化率をあらかじめアナウンスしておけば，物価水準の変化率が自動的に設定されることになる．

マネタリストのマックスウェル・ニュートン（Maxwell Newton）は，次のように言っている．「理想的には，マネーサプライ増加率ゼロを運営ルールとし，一時的に通貨需要が拡大してもそれは通貨の流通速度の長期上昇トレンドによ

って判断のうえ，妥当とされる場合に限り，マネーサプライを増加させるべきである」と．「こうすれば，我々は，合衆国独立後1世紀半続いた状態，つまり中央銀行のない状態に戻ることになろう．中央銀行がなくても，その期間に，合衆国は驚異的な経済成長をした」[23]というのだ．通貨の流通速度が長期では上昇しているから，貨幣供給上昇率がゼロでも物価や取引量の上昇，つまり順調な経済成長が望めるなどという楽観的な見解を述べている．

具体的に，このプロセスはどのように進んだのだろうか．連邦準備制度理事会は，連邦公開市場委員会（FOMC：Federal Open Market Committee）において金融政策の基本を決定するのだが，レーガン政権の要請を受けて，この委員会は，マネタリストの立場に立ち，4月末から10月末にかけて，商業銀行へのハイパワード・マネーの供給を制限し，銀行の貸付条件のタイト化を促し，貨幣供給量変化率の抑制を試みたことは明らかである．4月から6月にかけて委員会は，貨幣供給（M-1B）年率3％上昇に合わせて，ハイパワード・マネー量の調整をおこなったのである[24]．

この金融引き締め政策は，金利の高騰を引き起こし，市中の資金貸付需要の激減を伴った．アメリカ経済は，戦後最大級の経済危機を経験することとなった．短期利子率プライムレートが，ふたたび一時20％を超える事態となり，これが物価鎮静化過程で引き起こされたのだ．

■経済危機に先立つ利潤圧縮

ここで，レーガン政権の経済政策が戦後最大の経済危機を引き起こした背景について述べてみよう．

まず，アメリカ企業に深刻な利潤圧縮が起こりつつあった事実だ．図1-1に明らかなように，1977年以降アメリカ企業の利潤は急激に上昇したが，1979年には横ばい，1980年からは下降線を描きはじめた．

その利潤圧縮の要因の第1は，1979年から引きつづく賃金の上昇にあった．非農業部門の管理部門を除く生産労働者の平均時給は，1979年に8％上昇したが，1980年には9.5％の上昇率となった．特別給付，社会保険料などを含む時間当たり報酬も，1979年の9％上昇から1980年には10％上昇となった．しかもそうした状況の下で，非農業部門企業の時間当たり産出高，つまり労働生

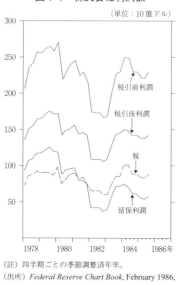

図1-1 株式会社利潤額

(註) 四半期ごとの季節調整済年率。
(出所) *Federal Reserve Chart Book*, February 1986, p. 12. より作成.

産性は，1979年においてマイナスを記録した.[25]

　第2は，1979年から1980年にかけての輸入原油価格の急騰だった．それは1978年末から1980年中頃にかけて2倍以上になり，1バレルあたり30ドルを突破した．原油価格の高騰が石油精製品価格の上昇となったし，その他製品の価格上昇にも影響を及ぼした．これらがアメリカ企業のコストアップ要因となったことは明確だ.[26]

　そして第3が，1979年から1980年にかけての金利の上昇である．主要銀行短期貸付基準金利であるプライムレートは，1978年に9％台だったが，1979年には12％台に上昇し，1980年4月には，一時20％台に達した.[27]投資資金を外部に依存するアメリカ企業にとって，深刻なコストアップ要因となったことは明らかだ．

　もちろんこうした要因を製品価格の上昇によって転嫁できれば，利潤圧縮は逃れることができるだろう．しかし，製品価格の上昇によっても利潤圧縮を避けることができない要因が，少なくとも2つあった．第1が法人税率の上昇，第2が減価償却引当金上昇による利潤圧迫である．

表1-5　非金融会社の流動比率

年	現金および政府証券 (a)	流動負債 (b)	流動比率 $\frac{(a)}{(b)} \times 100$
1975	101.1	451.6	22.4%
1976	110.9	492.7	22.5
1977	115.4	557.1	20.7
1978	122.7	669.5	18.3
1979	134.7	807.5	16.7
1980	145.6	889.3	16.4
1981	149.2	976.3	15.3
1982	170.8	986.0	17.3
1983	202.8	1,059.6	19.1
1984	209.8	1,163.3	18.0

（註）単位は10億ドル，％．
（出所）*Federal Reserve Bulletin*, 各号，より作成．

　法人税率の上昇は，名目利潤が増大することによる課税区分の自動的上昇，いわゆるブラケット・クリープである．非金融会社の利潤額を見れば一目瞭然だ．1978年から1979年にかけて，税引き前利潤が1711億ドルから1980億ドルへ15.7％の上昇を示したのに対して，同時期，調整済み税引き後利潤は，653億ドルから664億ドルへとわずか1.7％の上昇にしかすぎない．また，1979年から1980年第1四半期にかけては，前者が11.1％増に対して後者は逆に18.5％減を示している．

　第2の減価償却引当金上昇による利潤圧縮は，インフレ激化によって更新投資費用（replacement cost）を増額せざるをえなくなるからである．1976年における非金融会社の内部資金に占める減価償却金比率は84.0％，1979年には87.7％に上昇したが，1980年第1四半期にはなんと97.6％に上昇したのである[28]．

　非金融会社の流動比率を見てみよう（表1-5）．流動比率とは，現金および政府証券からなる流動資産を，流動負債つまり短期負債額で除した，企業の支払い能力を示したものである．この数値が1976年以降，一貫して低下していることに注目しなければならない．1981年には15.3％の低率となった[29]．

■インフレ，金融機関の利害と金融引き締め

　1979年から1980年にかけてのアメリカ企業の利潤圧縮の事実は既述の通り

である．この時期にアメリカ企業を債務不履行危機からかろうじて救済していた政策が，インフレ政策だったことは明らかだろう．名目金利も上昇はしていたが，それ以上にインフレーションが進行すれば，企業にとっての実質金利はマイナスになるからだ．債務不履行すなわち企業倒産という事態をかろうじて回避できるというわけである．

しかし，このインフレは，金融機関の収益性を著しく損ねていた．ジェラルド・エプシュタイン（Gerald Epstein）は次のように指摘している．「インフレの加速化とドルの急速な価値減価は，金融機関の収益性を著しく損ねる結果となった．さらに重要なことは，国際経済におけるドルの中心的役割を考えると，ドル価値の急速な減価は，ドルからの全面的逃避の危機を醸成し，国際金融危機の全面的展開を予想させた」[30]．レーガン政権による既述の金融引き締め政策の背景に，アメリカ金融機関の収益性の悪化があり，その救済策としてインフレ抑制政策が展開されたことは明らかだろう．

しかし彼らは，もちろん，ハイパワード・マネーの抑制によってマネーサプライをコントロールでき，したがって順調な経済軌道をアメリカ経済が歩むと考えていた．連邦公開市場委員会の1981年5月18日議事録を見ても，金融引き締め策が経済をリセッションへ導くという認識は見当たらない[31]．しかし，マネタリストが考えたような，ハイパワード・マネーの調整によるマネーサプライのコントロールはできなかった．現実には，ハイパワード・マネーの抑制によって引き起こされた金利の高騰が，流動性比率を低くしているアメリカ企業に債務不履行を引き起こさせ，実体経済の急速な落ち込みがマネーサプライを予想以上に低下させ，経済危機を引き起こしたのである．事実，1981年4月末から10月末にかけて，マネーサプライ（M1-B）の伸びは完全に停止した[32]．

■実質金利の上昇と経済危機

実体経済の鋭い落ち込みによって，1981年を通して，物価上昇の沈静化が引き起こされ，年末までに1978年以来初めて2桁インフレを克服できた[33]．しかも，その物価の沈静化は継続し，急激なインフレ現象は消滅した．

しかし，利子率は急速には下がらなかったから，アメリカ企業へ実質利子率の負担が重くのしかかり，企業倒産が続出した．商工業倒産は，レーガン政権

発足以前から上昇気味であり，1980年には1万1742件だったが，1981年では1万6794件となり，1982年になると2万件台を突破，2万4908件となった．

さらに注目すべきは，その破産の流動負債額の上昇傾向である．1980年46億3500万ドル，1981年69億5500万ドル，1982年には，一気に156億1100万ドルを記録した．この破産流動負債額の急増は，恐慌激化とともに出現した大型倒産の実態を如実に示している．1件当たりの流動負債額の平均を示せば，1980年39万5000ドル，1981年41万4000ドル，1982年62万6000ドルとなる．[34]

現実資本過剰のひとつのバロメータである製造業設備稼働率は，1981年中頃から1982年末にかけて急激に低下した．1982年の全産業設備稼働率の最低値は69.5％であり，非耐久財製造業部門に対し，耐久製造業部門の稼働率低下が顕著だった．とりわけ，戦後アメリカ製造業のリーディング・セクターだった鉄鋼業と自動車の設備稼働率は，それぞれ37.6％，36.6％だった．これは他の産業と比較して格段に低い数値だった．[35]

かくして，工場閉鎖，製造業設備稼働率の低下は，失業の大量出現，賃金カット，そして凍結という事態を生み出していった．失業者数は，政府統計によれば，1980年763万7000人，1981年827万3000人となり，1982年には1067万8000人，1983年には1071万7000人となった．[36]この経済恐慌において，戦後初めて1000万人を超える失業者を生み出してしまった．自動車産業と鉄鋼業をはじめ多くの産業で，1979年の最盛期から比較して，その3分の1以上の労働者が解雇された．[37]

第3節　レーガン経済政策の特質
──賃金抑制と累進課税の否定

■**賃金抑制**

マネタリストの見解に基づく経済政策の実施は，アメリカ経済を危機のどん底に陥れた．このレーガン政権の経済政策は，アメリカ経済に何をもたらしたのだろうか．

まず，その経済恐慌によって，大量の失業者が生み出され，その膨大な労働

予備軍の存在がアメリカ労働者の賃金水準を低く抑える効果, すなわち労働予備軍効果が発揮されることとなった事実に注目しよう. しかもその効果は, レーガン政権の経済政策によって, 恐慌期の一時的なものではなく, 循環を通して発揮されることとなった.

賃金は, 資本と労働間の所得分配をめぐる闘争によって決定される. レーガン政権による労働組合攻撃, 福祉切り捨て, そして大量の低生産性サービス労働の創出によって, 失業コストが高まり, 失業コストとトレードオフ関係にある賃金上昇率が完璧に抑え込まれたからである.

レーガン大統領の労働組合攻撃として有名なのは, 1981年8月3日午前7時, 連邦航空管制官組合 (PATCO: Professional Air Traffic Controllers' Organization) が連邦航空庁 (FAA: Federal Aviation Agency) を相手取って起こしたストライキに対する弾圧である. レーガン大統領は, 午前11時, 全ての航空管制官に, 48時間以内に職場復帰しなければ全員を解雇すると伝え, 同時に航空運輸システムの回復についてのプランを伝えた. これに対して, 約5000名の航空管制官は大統領の期限内に職場復帰することとしたが, 残り1万1400名はストライキを続け, 全員が解雇された[38].

■実質賃金下落と実質金利上昇

失業コスト (w^*) とは, 現在の職の年間所得 (w) から, 失業期間中受けられる社会福祉ベネフィット ($u \times b$) と失業後次の職から得られる年内の所得 ($(1-u) \times w_n$) それぞれの期待値を差し引いた値を年間総所得 (y) で除した値である[39]. したがって, 社会福祉ベネフィットが小さく, 次の職の所得が低いほど, 失業コストが大きくなり, 賃金上昇率は抑えられることとなる.

ジュリエット・ショアー (Juliet Schor) は, 戦後アメリカにおける失業コストの統計数値を時系列的に明らかにした. それによれば, 戦後1960年代初めまでは平均31%程度で比較的高く, 1960年代半ばから急速に低下し, 1970年代を通じて21%程度であったのだが, レーガン政権期になると一気に30%台に回帰している[40].

非農業企業セクターの賃金変化率を検討すると, 1981年に前年比9.6%もの上昇だったが, 年とともに上昇率の低下が見られる. 1983年初めから景気は

回復に向かったのだが，1984年には4.1％上昇，1989年には3.3％の上昇となった．同じ統計を実質賃金変化率で見ると，1981年に－0.7％，1984年には－0.2％，1989年には－1.4％となり，循環を通して賃金が抑え込まれていることが理解できる．[41]

1983年から1984年にかけて，アメリカ経済では力強く景気回復が開始され，非農業セクターの労働生産性の上昇は著しいものだった．したがって，単位労働コストの上昇率は鈍化し，資本分配率は上昇したのだが，物価上昇率は鈍化した．[42]

この景気回復過程における物価上昇率の鈍化という現象は，1970年代の景気循環とは著しく異なる事態だった．レーガン政権下で金利の高止まりが起こったから，実質金利は上昇した．金融機関にとっての資本蓄積には好都合だったが，製造業における現実資本の蓄積にはマイナスの要因である．

1980年代前半のいわゆる「ドル高・高金利」がアメリカ輸出企業に与えた悪影響はあまりにも有名だが，これによってアメリカ企業は，文字通り世界的スケールでの多国籍化の道を歩むこととなる．

■減税政策

ところで，レーガン政権の経済政策には，マネタリズムと同時にサプライサイド経済学があり，実行された．一般には，供給重視の経済学などと言われ，いかにも生産重視の経済政策のようなのだが，実際はどうだったのだろうか．

レーガン政権は，1981年経済復興税法（Economic Recovery Tax Act of 1981）を制定し，大胆な減税政策を実施した．個人所得税率は，初年度5％，続く2年でそれぞれ10％ずつの税率の引き下げが実現することとなった．さらに最高限界税率は70％から50％に引き下げられた．

また，企業減税については，加速度償却制度（accelerated cost recovery system）が採用され，償却期間の短縮と10％の投資税額控除が企図された．インフレ激化から引き起こされたブラケット・クリープ，つまり課税区分の自動的上昇を解消し，減税による経済活動の活発化を企図したのだが，この減税は水平的公平をねらったもので，戦後のケインズ主義的な累進課税制度の否定を意味した．

レーガン税制改革の総仕上げとも言うべき1986年税制改革においては，法人税の最高限界税率を46％から34％に引き下げた．しかし同時に，加速度償却制度における償却期間を延長し，さらに旧法では認められていた10％の投資税額控除を廃止した．そして，キャピタル・ゲインに関しては，分離課税を廃止して通常所得へ算入し，減税された通常税率で課税されることとなった．

第4節　金融優位の構造と所得不平等形成の歴史的起点

■製造業から金融業へ

ここで，1980年代アメリカ経済に起こった資本蓄積パターンの変化を見ておこう．この変化の基軸は，アメリカ企業の設備投資が，製造業から非製造業，しかも商業・金融へと，その中心を移動させてきている事実だ．

企業の新規設備投資のマクロ・データを見れば，その傾向が定着したのは，レーガン政権の経済政策により引き起こされた経済危機後の1983年以降のことになる．1983年において，製造業企業の設備投資額は1173億5000万ドル，非製造業とりわけ商業その他企業の設備投資総額は1294億1000万ドルだった．その後，両部門の新規設備投資額の格差は開く一方であり，1989年において，前者は1838億ドルだったが，後者は2292億8000万ドルに上昇した．[43]

1980年から1989年にかけての産業別投資構成比率を見ると，以上の傾向はより明確になる．金融・保険業，卸売・小売業，サービス業合わせて，1980年には22.1％の産業別投資構成だったが，1989年にそれは49.5％に上昇した．それに対して，運輸・通信・公益事業，製造業の産業別投資構成の落ち込みは著しく，同時期，47.4％から34.5％へと鋭く落ち込んだ．[44]

このような，1980年代に展開したアメリカ経済における製造業の衰退と金融優位の経済システムの形成に，危機後のレーガン政権の経済政策が関わっていることは明らかだ．冒頭述べたように，こうした政策転換をレスター・サローは，「ケインズ主義者に生まれ変わったレーガン」と評したのだが，それは決して真実を伝えている表現とは言えないだろう．

■**軍事支出と製造業衰退**

　まず，過度な軍事支出を基軸とする財政支出政策が，アメリカ製造業の衰退を引き起こしたからだ．もちろん，財政支出そのものがアメリカ製造業の衰退を引き起こしたわけでは決してない．インフラの整備，教育への投資など様々な分野での国家投資は，むしろその国の経済的繁栄の基礎分野を形成することは明らかだ．

　しかし，レーガン政権期に展開された財政支出政策は，全くそれとは異なっていた．「冷戦」勝利のいわば最終段階にあったこの時期，レーガン大統領は，ことさら「悪の帝国」ソ連を強調し，ヴェトナム戦争期に匹敵する過度な軍事支出政策を採用したからだ．ハイテク化された軍事調達の上昇という事態は，既述のようにすでにカーター政権期に開始されていたが，レーガン政権期にそれは一段と加速された．1982年ドルで換算すると，1986年では調達額668億2700万ドルとなり，朝鮮戦争期のピーク587億5800万ドルをはるかに凌ぐものだった．まさに，レーガノミクスの帰結のひとつは，平和時のアメリカ経済に巨大な「戦争経済」を作り上げたことだ．

　1981年に実施された「経済再生計画」のシナリオによれば，産業の活性化が強力な課税基盤を形成し，減税によっても財政均衡が達成できるはずだった．1920年代カルビン・クーリッジ（Calvin Coolidge）大統領期の減税政策がそのモデルとも言われた．しかしながら，事態はその逆となり，軍事スペンディングにより史上空前の財政赤字を作り出し，「ドル高」による輸出不振と輸入増大が空前の貿易赤字を出現させ，経常収支赤字の継続から，1985年には世界最大の債務国へと転落し，今日に至っている．

　アメリカ多国籍企業は，こうしたレーガン政権の経済政策を背景に徹底したアウトソーシング戦略を採用し，アメリカ国内での積極的な技術革新的設備投資をやめ，ひたすら低賃金を求めて自らの生産設備を中南米，アジアの発展途上国へと移動させたのだった．この傾向は1980年代前半，いわゆる「ドル高」の時期に急激に展開したが，その後，1985年プラザ合意を経て「ドル安」転換後にも，企業内国際分業の形成を通じての極大化利潤追求という国際競争戦略は変わってはいない．それは，アメリカ国内の製造業の衰退，継続するアメリカ貿易赤字の構造的要因であり，1994年に成立する北米自由貿易協定

(NAFTA：North American Free Trade Agreement），1995年世界貿易機関（WTO：World Trade Organization），さらには，環太平洋パートナーシップ協定（TPP：Trans-Pacific Partnership Agreement）の積極的推進の経済的根拠となっている．

■レーガノミクスとケインズ主義

　財政支出政策は，ケインズ主義の専売特許ではない．レーガン政権下での急激な財政支出政策は，1980年代のアメリカ経済に，従来とは異なって，金融資本に有利な資本蓄積構造を作り出した．レーガノミクスは，ケインズ政策ではない．

　ケインズ政策は，財政政策を優先させ，それに金融政策を従属させるものだ．戦後では，ケネディ，ジョンソン，そしてまたカーター政権の経済政策がそれにあたる．1970年代後半のインフレ高進は，その政策の帰結だった．財政支出政策による景気拡大が，信用需要を拡張させ，貨幣供給（マネー・ストック）を増大させるが，利子率上昇による景気抑制を恐れる連邦準備銀行は，公開市場操作を通じてハイパワード・マネーを商業銀行に供給しつづけ，インフレーションが継続するという論理である．

　レーガノミクスは，この論理を拒否し，空前の財政赤字を生み出しながらも，金融政策を独自のものと位置づけた．インフレ再燃を恐れ，ハイパワード・マネー供給を抑え，かなり緊縮気味の金融政策を採用したのだった．したがって，1970年代後半の物価上昇と金利上昇の悪循環的スパイラルは影を潜め，逆に物価上昇率の低位と金利の高止まりを生み出し，実質金利は上昇し，金融資本の蓄積には有利な条件を作り出した．

　以上の金融状況は，製造業資本の積極的設備投資に対してネガティブな要因となったことは容易に理解できるだろう．1970年代のインフレは実質金利の低下をもたらし，企業の借入コストを低下させた．したがって，1970年代には，製造業企業は全産業に占める投資構成比率を若干上昇させたのだ[45]．だが，1980年代のインフレ収束の下では，金利の高止まりによって資金コストは上昇し，長期の設備投資の積極的展開にはネガティブな要因となった．

　レーガノミクスとは，アメリカ製造業の衰退をもたらし，金融部門の肥大化に積極的役割を果たした経済政策であったことが理解できるだろう．

■家計所得の格差拡大

　この1980年代製造業部門の衰退と金融肥大化が，戦後アメリカの所得不平等形成の歴史的起点になった事実は，ここで指摘しておかなければならない．

　製造業部門の衰退と貿易の赤字が構造化したレーガン政権時代に，空前の消費ブームが訪れたのだが，1981年から1982年にかけての経済危機において解雇された重化学工業の労働者の多くは，低賃金のサービス業，卸売・小売業部門へと吸収されていった．だが，注目すべきは，製造業労働賃金とサービス労働賃金との格差は当然としても，その格差が以前と比べると格段に開いているという事実だ．例えば，1950年において小売り労働の週賃金は，製造業のそれの平均68.7％だったのだが，1989年までにその比率は44.0％に低下したと言われる．[46]

　したがって，1980年代に多くのアメリカ家計の平均賃金は低下した．表1-6によれば，1977年から1988年にかけて，アメリカ全体の5分の4にあたる家計が，その平均賃金の低下を記録している．しかもそれとはきわめて対照的に，アメリカ全体の上位5％の家計が，23.4％，金額にして年間3万1473ドルの所得増を記録しているのである．さらに，上位1％の家計が49.8％，金額にして年間13万4513ドルもの所得増を記録している．

　所得と富の分配がこのように開いたのは，アメリカの歴史において，1870年代から1880年代の「金ぴか時代（Gilded Age）」と1920年代の過去2回あった．レーガン政権以来今日までの新自由主義時代が3度目であるが，その歴史的起点がレーガン時代だということになる．

■負債に見られる格差

　ところで，こうした富と所得の不平等は，アメリカ家計の負債状況にもきわめて特徴的な傾向を引き起こした．アメリカ全家計の負債状況を見ると，1970年～73年から1982年～90年にかけての純借入額の対可処分所得比は6.1％から8.3％に上昇，また負債総額の対総資産比は同時期，13.7％から16.2％に上昇している．

　だが，これらの数値は平均値であり，所得の高低によって，負債の形態に相違があることに注意しなければならない．アメリカ家計の上位20％，とりわ

表 1-6 平均家族所得（ドル）

区分	1977年	1988年	増減 ドル	増減 %
1	4,113	3,504	−609	−14.8
2	8,334	7,669	−665	−8.0
3	13,104	12,327	−777	−5.9
4	18,436	17,220	−1,216	−6.6
5	23,896	22,389	−1,057	−4.4
6	29,824	28,205	−1,619	−5.4
7	36,405	34,828	−1,577	−4.3
8	44,305	43,507	−798	−1.8
9	55,487	56,064	577	1.0
10	102,722	119,635	16,913	16.5
上位5%	134,543	166,016	32,473	23.4
上位1%	270,053	404,566	134,513	49.8

（註）区分は所得の低いほうから家族数を10％ごとに区切って分類した.
（出所）W. C. Peterson, "The Silent Depression," *Challenge*, July/August 1991, p. 33より.

け1％程度が1980年代において所得を急上昇させていると指摘したが，これらのグループは，金融市場あるいは不動産に積極的に投資を試み，それゆえ資産の増大とともに負債総額も急増させている．いわば投機のための借入の急増であり，これらはもちろん所得水準のきわめて高い一部の階層に限られた行動である．それに対し1980年代に急増した貧困所得層あるいは中所得層は，所得が停滞しあるいは減少する中で彼らの生活水準を維持しようとして，抵当借入，あるいは消費者信用に依存する度合いを強めているのである．1972年から1990年にかけて，平均実質賃金は18％も減少したが，ある程度の家計所得の減少にとどまっているのは，夫婦共働きの家庭が急増し，かろうじて家計所得の急減を阻止しているからに他ならない．

こうした中で，レーガン政権による徹底したインフレ退治は，家計への金利負担を重くしている．不動産担保貸付の実質金利は，1974年〜79年のインフレ期の0.9％から，1982年〜90年のレーガン〜ブッシュ共和党政権期の7.6％に上昇している．したがって，個人破産も同時期，1万人当たり9件から19件

へと上昇している.

註
（1） 『世界週報』1992年2月25日号，64ページ．
（2） 同上，65ページ．
（3） Ronald Reagan, *An American Life*, Simon and Schuster, New York 1990, p. 570.
（4） *Ibid.*, p. 571.
（5） *Business Week*, November 29, 1982, p. 67.
（6） 詳細は，萩原伸次郎『アメリカ経済政策史』第1章を参照のこと．
（7） *Business Week*, February 29, 1988, p. 40.
（8） William A. Niskanen, *Reaganomics: An Insider's Account of the Policies and the People*, Oxford University Press, New York, 1988, p. 29.
（9） 連邦国防支出の詳細については，U. S. Department of Commerce, *Statistical Abstract of the United States: 1997*, Washington, DC, 1997 p.354を参照のこと．
（10） *Ibid.*, p. 332.
（11） この点詳細は，Robert Gilpin, *The Political Economy of International Relations*, Princeton University Press, Princeton, New Jersey,1987, p. 6.
（12） U. S. Department of Commerce, *op. cit.*, p. 800.
（13） アメリカ経済における「双子の赤字」の形成プロセスについては，萩原伸次郎「レーガノミクスの功罪——レーガン経済政策とは何であったのか」（平井規之・中本悟編『アメリカ経済の挑戦』有斐閣，1990年所収）を参照のこと．
（14） 債権国・債務国についての理論的把握については，萩原伸次郎『米国はいかにして世界経済を支配したか』青灯社，2008年，24～27ページを参照のこと．
（15） 詳しくは，ローラ・タイソン著，竹中平蔵監訳『誰が誰を叩いているのか』ダイヤモンド社，1993年，30～31ページ．
（16） *Business Week*, July 20, 1987, p. 110.
（17） S. ハイマー著，宮崎義一訳『多国籍企業論』岩波書店，1979年，234～240ページ．
（18） 萩原伸次郎『世界経済と企業行動』78ページ以下を参照．
（19） この点の理論的把握に関しては，同上，136ページ以下を参照．
（20） Lester C. Thurow, *The Zero-Sum Solution: Building a World-Class American Economy*, Simon & Schuster, New York, 1985, p. 22. 金森久雄監訳『ゼロ・サム社会　解決編』東洋経済新報社，1986年，6ページ．
（21） Niskanen, *op. cit.*, p. 160.
（22） M を貨幣供給量，P を物価水準，Q を取引量，V を貨幣の流通速度とすれば，$M=PQ/V$, $\frac{\Delta P}{P}=\frac{\Delta M}{M}-\frac{\Delta Q}{Q}+\frac{\Delta V}{V}$ となるから，取引量と貨幣の流通速度を捨象すれば，物価水

準の変化率は貨幣供給量の変化率によって決定されるという考え．
(23) Maxwell Newton, *The FED: Inside the Federal Reserve, the Secret Power Center that Controls American Economy*, Times Books, New York, 1983. 佐藤栄二訳『暴かれた聖域 米国中央銀行 The FED』東洋経済新報社，1985年，290ページ．
(24) 連邦公開市場委員会における具体的な決定過程については，1981年5月18日の会議議事録に詳しい．詳しくは，William Greider, *Secrets of the Temple: How the Federal Reserve Runs The Country*, Touchstone, New York, 1987, Appendix C.
(25) S. N. Watt, "The Economy in 1980," *Federal Reserve Bulletin*, January 1981, p. 4.
(26) *Ibid.*, p. 1.
(27) U. S. Department of Commerce, *Survey of Current Business*, January 1981, p. 7.
(28) N. E. Mains, "Recent Corporate Financing Pattern," *Federal Reserve Bulletin*, September 1980, p. 685の表より算出．
(29) 戦後アメリカ企業の流動比率の低下傾向については，*Morgan Guaranty Survey*, Morgan Guaranty Trust Company of New York, New York, May 1980, p. 3および P. M. Sweezy and H. Magdoff, *The Dynamics of U. S. Capitalism*, Monthly Review, New York and London, 1972, p. 180以下を参照のこと．
(30) Gerald Epstein, "Federal Reserve Behavior and the Limits of Monetary Policy in the Current Economic Crisis" Robert Cherry *et al.* eds., *The Imperiled Economy, Book 1 Macroeconomics from a Left Perspective*, The Union for Radical Political Economics, New York, 1987, p. 253.
(31) William Greider, *Secrets of the Temple*, pp. 727-732.
(32) M. ニュートン著, 佐藤栄二訳, 前掲, 35ページ．
(33) Board of Governors of the Federal Reserve System, *68th Annual Report*, 1981, p. 10.
(34) U. S. Department of Commerce, *Statistical Abstract of the U. S., 1985*, p. 520より算出．
(35) R. D. Raddock, "Revised Federal Reserve Ratio of Capacity Utilization," *Federal Reserve Bulletin*, October 1985, p. 757.
(36) *Economic Report of the President, 2002*, USGPO, Washington D. C., p. 372.
(37) R. S. Gay, "Union Settlements and Aggregate Wage Behavior in the 1980's," *Federal Reserve Bulletin*, December 1984, p. 851.
(38) 詳細は，Niskanen, *op. cit.*, pp. 191-6.
(39) 失業コストの算定式は，$w^* = \dfrac{w - [u \times b + (1-u) \times w_n]}{y}$ と表すことができる．
(40) 詳細は，Juliet B. Schor, "Class Struggle and the Macroeconomy: The Cost of Job Loss," Robert Cherry *et al*, eds., *op cit.*, pp. 171以下．
(41) *Economic Report of the President*, USGPO, Washington D. C., 1995. 平井規之監訳『95米国経済白書』エコノミスト臨時増刊, 毎日新聞社, 1995年, 312ページ．
(42) 同上, 289ページ．
(43) 同上, 304ページ．

(44) Y. K. Henderson, "Capital Costs, Industrial Mix and the Composition of Business Investment," *New England Economic Review*, January/February 1992, p. 69 より.
(45) *Ibid.*, p. 69.
(46) W. C. Peterson, "The Silent Depression," *Challenge*, July/August 1991, p. 32.

第 2 章

レーガン政権と金融覇権の生成
——レーガン政権は，なぜ金融自由化を推し進めたのか

第1節　金融自由化とその経済的背景

■1980年代の金融改革

　1980年代に展開した金融改革とは，一言で述べれば，カーター政権末期からレーガン政権期にかけて，規制緩和の経済政策の下，1930年代の大恐慌以来金融業に課せられていた様々な規制を，金融資源の効率的配分の実現を妨げていると断定することで，自由化したことを指す．歴史的規定をおこなえば，ビル・クリントン（Bill Clinton）政権末期に確立するアメリカにおける金融覇権の生成期における改革と言うことができるだろう．

　その自由化によって金融機関同士の競争が激しくなり，今日の金融不安を生み出す制度的要因を生み出したとも言える．この期のアメリカにおける金融自由化は，預金金利規制の撤廃と証券，商業銀行，貯蓄金融機関などの金融機関間の業態間規制の緩和を内実とした．

■1980年代の金融自由化

　証券業と預金受入金融機関の同業化と競争の激化を背景に，1980年金融制度改革法（Depository Institutions Deregulation and Monetary Control Act of 1980：1980年

預金金融機関規制緩和・通貨管理法）が制定された．それは第1に，決済勘定あるいは預金勘定を持つ全ての預金金融機関（商業銀行，貯蓄貸付組合，相互貯蓄銀行，信用組合）を預金支払準備率の適用対象とした．第2に，レギュレーションQ（連邦準備制度理事会規則第Q項）による定期・貯蓄預金の金利上限規制を，1986年までに段階的に廃止することが決定された．これは結局，1983年までに撤廃された．また第3に，個人に限ってということであるが，NOW勘定（Negotiable Order of Withdrawal：譲渡可能支払指図書）の設定，すなわち，貯蓄預金でありながら自由に小切手類を発行できる勘定の設定を認めた．さらに第4に，貯蓄金融機関（貯蓄貸付組合，総合貯蓄銀行など）の資産運用範囲の拡大を図った．

　1980年金融制度改革法は，1970年代に事実上進行してきた金融機関同士の競争激化を是とし，いっそうの競争政策を展開させたものと言える．したがって，同法の下で展開した預金獲得競争による金利上昇，資金コストの上昇は，当然弱小貯蓄金融機関の収益悪化をもたらし，預金金融機関の経営危機の救済を目的とした金融法が必要とされるに至った．1982年預金金融機関法（Garn-St. Garmain Depository Institutions Act of 1982：1982年ガーン＝セントジャメイン預金金融機関法）がそれである．

　この法律は，経営危機に陥った金融機関への対策として，第1に，連邦預金保険公社（FDIC）と連邦貯蓄貸付保険公社（FSLIC）の権限が強化され，金融機関同士の州際合併が許可された．第2に，貯蓄金融機関の営業範囲が一段と拡大され，MMMFに対抗してMMDA（Money Market Deposit Account：短期金融市場預金勘定）ならびに，スーパーNOW勘定が許可された．MMDAとは，最低預金額2500ドル，自由金利，限度付小切手振出の定期預金である．スーパーNOW勘定は，やはり最低預金額2500ドル．自由金利，小切手振出自由預金であり，全ての預金金融機関に認可されたのである．

　以上のように，経営危機救済とは言っても，1982年預金金融機関法は金融機関同士の競争を抑制したわけではない．むしろ，弱体化した貯蓄金融機関にも他の金融機関と同様の営業機会を与えるということを意味した．したがって，1991年『大統領経済諮問委員会報告』でも，次のように指摘せざるをえなかったのである．「これらの変化（以上の金融改革のこと——引用者）は，預金獲得競争のより効率的な推進，より広範な資産選択の多角化，金利リスクにさらされ

る危険の軽減を可能にすることにより，S&L（貯蓄貸付組合——引用者）の健全さを高めるよう企図されたものであった．一般にこれらの変化は，S&L に有益であったが，その後の事態の展開は，弱体ないしは支払い能力のない貯蓄機関に不当な力を新しく与えるという危険を示した」．

第2節　金融業の競争激化と金融危機

■金融業の競争激化

　1970年代から1980年代初めにかけて進展した金融革命は，金利の自由化により金融機関の預金獲得競争に拍車をかけ，金利の高止まりの一要因となった．さらに，貯蓄金融機関の営業範囲の拡張も進展させ，金融機関の貸付行動は，以前にもまして激しい競争条件の下で進展した．

　しかし，1980年代末までで，金融革命に伴う投機的貸付と投資のブームは終わったと言っていいだろう．株式市場は，1987年に崩壊した．商業用不動産価格は急降下し，多くの金融機関は破産した．1990年7月にはリセッションが開始され，1991年1月には老舗の銀行バンク・オブ・ニューイングランドが不動産価格の下落とともに破産した．

　この1980年代にアメリカ金融業に何が起こったのだろうか．

■貸付先の変化

　まず，アメリカ金融機関の中軸を占める商業銀行において，1970年代からの発展途上国諸国への大量貸付が不良債権化し，彼らが多額の損失を被った事実が特筆されるだろう．シティ・コープが，1987年5月，30億ドルの損失表明，マニファクチャラーズ・ハノーヴァーが17億ドル，チェース・マンハッタンが16億ドル，バンカメリカが11億ドル，ケミカルが11億ドルなどであり，1987年第2四半期，10大銀行持ち株会社合わせて108億ドルの貸し倒れとなった．

　アメリカ商業銀行は，1980年代において途上国貸付に代わる新たな貸付先をアメリカ国内に求めなければならなかった．表2-1によって，1980年代ア

表 2-1　商業銀行の貸付動向

	1983年末	1989年末	1990年末
総貸付額	1,336.0	2,072.8	2,123.0
不動産担保貸付	336.8	761.7	829.3
個人貸付	224.6	400.6	402.8
商工業貸付	524.9	618.7	615.3
その他貸付	249.7	291.8	275.5
その他全資産	1,006.0	1,226.2	1,266.1
総資産	2,342.0	3,298.9	3,389.2

(註) 単位は100万ドル.
(出所) L. G. Sahling, "Real Estate Markets in the 1990s," *Challenge*, July/August 1991, p. 48より.

メリカ商業銀行の貸付分野を見てみると，消費者信用と不動産担保貸付の2大分野がその主要貸付先であったことがわかる．1983年から1990年にかけて，消費者信用残高は，2億2460万ドルから4億280万ドルへと79.3％の上昇，不動産担保貸付もやはり同時期に，3億3680万ドルから8億2930万ドルへと146.2％もの上昇を示した．それに対して，商業銀行活動の本来の中軸的役割を果たしてきた商業および工業貸付は，同時期5億2490万ドルから6億1530万ドルへと17.2％の上昇にしかすぎなかった．さらに，1983年から1990年にかけての商業銀行貸付純上昇額7871億ドル中，不動産担保貸付および消費者信用は実にその85.2％を占めたのであり，商業および工業貸付はその11.5％にしかすぎなかった．

しかもこうした傾向は，商業銀行だけに限られたわけではない．レーガン政権の下，とりわけガーン＝セントジャメイン法によって商業的不動産担保貸付に大々的に営業を拡大することを認められた貯蓄貸付組合は，その貸付を最も積極的におこなっていった．表2-2は，商業用不動産担保貸付の金融機関別状況を示したものだが，貯蓄貸付組合の1983年以降の急増から，1980年代における規制緩和政策が貯蓄貸付組合の不動産担保貸付にいかに大きな影響を与えたかが理解できるだろう．

■金融優位の構造

以上のアメリカ金融機関の貸付動向は，すでに述べた1980年代に引き起こ

表 2-2 金融機関別商業用貸付担保保有状況

年	商業銀行 額	商業銀行 変化率	外国銀行 額	外国銀行 変化率	貯蓄貸付組合 額	貯蓄貸付組合 変化率	生命保険会社 額	生命保険会社 変化率
1980	93.89	—	—	—	75.80	—	97.41	—
1981	104.93	11.8	—	—	77.11	1.7	104.49	7.3
1982	118.12	12.6	—	—	84.77	9.9	109.61	4.9
1983	137.56	16.5	—	—	113.13	33.5	120.26	9.7
1984	168.20	22.3	5.85	—	150.67	33.2	127.73	6.2
1985	197.84	17.6	5.61	−4.1	178.58	18.5	145.39	13.8
1986	243.39	23.0	8.95	59.6	187.44	5.0	167.71	15.4
1987	288.13	18.4	13.55	51.3	193.15	3.0	187.43	11.8
1988	315.52	9.5	23.12	70.7	204.04	5.6	207.43	10.7
1989	349.72	10.8	29.73	28.6	182.54	−10.5	228.21	10.0
1990 (9月)	359.24	1.3	41.02	53.6	155.70	−19.1	236.72	5.0

(註) 単位は10億ドル，変化率は%．
商業用貸付担保には，建設用貸付および商業用資産の永久抵当権を含む．
(出所) L. G. Sahling, "Real Estate Markets in the 1990s," *Challenge*, July/August 1991, p. 44より．

された資本蓄積パターンの変化に対応していることは言うまでもない．小売・卸売業，サービス産業の展開とともに消費者信用が活発となり，外国からの大量の商品輸入は，アメリカの債務国化を伴いながら世界経済に膨大な有効需要を注入した．かくしてその空前の消費ブームは，アメリカ各地にショッピング・モール，オフィスビル，ホテルなどの建設一大ブームを引き起こし，商業用不動産担保貸付のこれまた一大ブームを巻き起こしていった．

しかもこうした傾向に産業企業は，積極的な設備投資をおこなうのではなく，借入金に依存する投機的企業買収によって収益をあげる道を選んだのだ．ジャンクボンドの発行による資金調達や，買収後のキャッシュフローや買収対象企業の資産を担保に資金を借り入れる LBO (leveraged buyout) と呼ばれる手法による企業買収である[4]．1982年にはほぼ死に体であったニューヨーク株式市場は，その後企業の投機的買収活動によって急上昇を続けたが，1987年10月19日，1989年10月13日の株価大暴落となった[5]．

レーガン政権期の経済政策がいかに産業を痛めつけ，金融優位の経済構造を作り出したかは，非金融企業の利益に占める利子払いの比率を見れば一目瞭然だろう．1960年代の後半にはまだ20％程度であった非金融企業の収益に占め

その他		総計	
額	変化率	額	変化率
95.85	—	362.95	—
93.51	−2.4	380.03	4.7
98.56	5.4	411.07	8.2
112.93	14.6	483.88	17.7
126.75	12.2	579.21	19.7
148.23	16.9	675.64	16.6
187.34	26.4	794.83	17.6
171.18	−8.6	853.43	7.4
181.04	5.8	931.15	9.1
189.64	4.8	979.82	5.2
205.67	8.5	992.36	1.7

る利子支払い率は，1970年代の前半に深刻な2度のリセッションと名目利子率の急上昇によって30％の水準に達した後，1980年代には50％を超える水準に定着したのだ[6]．

1980年代のアメリカ企業の税引き前利潤率の高さは，積極的な設備投資，現実資本の生産性の高さに基づくものではなく，投機的な資本の循環に基づくものであった[7]．収益は徐々に増大する負債をカヴァリングできなくなり，債務不履行，企業破産が1980年代を通して継続した．商工業企業破産数は1980年代を通して増加を続け，1986年には6万1616件となり，その後一時減少したが1991年には8万7592件になった．また，商工業企業破産負債総額は，これまた1980年代を通じて増加を辿り，1986年には447億2400万ドルに達し，その後一時減少したものの1991年には1109億3400万ドルもの数値に達したのである[8]．これらの数値は，1980年代を通じて商工業企業がいかに多くの投機的行動からその財務構造を悪化させたかを示している．

■貯蓄貸付組合の危機と救済

1980年代，金融機関にとって，商業用不動産取引は，きわめて収益率の高いものとなった．1970年代末，インフレは頂点を極めたが，商業用不動産の供給不足は，その価格を急騰させ，インフレ率を上回るものとなった．商業銀行，貯蓄貸付組合，生命保険会社は，こぞってこの不動産担保貸付市場に参入し，激烈な競争を展開させながら不動産取引に関わる信用を膨張させていった．

しかし，実需を超えた信用に依存する取引がいずれ破綻するのは明らかだ．1987年末を境にして，商業用不動産担保貸付は先細りとなった．この信用収縮は，不動産市場の需給関係を逆転させた．不動産価格の低下が引き起こされ，

返済不能な不動産担保貸付,つまり不良債権が急増し,抵当流れの不動産が金融機関へ累積した.1990年9月末で,こうした商業用不動産は,貯蓄貸付組合で420億ドル,商業銀行で330億ドル,生命保険会社で80億ドル,合わせて830億ドルに上った.

わけても,貯蓄貸付組合の不動産担保貸付の焦げ付きは深刻だった.その貯蓄は,連邦貯蓄貸付保険公社によって保証されていたから,倒産が激化するとともにその基金が減少し,ついに1986年から公社は債務超過となった.倒産の激化は,貯蓄の保証を危ないものとするほどまでに深刻化したということである.

この貯蓄貸付組合危機は,まさしく1980年代に進行した金融自由化,規制緩和政策の破綻を示すものだった.ブッシュ政権は,1989年2月に貯蓄貸付組合救済法を提示し,この法案は同年8月,金融機関改革救済執行法(Financial Institutions Recovery Reform and Enforcement Act of 1989)となって実現した.同法は,貯蓄貸付組合の規制機関として,財務省の統括下に貯蓄金融機関監督局(Office of Thrift Supervision)を設立,また,連邦貯蓄貸付保険公社を廃止し,新たに連邦預金保険公社の内部に貯蓄金融機関預金保険基金(Savings Association Insurance Fund)を創設し,保険加入の貯蓄金融機関の最低必要資本を引き上げた.また,貯蓄貸付組合の整理のために整理信託公社(Resolution Trust Corporation)が創設され,その清算のため膨大な公的資金が注ぎ込まれた.

■アメリカ型金融システム発展の契機

しかも,金融危機は,以上の貯蓄貸付組合だけにとどまるものではなかった.1980年代,アメリカ商業銀行の破産の増加が,FDICの資金枯渇問題を引き起こした.とりわけ,1991年1月に起きたバンク・オブ・ニューイングランド銀行の破綻は大きな衝撃だった.商業用不動産貸付の失敗が倒産の要因だが,コンチネンタル・イリノイ,ファースト・リパブリックに次ぐ3番目に大きな破産銀行だったからだ.

ブッシュ政権は,1991年連邦預金保険公社改善法(FDIC: Improvement Act of 1991)を成立させ,公的資金を注ぎ込んで対処にあたったが,この改善法は,預金保険制度の再構築を目的とした.しかし,この法律は,アメリカ商業銀行

の証券業への関わりをいっそう深いものとし，アメリカ金融覇権の確立とともに，その破綻をもたらす制度的条件を整備したという歴史的評価を下すことができるだろう．

すなわち，ここで注目されるべきは，商業銀行への新たな自己資本比率規制の実施であった．この時点では，すでに国際決済銀行（BIS）による自己資本比率8％以上というのが，国際的銀行経営実施の必要条件としてあった．この連邦預金保険公社改善法は，銀行の投機的活動の規制という名目の下に，自己資本比率に基づき銀行を5つの類型に分類した．自己資本を充実させた銀行を自己資本比率10％以上の銀行として規定し，特別に証券業など銀行へ新規業務を認める措置をとったのである．

銀行危機の要因のひとつに，あまりにも高いレヴァレッジ（自己資本比率の逆数）があり，これを規制しなければならないと考えたがゆえの自己資本規制の強化であった．しかし，この措置は，証券化を基軸とし，直接金融システムを基軸とするアメリカ型金融システムのよりいっそうの発展となり，アメリカ商業銀行がそこへ深く関わる結果となったことは，ここで指摘しておかなければならない．

第3節　レーガン政権の対日金融自由化要求

■レーガン政権の対日経済戦略

レーガン政権は，戦後アメリカ経済史において，金融覇権の生成と深く関わった経済政策を実施したと私は理解するが，とりわけ，対日経済関係におけるレーガン政権の要求は，その基軸をなしたと言っていいだろう．それはどういう意味なのだろうか．

金融覇権とは，先にも述べた通り，金融を基軸とする世界経済支配のことである．アメリカは第二次世界大戦後IMF・GATT体制の下で，世界市場志向・資本集約型産業企業による輸出を通じたケインズ的世界経済の構築を実現した．しかしながら，1970年代以降，世界市場志向・資本集約型企業の多国籍化が国内産業の衰退をもたらし，ヨーロッパではドイツ企業，アジアでは日本企業

を基軸とする輸出攻勢に敗北し，1980年代半ばにおいて，世界最大の債務国に転落した．それに代わって，日本が世界最大の債権国になったことは周知の事実である．

　レーガン政権は，ソ連を「悪の帝国」であると規定し，対ソ軍事戦略を強硬に追求，ブッシュ政権期の1991年12月には，ソ連が消滅する．戦後長く続いた米ソ冷戦は終結するのだが，世界最大の債権国にのし上がった日本へはどのような戦略を持って臨んだのだろうか．

　新自由主義的金融グローバリズムによる経済戦略こそ，レーガン政権の追求した対日経済路線であったと言えるだろう．具体的にそれはどのように進んだのだろうか．

■レーガン訪日

　1983年11月のレーガン大統領の訪日を機にそれは始まった．レーガン政権の経済政策が深刻な経済危機をもたらしたことは既述の通りだが，1982年末頃から急速な景気回復とともに財政赤字が深刻となり，金融市場における資金不足から高金利が継続していた．この高金利が世界の資本を引きつけ，いわゆる「ドル高」をもたらし，貿易赤字も深刻なものになりつつあった．いわゆる「双子の赤字」の問題である．

　財務長官は，大手投資銀行メリル・リンチ出身のドナルド・リーガン（Donald Regan）だった．当時リーガン長官は，ドル高はアメリカ経済の強さを表すとしながらも，ドル高に起因する貿易収支赤字，そして経常収支赤字が，アメリカの対外資産ポジションを悪化させる要因となっているとした．そして，日本の金融市場の閉鎖性がアメリカ資本の流入を阻止しており，ドル高・円安を作り出すひとつの要因となっているとした．高金利に引きつけられた日本やその他の国の資本流入が，アメリカの貿易収支が赤字であるにも関わらずドル高を作り出している要因だから，日本の金融・資本市場が開放され，アメリカ資本が自由に流入できるようになれば，ドル高・円安を解消できるのではないかという論理だった．

■日米円ドル委員会

　レーガン大統領訪日後，いわゆる「日米円ドル委員会」(「日米共同・ドル・レート金融・資本市場問題特別会合」)が設置される．この会合は，1984年2月以降，開催された6回の作業部会を経て，その年の5月19日，報告書が竹下登大蔵大臣ならびにリーガン財務長官に提出され，30日には公表されたのである．

　この中で主張されたアメリカによる金融・資本市場の自由化，円の国際化に関する考えは，まぎれもなく新自由主義的金融グローバリズムに基づくものと言っていいだろう．当時大蔵省国際金融局投資第一課長だった畠山 襄(しげる)氏の論点整理を参考に，第1回作業部会の冒頭でベリル・スプリンケル(Beryl Sprinkel)財務次官が述べたことをまとめると，次のようになる．「①金融・資本市場の自由化についての基本的考え方を述べると，資源の最適配分を達成し，経済の効率性を高め，生産の極大化をもたらすためには，市場の力，すなわち価格メカニズムを利用すべきである．②こうした自由市場原理の立場から日本経済を見ると，日本の金融・資本市場は，種々の規制の結果，幅，深さ，弾力性がなく，日本国内および他の国との間で，市場が資本の配分を効率的におこなうことを妨げてきた．これらの規制が日本経済および世界経済に対し多大なマイナス効果を与えてきた．③また，国内金融市場の規則，および対外資本取引の規制は単に資源配分の効率性を歪めているだけでなく，円に対する国際的需要をも減少させてきた．外国人にとって利用可能な魅力的で流動性に富んだ円建て資産の種類は限られている．その結果，国際経済における円の使用は日本が自由主義市場経済で第2位の大国に成長したことと歩調を合わせたものとはならなかった．④なお，金融・資本市場自由化および円の国際化が進展すれば，円の価値も日本経済の真の力をより的確に反映することとなろう」[11]．

　ここに明確に示されているように，資源の最適配分には，市場の力が必要であり，金融資源についてもそれは当てはまるとしている．しかし，日本市場には多くの規制があり，市場の力が働かず，資源の最適配分が妨げられているという．外国資本が日本市場から締め出されているのが問題だというわけだ．リーガン財務長官が，日本の金融・資本市場が閉鎖的であるがゆえにアメリカ資本の対日投資が阻止され，ドル高円安を作り出していると考えていたことを，裏づけるようにも見える．

■国際資本取引の自由化要求

 ところで，畠山氏によると，第2回，第3回と作業部会を積み重ねるごとに，アメリカ側の主張は，ユーロ円市場の拡大に関心が注がれたと言う．ユーロ円とは，日本の国外に円のまま通常銀行預金として存在する日本円のことを言う．ユーロ円の場合，外国企業が円建てで輸出し，受け取った円資金がもとになるのだが，円の強さが目立つようになった1970年代半ば以降，増大しはじめたと言われる．この日本国外にある円資金を債券発行で集めることをユーロ円債の発行と言う．

 ユーロ円市場についてのアメリカ側の主張は，次のようなものだった．「①日本は，ユーロ市場を広範に活用しながら，自国の通貨のユーロ市場における使用は制限している．②日本国内の自由化から段階的に進むのではなく，大幅な政策の変更を直ちにおこない，ユーロ円市場を創設すべきである．ユーロ市場は，すでに確立された市場であるから，日本はごくわずか前進すればユーロ円市場の創設ができよう．③歴史的に見て，アメリカは積極的な政策によりユーロ市場の育成をおこなってきたわけではないが，市場自体の発展は阻害しなかった．日本にもアメリカと同様，ユーロ市場不介入，規制撤廃を要望したい．国内の政策・規制を国際的に敷衍しようとするのは日本のみである[12]」．

 ここで明確になる，アメリカが日本に要求する経済「改革」は，金融・資本市場の規制緩和による対日投資の活発化によって円高に誘導したいとするアメリカ側の思惑はさておき，アメリカ商業銀行や投資銀行の日本市場でのビジネスチャンスの拡大をねらったものと言えるだろう．ユーロ市場における優れたノウハウを持っているアメリカ投資銀行は，ユーロ市場における主幹事獲得競争において優位に立てるのであり，そのためにも常時企業と接触する必要があり，在日拠点の設置を求めるというわけだ[13]．

 1970年代，アメリカ金融機関は，ヨーロッパの金融機関との熾烈な競争戦を通じて，ユーロダラー市場を経由に発展途上国に貸し込んでいった．とりわけ，バンク・オブ・アメリカ，チェース・マンハッタン，シティ・コープのアメリカ3大金融機関は，ほぼ50％は西ヨーロッパ向けだったが，非産油発展途上国への貸付が次いで多く，バンク・オブ・アメリカ31.5％，チェース・マンハッタン32.8％，シティ・コープ37.5％の貸付額比率を示した[14]．しかし，こ

れら貸付が1980年代に発展途上国の債務累積危機から不良債権化し，多額の損失を計上，アメリカ金融機関の国内回帰が起こった．

　アメリカ金融機関は，こうした危機を，世界最大の債権国として成り上がった日本を金融的に支配することで乗り切る世界戦略を立てたと言えるだろう．日米の貿易関係を見れば，アメリカの劣勢は如何ともしがたい．アメリカの債務国化は避けることはできない．レーガン政権のねらいは，国際資本取引の自由化を日本に迫り，産業での劣勢を金融覇権の生成によって取り戻すことだったと言えるだろう．

■実需原則と円転換規制の撤廃

　レーガン大統領の訪日した1983年11月，竹下大蔵大臣とリーガン財務長官は，先物為替取引の実需原則の撤廃など，8項目にわたる金融自由化を，1984年4月1日をもって実行に移すことを発表する．さらに，この年の6月1日には，円転換規制の撤廃が実施されることとなったのである．為替取引の実需原則と円転換規制の撤廃は，レーガン政権の新自由主義的金融グローバリズムに基づく対日要求の要と言えるものだから，ここで少々説明をすることとしよう．

　戦後の為替制度は，1944年のブレトンウッズ協定に見られるように，固定相場制を維持し，経常収支取引の自由を実現しようとするものだった．金とドルとの関係を1オンス＝35ドルと決めたことから，戦後IMF体制を金為替本位制とする説があったが，それは間違いである(15)．なぜなら，もし金本位制であるならば，あえて固定相場制を採用するとしなくても，為替関係は，自動的に金平価を基軸に，上下金輸送点の範囲に落ち着くからだ．戦後のIMFでは，金本位制を採用せず不換紙幣制だったからあえて固定相場制を採用するとして，金融政策の自立性を保つため，国際資本取引を規制したのである(16)．なぜなら，もし固定相場制を維持することを義務づけ，さらに国際資本取引を自由にしたとすれば，大量の国際的に動く資本取引に中央銀行が為替介入をおこなって売り買いの調整をしなければならず，それでは中央銀行の政策が海外資本の動きによって左右され，金融政策の自立性は保てなくなるからだ．戦後IMF・GATT体制は，国際資本取引の規制を是とし，とりわけ，固定相場制の攪乱要

因となる為替の投機的取引を厳しく規制したのだ.

　日本は，東京オリンピックの開催された1964年に，経常取引の自由化をようやく実現し，IMF8条国となった．この年は，海外旅行が戦後初めて自由化された年でもあった．こうした為替取引の自由化の流れの中で，日本はあくまで為替取引の実需原則を貫いた．つまり，経常収支取引に伴う先物取引については自由にしたのだが，実体のない純粋に投機を目的とする先物為替取引は禁止したのだ．金融政策の自立性を保ち，固定相場制を維持するためには，当然の措置と言える．

　また，海外からの投機資金の国内流通を阻止することを目的として，円転換規制をおこなった．これは，銀行など金融機関がドルなど外貨を取り入れ，これを円に転換し，投機的取引をおこなうことを規制したのだ.

　こうした日本のケインズ主義的為替システムの維持に対して，世界の為替システムは，1971年に金ドル交換停止，1973年変動相場制へと新自由主義的金融覇権の国際システム形成へと動いていった．ヘッジファンドが生み出され，為替投機が収益の源泉となる国際資本取引の自由化が世界的に進行することとなる．もちろん，この国際資本取引の中軸には，アメリカの金融機関が存在するのだが，資本を国際的に動かして利鞘を稼ぐ新自由主義的金融機関にとっては，日本の為替取引の実需原則や円転換規制は，許されざる規制だったと言えるだろう．変動相場制に移行した後にも，日本の為替政策は，固定相場制時代の国際資本取引の規制を基軸として成り立っていたからだ.

　このプロセスは，貿易立国日本の金融機関が，国際投資立国アメリカの金融機関に牛耳られていく歴史的起点をなすものだったと言い換えてもいいだろう.

註
（1）『1991米国経済白書』エコノミスト臨時増刊1991年4月8日号，毎日新聞社，193ページ.
（2）Martin H. Wolfson, *Financial Crisis: Understanding the Postwar U. S. Experience*, Second Edition, M. E. Sharpe, Armonk, New York, 1994, pp. 116-7.
（3）*Ibid.*, p. 118.
（4）*Ibid.*, pp. 111-2. 本田浩邦「80年代のアメリカ産業の再編成」（平井規之・中本悟編『ア

メリカ経済の挑戦』有斐閣，1990年）98ページ．
(5)　中本悟「80年代の繁栄と金融不安」平井・中本，前掲書，65ページ以下．
(6)　B. M. Friedman, "Financial Roadblocks on the Route to Economic Prosperity," *Challenge*, March/April, 1992, p. 27.
(7)　R. Pollin, "Destabilizing Finance Worsened This Recession," *Challenge*, March/April 1992, p. 18.
(8)　*Economic Report of the President*, 1992, p. 404.
(9)　L. G. Sahling, "Real Estate Markets in the 1990s," *Challenge*, July/August 1991, p. 46.
(10)　詳細については，Wolfson, *op. cit.*, pp. 133-7.
(11)　畠山蕃「日米金融摩擦の経緯と諸論点──『日米円ドル委員会』での討議を中心として」より．
(12)　同上文書より．
(13)　中本悟「日米金融摩擦──米銀・投資銀行の対日戦略」（佐藤定幸編『日米経済摩擦の構図』有斐閣，1987年）239ページ．
(14)　神武庸四郎・萩原伸次郎『西洋経済史』有斐閣，1989年，288ページ．
(15)　「現在のは金為替本位制ではない」三宅義夫『金』岩波新書，1968年，36ページ．
(16)　三宅義夫氏は次のように言う．「兌換性のもとでは各国の国内通貨は世界貨幣である金の一定量といつでも自由に引き換えることができた．国内通貨の外貨との交換はこの基礎のうえになりたっていたのであり，したがっていうまでもなく外貨との交換は全面的に自由であり，かつその交換比率──為替相場──は金平価を中心とする上下金輸送点の範囲に安定していた．だが，兌換停止化ではこのような基礎を欠いている．したがって，国内通貨と外貨との交換は全面的自由からきわめて制限されたものまで，いろいろな段階が成り立ちうる．またその交換比率も，その変動をまったく為替相場での為替需給にまかせている場合から，基準となる為替相場を固定的に定め，そこからの変動幅を狭い範囲に限定している場合まで，いろいろありうることになる」（三宅，前掲書，87ページ）．

第 II 部

金融覇権の確立
クリントン政権の経済政策

―― 新自由主義的世界経済の形成 ――

第3章

クリントン政権の経済政策とアメリカ企業

第1節 共和党政権の敗北とクリントン政権の誕生

■ブッシュ敗北の要因

　1993年1月,民主党ビル・クリントン政権が誕生した.2期目をねらったブッシュ大統領は,再選を逸した.

　既述のようにブッシュ大統領は,1947年3月12日,トルーマン大統領によって表明された「共産主義への闘争宣言」に始まる「冷戦」に勝利した.1991年12月にソ連が消滅したからである.「冷戦」の宣戦布告以来,45年にわたってアメリカはソ連と戦い,ついに「帝国主義的共産主義」に勝利したのだ.本来ならば,ブッシュ大統領は,アメリカ国民の圧倒的な支持を得て再選を勝ち取ってもおかしくはなかったはずだ.

　しかし,冷戦勝利の報告を1992年1月28日の上下両院合同会議での一般教書演説でおこなったブッシュ大統領は,その年11月におこなわれた大統領選に敗北を喫するのである.それはいったい,なぜだったのか.

　その理由は,社会経済問題の深刻化にあったと言ってよいだろう.レーガン～ブッシュと続いた共和党の12年の政治は,アメリカ社会経済に様々な困難な問題を作り出してしまった.健康保険制度の不備,エイズ問題の発生,ホームレス,家庭崩壊と教育の荒廃,麻薬,都市機能の麻痺などの社会経済問題は,

いずれもこの12年間に発生したか，深刻化したのだ．

■健康保険制度の不備

　この15年で，健康保険に入っていない人たちは，2700万人から3500万人に増加した．しかも，レーガン〜ブッシュの12年間で，保険に入っていながらも，保険を失うことへの恐怖や，適切な医療を受けることができなくなるのではないかと恐れている人々が急増した．もちろん，こうした人々は普通の労働者であり，その家族なのだ．彼らに健康保険の保護がないのは，使用者が保険料を支払うことをしようとせず，保険料が高く，自分で保険を購入することに躊躇せざるをえないからだ．また，貧困ではないから，メディケイドという政府扶助のプログラムの対象にならないからだ．

　保険料の高騰の背景に，医療費の高騰という事実があるのは明らかである．アメリカのヘルスケアの特徴は，その規模の大きさと成長率の速さだ．また，国際的に見ても，アメリカはヘルスケア支出の高い国だ．1人当たりのヘルスケア支出は，1989年において2354ドルを記録し，カナダの1683ドル，ドイツの1232ドル，フランスの1274ドルを抜いて断然トップだ．医療費の高騰は，当然にも健康保険料のアップを引き起こした．1986年から1991年にかけて，平均年率11％も保険料が上昇したと言われた．

　レーガン〜ブッシュ政権期には，労働者の実質賃金は低下した．この保険料の引き上げは，一般労働者にとって全くの負担増であり，健康保険に入ることに利益を感じることのできない人が多くを占めるようになったとしても不思議ではない．

■エイズ対策の後れ

　エイズがアメリカで発見されたのは，1981年だった．エイズ＝後天性免疫不全症候群（acquired immune deficiency syndrome）の最初の患者は，ニューヨークとロサンゼルスで発見されたが，その患者数は急上昇し，とりわけ25歳から44歳までの成年層の死亡率原因のトップとなりつつあった．

　エイズを引き起こすヴィールス（HIV）が発見されたのが1983年，献血のエイズ検査が導入されるようになったのが1985年4月であり，感染経路は，性

交渉，血液混入，出産時の母子感染が主要なものである．1988年2月段階まででアメリカでは5万2256人がエイズと診断され，そのうち2万920人はすでに死亡していた．

こうしたエイズの蔓延をもたらした要因のひとつに，連邦政府のエイズ対策の遅れがあったことは否めない．1987年になって連邦政府のエイズ対策費は，4億5000万ドルと飛躍的に増加したが，1981年においてはたかだか20万ドルにすぎなかったのだ．レーガン大統領がエイズ対策の予算措置を要求したのは，1984年になってのことだった．麻薬常習者，あるいは同性愛社会の特殊な病気という，エイズに対する偏見が，対策を遅らせる原因となった．

■ホームレスの増加

レーガン政権期のアメリカにおいて，年間100万人のホームレスが生み出され，通常約50万人あるいは60万人にものぼる人々が路上生活を余儀なくされていた．1970年代の中頃までには，こうした光景はありえなかった．

このホームレスを生み出した第1の要因は，言うまでもなく貧困だ．とりわけ，1970年代から1980年代にかけて，都市の不熟練労働，若年青年層の就職機会が縮小したのだ．1970年から1984年にかけて，主要9都市で，68万3000人の不熟練労働の雇用機会が奪われた．高等学校中退者で年齢20歳から29歳までの底辺層40％の年収は，1973年から1986年にかけて5816ドルから1922ドルへと落ち込んだ．黒人男性の中退者は状況がより悲惨であり，同時期，4172ドルから1130ドルへの低下であった．この就職状況と収入は，ホームレスの若年化を意味するだけでなく，子どもの父親から資金援助を受けることのできないシングル・マザーの貧困とホームレス化を引き起こした．

第2は，低所得者向けのホテル・住宅の減少である．1950年代から1960年代の貧困者は，いわゆるドヤ街の安ホテルや簡易宿泊所に身を寄せていた．しかし，こうした施設の取り壊しが大都会で急激に進んだ．1970年代から1980年代にかけて，例えば全体の約半数にあたる100万の単身者用ホテル（single-room occupancy hotels）が消滅したし，また同様の安ホテルも同時期，急激に減少した．ニューヨーク市の単身者用ホテルの空室率は，1970年代には26％もあったが，1981年には0％となった．

■子どもの貧困

　1980年代において，子どもの貧困が問題となった．両親に育てられる子どもの数の比率が減少し，未婚の母が増加し，それとともに幼児虐待，青少年の犯罪，青年の暴力による死亡が増加した．

　1950年代までは，男が外で稼ぎ，女が家庭を守るというのが普通の考え方であった．結婚前の性交渉は，少なくとも女性にとってはタブーであったし，結婚せず子どもを育てるということは稀なことであった．しかし，その後，事態は急変した．片親に育てられている18歳以下の子どもの比率は，1950年に7.4％であったが，1990年には24.7％にも達し，婚姻外出産も1950年から1989年にかけて3.9％から27.1％に激増した．

　もちろんこうした傾向は，否定的意味だけを持つものではない．すなわち，女性を家庭に縛りつけ，男性の家庭における家父長的専制支配を容認する保守的家庭観からの解放も意味しているからである．1960年代から1970年代にかけての女性の職場進出は，アメリカの家族に決定的な変化をもたらしたのだ．共働きの家庭の急増，多くの離婚，そして出生率の低下だった．しかし問題は，こうした結果生み出された多くの片親家庭における，子どもたちの貧困であった．

■教育制度の悪化

　アメリカの教育を見ると，この時期に多くの問題が山積した．まず，若者の4分の1が高等学校を中退している事実だ．とりわけ，人口増加が著しいヒスパニック系住民の中退率が高く，おおよそ5人に1人の割合で中退者を出した．

　産業構造の変化に伴う不熟練労働の縮小は，とりわけ男子中退者に厳しい雇用環境となった．1971年から1987年にかけて，24歳から34歳までの高等学校男子卒業者の収入は20％の減少だったが，中退者の収入は同じ時期30％もの減少であった．当然のことながら，こうした中退者が結婚して家庭を養うことは難しい．

　さりとて，大学へ進学し中間層の仲間入りをする道が開けているというわけでもない．実際には，全中退者の約半分にあたる50万人以上が毎年，高校卒

と同等の資格が取れる GDE テスト (General Educational Development Test) を受け パスしたのだが,男子の場合,彼らの労働市場での評価は,中退者とそう変わるものではなかった.

また,中退者の急増は,アメリカ人若者の教育水準の低下,とりわけ読み書き能力と数学・理科の基礎学力の低下をもたらした.調査によれば,アメリカの若者の30%に当たる人たちが,基礎的な読み書き能力に欠けるとされた.従来は,教育がない労働者でも会社の職場訓練(オン・ザ・ジョブ・トレーニング)で労働力として充分の水準に達したのだが,最近の技術革新は,マイクロ・プロセッサーやエレクトロニクスの知識を必要とし,家族を養う水準の賃金を獲得するには,きちんとした読み書き能力が要求されるようになった.

さらに問題とされねばならなかったのは,アメリカの高校生の数学・理科の学力が,世界の同年の高校生と比較して,かなりの程度落ち込んでいるということだった.1990年の調査によれば,17歳のアメリカ人の44%は,小数・分数そしてパーセントの計算ができず,幾何図形を認識できず,簡単な方程式が解けず,簡単な証明問題も解けなかったというのだ.17歳のたった43%のみが,かなりの理科の知識をもち,科学的方法の適切さについて判断ができた.

しかもこの学力の差が,社会経済的な階層の違いによって生み出されているのだ.黒人あるいはヒスパニック系住民の子弟の成績は白人子弟の成績に劣り,大学卒の親を持つ子弟の成績はそうでない親の子弟の成績より上であるという事実は,マイノリティーの子どもたちの教育環境の悪さと,教育そのものの質が問われていることを示していた.

■麻薬と犯罪

1980年代になって,全米各都市において,麻薬に関わる犯罪の増加が目立つようになった.とりわけ,都市に住む黒人男子のティーンエイジャーや低所得層の青年男子が,暴力犯罪の犠牲にされるケースが目立つようになった.

例えば1988年において,大都市に住む黒人男性の暴力犯罪率[2]は61.5であり,白人男性の46.8に比べて格段に高かった.黒人の殺人犠牲者数の比率は白人の6倍であり,黒人がレイプ・強盗・暴行を経験する比率はきわめて高かった.

首都ワシントンで,1985年から1988年にかけて,すべての殺人の約4分の

3は，若い黒人男性がやはり同じ若い黒人男性に対しておこなったものであった．その多くは麻薬取引に絡んだものと言われた(3)．

第2節　クリントン政権の経済再生計画

■クリントン政権の課題と方針

　新しい政権は，前政権の作り出した結果から出発しなければならない．レーガン〜ブッシュの共和党政権が残した社会経済上の負の遺産は，短期的には，不充分な景気回復による失業問題であり，また長期的には，経済成長の鈍化による所得の伸び悩みだった．しかも，そうした中で，1970年代末以来，まさにレーガン政権に始まる新自由主義的経済政策によって，アメリカ国民の所得分配はきわめて不平等になってきた．アメリカにおける格差社会の到来は，まさしくレーガン〜ブッシュ共和党政権の12年が作り出したものだった．

　まずクリントン政権が取り組むべき最大の課題は，巨額な連邦財政赤字の解消だった．また，貿易赤字も深刻になっていた．いわゆる「双子の赤字」だが，この難問に対してクリントン政権は，投資の活発化によって乗り切ろうとする経済戦略を考案する．いわく「わが政権の経済政策課題は，広範囲にして様々なものであるが，一言で述べれば，投資である．民間資本への投資，人々への投資，公的インフラへの投資，技術への投資，そして環境保全への投資である」(4)．

　こうしてクリントン政権は，次の6つの戦略を基本とする経済再生計画を示した．第1が連邦財政赤字の削減，第2が人的資本への投資，第3が公的インフラへの投資，第4が技術への投資，第5が国際貿易の拡大，そして第6がヘルスケア改革だった．

■1993年包括財政調整法

　クリントン政権は，財政赤字の削減をどのようにおこなおうと考えたのだろうか．彼らはまず，1993年包括財政調整法（Omnibus Budget Reconciliation Act of 1993）を通過させ，さっそく実行に取りかかった．

この法律は，いくつかの原則に貫かれていた．第1に，ブッシュ政権の残した連邦財政赤字が2900億ドルと空前の規模であったこともあって，大規模な歳出削減と収入の増加をねらったものだった．第2に，1998会計年度までに1460億ドルの赤字削減をめざすとしたのだが，そのうち870億ドルは正味での歳出削減，残りの590億ドルは，付け加わった収入増加によって実現するという計画であった．

第3は，増税をきわめて累進的におこなうことだった．増税される階層は，最も支払い能力のある階層であり，1980年代初頭のレーガン減税によって最も恩恵を被った人々だった．所得税率は，納税者の上位1.2％の層のみ引き上げられることとした．具体的に言えば，限界税率は，課税所得年収14万ドルまでは据え置きとして，14万ドルから25万ドルまでを31％から36％へ，25万ドル以上を31％から39.6％に増税したのだった．

そして第4に，様々な赤字削減の中にあって，重要な公的投資にはその予算措置を充分にとるという決断をしたのである．したがって，この税法は，レーガン～ブッシュ政権期の，所得の高低に関係ない水平的公平をめざした新自由主義的税制とは異なり，所得再配分機能を持たせる税の垂直的公平を考えてのものだったことがわかる．

■財政黒字の達成

その後アメリカ経済は，民間投資の活発化と株価高騰という好条件に恵まれ，歳出の伸びを大きく超える税収の伸びが記録され，クリントン政権の予想をはるかに超えて，連邦財政赤字の解消と黒字を実現することとなった．

連邦財政は，1998会計年度に693億ドルの黒字を記録したが，1999会計年度では1256億ドル，2000会計年度では2362億ドルの空前の黒字を作り出したのだった．1992年から2000年にかけて連邦財政収入は，総額1兆913億ドルから2兆250億ドルへと85.6％もの上昇を記録した．その中でも個人所得税からの伸びが著しく，4760億ドルから1兆45億ドルへと，111％もの上昇を示した．

こうした財政黒字を作り出した要因は，クリントン政権によって導入された累進的所得税制によるところが大きいと言える．なぜなら，高額所得者を中心に，税収の激増がもたらされたという事実があるからだ．ただし，給与収入は，

この景気高揚期においてもさして急上昇を示すことはなかった．では，この高税収はどこからもたらされたのか．

それは，株価上昇による株式売買益，キャピタル・ゲインへの課税による税収の比率がきわめて高かったことによっていたと言えるだろう．1994年から1998年にかけて増加した税収の30％から40％は，この株式売買益，キャピタル・ゲインへの課税によるものだったのだ．

■投資重視の計画

　クリントン政権の経済再生計画の柱は，投資にあった．財政赤字の削減という最初に挙げたその目標も，その最初のステップにすぎず，未来への投資を開始しなければならないとしたのである．しかも，レーガン〜ブッシュの12年のように公的投資を敵視することはせず，連邦政府の支出を消費から投資へ移行させること，また単に連邦政府の支出を削減するのではなく，それをより生産的に使うことこそ重要であるという考え方を示した．

　その投資の中でも第1に重要であると認識した分野が，人的投資だった．クリントン政権は，アメリカの労働力の生産性の高さを認めながら，既述のように1980年代に顕著となったアメリカ人の読み書き能力，数学あるいは科学に対する知識習得能力の遅れを憂慮した．ここ何十年もの間，労働力の質は高いとはいえ，徐々に低下の傾向にあり，その改善が政権にとって重要な課題だとする．そのためクリントン政権は，教育と労働者訓練に力を入れるとし，いくつか具体的な政策を発表した．

　第2が公的インフラへの投資である．ハイウェイ，橋梁，空港，そして上下水道への投資が必要とする．クリントン政権は，公的インフラ建設の遅れが重大問題であることを認識する．運輸省の推計によれば，アメリカの20％にも上るハイウェイは，舗装状況が良くなく，やはり20％もの橋梁は構造的に欠陥があるとされた．

　第3が技術への投資だ．クリントン政権によれば，有形資本のみが生産性向上に役立ってきたわけではない．長期的に考えると，生産性の向上，ひいては生活水準の向上は，技術水準の向上にかかっているのだ．長期にわたる経済成長についての研究によれば，その経済成長要因の多くは，ノウハウの改善にあ

るとの結論が出ている．産業世界の進歩の歴史が示していることは，いかに賢く働くかであり，ただ単に働けばいいというものではない．

　技術革新はただではできない．技術進歩は，研究所や工場での科学者や技術者の新しい発見や工夫によるものであり，それには多くの費用がかかる．クリントン政権によれば，いついかなるところでも，技術進歩は高賃金と高生活水準を作り出しており，大量の失業を作り出してきたわけではない．こうした状況を21世紀においても継続させるのが，クリントン政権の目標となった．

■技術開発と軍事

　こうしてクリントン政権は，議会に研究・実験に関わる税額控除を呼びかけ，1993年包括財政調整法において実現させた．またクリントン政権は，産業との研究パートナーシップへの資金提供を増加させ，高度技術プログラム（Advanced Technology Program）を立ち上げ，新技術の開発・普及の促進をおこない，こうしたプログラムを経た後，民間の市場メカニズムに任せるという政策を考えた．

　新技術の開発と普及は，長い間，政府の関心事だった．ことに巨額な国防費の削減時には重要となる．なぜなら，アメリカの場合，研究開発への援助の半分以上は，国防に関連していたからだ．ソ連崩壊後，兵器研究の必要性の減少とともに，連邦政府は，研究援助の全体を削減すべきか，それとも民間技術の研究に資金を回すべきかの選択を迫られた．クリントン政権は明確に後者の立場を選択した．

　もちろん，軍事費そのものはもうこれ以上削減することはないと，クリントン大統領は，1994年1月25日の一般教書演説で述べている．「今年，多くの人々が私に，国防支出をさらに削減し，政府のその他の事業計画に使うように強く求めた．私はノーと言った．私が議会に送る予算は，国防予算をこれ以上削減しないよう一線を画するものである．予算は，わが軍の即応態勢とその質を守るものである」と述べた．したがってクリントン政権は，国防総省と国立研究所の研究能力を，産業との研究開発パートナーシップへ振り向けることを考えた．技術こそが，未来を切り開く大きな波を作り出す．アメリカがその先頭に立っているのであって，技術，資本，そして熟練労働者こそ，明日の経済

を有利に展開するうえで不可欠なものと考えた．

■ヘルスケア改革

　ところで，クリントン政権の取り組むべき経済再生計画に，ヘルスケア改革があった．既述のように，ほぼ3500万人もの労働者が健康保険に入っていないという，先進国では考えることのできない事態が展開していた．何百万人もの人々が充分に保障されず，また多くの人々が健康保険を失うことを恐れていた．

　こんな不安定な状況にある先進国は，アメリカをおいて他にはない．クリントン政権は，この改革に着手すると明言した．クリントン大統領夫人，ヒラリー・クリントンをその責任者として，健康保険改革に乗り出したが，結局この改革は失敗した．働き盛りの何千万という労働者とその家族が無保険状況という事態は，解消されなかった(5)．

第3節　クリントン政権は世界経済をどのように見たか

■世界経済の構造変化

　1993年2月26日，クリントン大統領は，就任早々アメリカン・ユニヴァーシティにおいて，「アメリカのリーダーシップとグローバル変化」（American Leadership and Global Change）という演説をおこなった．この演説でクリントンは，アメリカはこの20世紀で3番目の大きな決定の時期に来ていると力説した．

　「われわれは，1920年代や30年代において内向きの政策をとって失敗したことをくり返すのか，それとも1940年代や50年代に外向きの政策をとって成功したのをくり返すのか，もしわれわれがアメリカで新しい方向をセットすれば，同時に世界に対して新しい方向をセットできるのであると私は言いたい．……1990年代のわれわれが直面している変化は，過去に比較して，不明確な面が多々あり，多くの面でより困難である(6)」

　クリントン大統領は，アメリカと世界が今後とらねばならない新しい方向として，5つのステップを提示した．第1に，アメリカの生産の未来のために

投資を増大させることと同時に，アメリカは負債を削減しなければならないとする．第2に，アメリカの安全保障にとって，貿易に優先権を与えるべき時だという．保護貿易主義に陥ることなく，より開かれた貿易システムを構築し，お互いが繁栄することであり，貿易のみならず，投資においても相互に開かれていなければならないとする．第3に，グローバル経済での協調性を高めるため，主要金融立国間においてアメリカが最大のリーダーシップを発揮しなければならないとする．金利を下げ，投資を活発にし，貿易障壁を削減し，グローバル成長を回復させることが，主要諸国の任務だという．第4に，発展途上国の持続的な成長の拡大を促進する必要があるという．発展途上国の市場はアメリカの製品にとっても重要なのだ．第5は，ロシアやかつてソ連邦下にあった諸国の市場改革を援助することだという．これら5つのステップは，グローバル経済においてアメリカが行動するアジェンダであり，これらは繁栄のアジェンダでもある．⁽⁷⁾

大統領は，「市場開放のチャンピオン」として，拡大された貿易を継続することを確約する．大統領の言葉によれば，「われわれは競争しなければならないし，退却はありえない⁽⁸⁾」のだ．

クリントン大統領がこの演説で述べたことの背景には，この時期における世界経済とアメリカ経済の構造変化があり，またアメリカにおける歴代政権のその変化に対する対応のまずさがあった．世界経済とアメリカ経済の構造変化とは，いったい何を意味するのか．

■輸出の重視

一言でそれを言えば，アメリカ経済の急速な国際化と，ソ連崩壊後の世界経済においてアメリカ，欧州，日本の国際寡占企業が激烈に競争する状況となった事実である．

第二次世界大戦後の世界経済における貿易の拡大は，アメリカ経済はじめ多くの諸国に生活水準の向上をもたらしてきた．アメリカは貿易自由化の先頭に立ってきたし，国際貿易は，戦後世界の経済成長のエンジンの役割を果たしてきた．1930年代の大恐慌下において，保護貿易主義の台頭とともに，国際貿易の低迷が，ソ連を除く各国経済に経済的困難をもたらし，ブロック経済の行

き着く先は戦争だった．第二次世界大戦後，冷戦という国際経済関係がありながらもアメリカ産業は，拡大する輸出市場と低廉な輸入材の使用によって利益を得，アメリカの消費者はまた，低廉な様々な輸入商品の購入によって恩恵を被ってきた．

こうした戦後の国際経済関係の緊密化は，1980年代から1990年代にかけて質的変化をきたしたとクリントンは指摘する．アメリカで製造された製品のほぼ4分の3は，外国製造業者および製品供給業者との熾烈な競争関係に立たされることになった．アメリカ人の日常生活は，好むと好まざるとにかかわらず，国境を越えてくる商品の波に洗われる状況になった．この国際化は商品だけではなかった．クリントン時代になると，資本も国際化し，必要な資金の獲得は，24時間態勢で，ロンドン，東京，ニューヨーク，シンガポールと世界に広がることになったのだ．貨幣資本だけではもちろんない．製造工程も国際的に広がり，例えばアメリカ企業が製造する自動車をとってみても，かなりの部分は台湾製で，デザインはドイツ人によって考案され，イギリス生まれの広告とともに販売されるという状況なのだ．

当時の最も驚くべき変化のひとつは，アメリカ貿易における多国籍企業の役割の増加だった．それは，企業内貿易（intra-firm trade），すなわち単一企業内において国境を越えた取引がなされることであり，1990年において，多国籍企業が関わるアメリカ商品貿易はその75％以上を占めたのだが，ほぼ40％は企業内貿易だった．しかも企業内貿易は，最初は主としてアメリカに基盤を置く多国籍企業によるものだったが，次第に外国企業とりわけ日本企業の占める役割が増加していると指摘された[9]．サービス，情報も国際化しており，技術革新によって製品の寿命が極端に短くなるという事態も発生した．

クリントン大統領によると，こうした時代の急激な変化に歴代の大統領は的確に対処せず，アメリカ経済の国際化をアメリカ国民へ結びつけることに成功してこなかったというのだ．こうして，クリントン大統領は宣言する．「開かれた競争的な貿易は，アメリカ国民全体を豊かにするものでなければならない」[10]．したがって，その目的を達成するためには，アメリカ輸出が国家目標として重要視されざるをえないのだ．輸出額10億ドルにつきほぼ2万人の雇用が創出され，現在アメリカ輸出関連産業の賃金は，平均賃金より年間3500

ドル高いとクリントン大統領は強調した(11).

■ドイツ・日本との競争

　ところで，こうした国家ぐるみの輸出増強作戦を展開せざるをえない背景には，日本，ドイツの経済力の増強で守勢に立たされたアメリカ企業の実態があった．レスター・サローは，次のように指摘した．「1950年，アメリカの1人当たり GNP は，西ドイツの4倍，日本の15倍だった．……西ドイツ，日本からの輸入は，アメリカの高賃金職にとって脅威とは見なされなかったし，また，アメリカの輸出も西ドイツ，日本の高賃金職にとって脅威ではなかった．しかし，1990年代には，全く異なった様相を呈しはじめたのである．現在大雑把に言って，比較すると3つのほぼ等しい競争者が存在する．日本，最も力のある国家ドイツを中心とする EC，そして，アメリカである．対外購買力で測れば，日本，ドイツの1人当たりの GNP は，アメリカのそれを少々上回るのである」(12)．

　また，1994年大統領経済諮問委員会報告も次のように指摘した．「最近のグローバル経済の変化は，われわれが開かれた国際貿易システムへコミットメントを継続するかぎり，新たな挑戦と機会をアメリカに突きつけている．新たな機会とは，グローバル市場の爆発的発展からくるものであり，また，一方で新しい挑戦とは新しいグローバル市場における競争者がもたらすものである．過去50年間，アメリカは，グローバルな唯一の経済的超大国であった．しかし現在では，それは3つあり，ヨーロッパ連合（EU であり，EC がより深く結びついた連合である），日本，そしてアメリカである．これら諸国は，貿易と資本の流れが拡大した結果，相互依存的になり，またお互いが競争的になっている(13)」．

　世界経済を見渡せば，ヨーロッパ連合が大きな力をつけ，アジアでは日本がアメリカに次ぐ第2の経済大国として台頭してきた．第二次世界大戦後，常に世界経済の超大国として君臨してきたアメリカにとって，これ以上の屈辱的なことはなかったと言えるだろう．

第4節　クリントン政権の通商政策

■5つの原則

　クリントン大統領は，アメリカ通商代表としてミッキー・カンター（Mickey Kantor）を任命した．彼は，アメリカン・ユニヴァーシティでのクリントン大統領の演説を受け，上院財務委員会（Senate Finance Committee）において，冷戦後のアメリカ通商政策の基本を明らかにした．

　まずカンターは，ソ連崩壊後の世界経済において，アメリカはいささかも内にこもった政策をとるつもりはないと言い切る．「われわれ並びにその他諸国は，共産主義の崩壊後の新しい事態に直面しているが，アメリカは内にこもることなく国際的に最大限のコミットメントをするつもりである．……通商政策について言えば，アメリカは，常に開かれた市場，拡大された通商の擁護者であるが，同時に他国市場がわれわれの製品とサービスに開かれていることを強く主張したい．大統領も言及したように，われわれは競争を挑むが決して退却することはないであろう」．[14]

　こうした主張は，クリントン政権の通商政策に密接に関わることであり，カンターは，クリントン政権の通商政策の5つの原則を明らかにした．

　その第1．この政権において，通商政策は，総合的な経済政策の一環であり，その基本目標は，経済成長であり，アメリカの労働者へ高賃金職を創出することにある．もし，国家として，公的あるいは私的な投資を増加させ，財政赤字を激減させ，ヘルスケア・システムをコントロールし，教育を改善し，労働者教育を確実におこなうことに成功するならば，アメリカが世界市場の競争に勝ち抜く大きなステップになるだろう．投資の欠落と財政赤字こそ，アメリカの経済パフォーマンスをおかしくしてきた．これに対処せずしてこの国の将来はない．財政赤字の削減によって長期金利を低下させ，投資を増加に導き，雇用を増加させることができる．

　大統領ならびに副大統領アール・ゴア（Al Gore）によって，1993年2月24日に明らかにされた，この政権の新技術イニシャティブは，アメリカの民間技術

を発展させることをねらっているのだが,それは従来,軍事技術にあまりに力を入れすぎたことによって無視されてきたものだ.

■ソ連消滅と通商政策

その第2.過去の政権は,外交政策と軍事的観点から,しばしばアメリカの経済的かつ貿易上の利害を無視してきた.そのようにふるまえた時代はもう過ぎ去った.冷戦後の世界では,アメリカの安全保障は,アメリカの経済的力にかかっている.

第二次世界大戦後,アメリカはケインズ主義的自由貿易を実践してきた.また,多国籍企業の出現によって,国際寡占市場の占有率の上昇が,通商政策の課題となった.同時に,それと並行してソ連をはじめアメリカに軍事的に敵対する諸国に対しては,日本,西ヨーロッパ諸国の同盟国と共同して徹底した封じ込め政策を展開してきた.したがって,アメリカとの政治的同盟関係を保ちながら徐々に経済力をつけ,アメリカ企業に脅威と映るまでに発展した諸国企業に対し,例えば経済制裁をして反米感情を煽るのは,対ソ戦略上得策ではなかったことは明らかだった.1980年代のレーガン政権時代の議会の保護主義的動きに対して,大統領が拒否権を発動し,自由主義を守ろうとした行動の背景には,そうした世界政治経済状況があったことは否めない.

しかし,アメリカにとって幸運なことに,ソ連は消滅した.世界経済では,アジアにおける日本,ドイツを中心としたEU諸国が大きな役割を果たしはじめ,アメリカ経済は,債務国化の道を歩みつづけている.だからカンターは,そのようにふるまえたのはもう過去のことであると力説したのだ.

カンターは,共和党元大統領レーガンを批判する.1981年～82年の深刻な不況は,アメリカ製造業に壊滅的な損害を与えた.しかも,経済がその後強力に回復した時においても過大評価されたドルは,アメリカ輸出業者にきわめて不利な競争条件を負わせた.日本の貿易・産業政策の現実に直面して,レーガン政権のとった主要な対応は,レッセフェール,また1985年のプラザ合意によるドル切り下げでしかなかった.多くの企業は,激烈な競争への対応に後れをとってしまったのだが,アメリカ政府の政策が,あらゆる負担をアメリカ企業に課したのだ.資本への高いコスト,増加するヘルスケア・コスト,また通

商政策に関しては，長年にわたってアメリカのルールを内外の市場に強制することに失敗してきたというわけだ．

だがしかし，とカンターは言う．6年越しのアメリカ議会での超党派的努力は，1988年の画期的な新法である包括通商・競争力法に結実した．この法律によって，アメリカは，議会と民間セクターが支持する，明確な目的のある通商政策を持つことになったのである．

■市場開放と競争力強化

その第3．アメリカは，競争し，またアメリカがそれをなしうることは証明されてきた．カンターは，アメリカ企業，農業者，労働者の競争能力を信じて疑わない．コンピュータ，航空機，機械，農業，映画，金融サービスのような多くの部門で，アメリカ企業と労働者は，世界における優れた標準を創り上げてきた．輸出の将来展望は明るい．1985年から1992年にかけて，アメリカ商品輸出は2220億ドルから4450億ドルへとほぼ倍増した．

その第4．アメリカは，外国市場を開放することで貿易拡大を求めつづけ，さらに自国に通商法を押しつけることだろう．アメリカ通商代表の重要な責任のひとつは，外国市場を開放させ，アメリカ製品，農産物，サービスに対する障壁を取り払うことなのだ．そして，アメリカのハイテク産業にとってきわめて重要な知的財産権の保護を求めなければならない．GATTのウルグアイ・ラウンド交渉や北米自由貿易協定における目的もそこにある．

そしてその第5．アメリカは，競争力の強い産業を創り上げるため政府と協力しようと，企業と労働者に訴えつづけるだろう．外国企業によって深刻な打撃を受けている会社，労働者そして地域がある時，黙って見過ごすことはできない．わが政権は，全てのアメリカ人に，わが国の経済力を強化し再建する努力を共におこなうことを問いつづけるだろう．[15]

■北米自由貿易協定（NAFTA）

この時期のアメリカにとって，北米自由貿易協定（NAFTA：North American Free Trade Agreement）は，通商戦略の地域的イニシャティブの中軸的意義を持った協定だった．1993年11月アメリカ議会は，この自由貿易協定を承認した．

したがって NAFTA は，1994年1月1日から効力を発揮することとなった．3億7000万人の消費者，6兆5000万ドルを超える年間生産高を保有する，アメリカ，カナダ，メキシコ3国間の自由貿易協定だ．

以前，アメリカ・カナダ自由貿易協定があった．その基礎の上に立って，NAFTA は，生産を効率よくおこなうのに貢献すると言われ，北米の生産者がグローバルに競争する能力を高め，これら3国全ての生活水準を向上させることになると喧伝された．北米の投資環境を改善し，企業には巨大な市場を提供し，経済成長を増進させることになるとクリントン政権は判断した．

NAFTA によって工業製品の関税は，1994年1月1日をもって基本的には除去された．その後，5年，10年，15年と自由貿易は拡大していくと約束された．アメリカにとっては，サービス貿易，農産物輸出に関する協定が大きな意味を持った．NAFTA によって，アメリカのサービス企業は，なんら差別されることなくアメリカからサービス供給ができるようになったのみならず，メキシコ，カナダのいかなる地域においてもこれらの国の企業と同条件で経営をおこなうことができるようになった．

NAFTA は，アメリカ投資家が，資本，利益，ロイヤリティーなどを本国へ持ち帰ることに保護を与えた．また，知的財産権の保護に関しても厳格な協定を含んでいた．農産物はアメリカ・メキシコ間で15年かけて関税の除去に取り組むことになった．アメリカ・メキシコ間の約半分の農産物貿易は，協定成立とともに関税ゼロとなり，冷凍牛肉，イチゴ，切り花なども即関税なしとなった．残りの農産物は，5年から15年かけて関税なしにするという協定を結んだのだった．

■ NAFTA の期待と結果

クリントン政権は，NAFTA の経済効果をどのように評価したのだろうか．経済効果は，大きく言って3つあると，彼らは指摘した．第1が，協定締結国のいずれにも利益が生じることだとするが，第2に，アメリカにおいては，労働者が増大する雇用と賃金によって利益を享受するだろうと述べた．第3に，メキシコへの増大する投資は，アメリカへの投資を犠牲にして成り立つものではないとした．

多くのエコノミストも NAFTA に賛意を表するとした．その理由として，雇用の創出と経済成長の増進を挙げた．この協定は，アメリカにおいて，輸出を増進させることによりおよそ20万人の雇用を創り出し，メキシコにおいて，輸出に関わる職の賃金が全体の平均よりも12％高くなるだろうと予想した．総じて NAFTA は画期的な協定であり，その成立は，労働者に高賃金職を実現すると同時に，アメリカ企業のグローバル市場での競争に大きな力になるに相違ないとする結論を出した．この協定は，輸出行動主義（export activism）と言われる考え方に基づくものだった．この考えによれば，アメリカは外国市場の積極的開放を是とするが，同時に，アメリカの市場開放も当然そこに含まれる．

　しかし，その後の展開は必ずしも予測通りにはいかなかった．アメリカ企業がメキシコ，カナダへ移動することによって，アメリカから雇用は逆に流出した．賃金も上がるどころか低下した．確かに，3国間の貿易量は劇的に増加したが，多国籍アグリビジネスが，大量の安価な農産物をメキシコに輸出し，多くのメキシコ農民を破産に追い込んだ．そして今度は，破産農民の農地を買い取り，農村に残った破産農民を低賃金で働かせ，その農産物をアメリカに輸出し，アメリカ中小農民へ被害を与えるというありさまだった．貿易と投資の活発化で利益を享受したのは，3国間で国際的経営を営むアメリカ巨大多国籍企業だったというわけだ．

註
（1）　『世界週報』1992年2月25日号，65ページ．
（2）　暴力犯罪率とは，12歳以上の1千人当たりの暴力犯罪犠牲者数のこと．
（3）　1980年代の深刻化する社会経済問題については，萩原伸次郎「多様な社会問題」（平井規之・萩原伸次郎・中本悟・増田正人『概説アメリカ経済』有斐閣，1994年所収）；大塚秀之『現代アメリカ合衆国論』兵庫県部落問題研究所，1992年；小谷義次『病める合衆国』新日本出版社，1993年；H. J. Aaron and C. L. Schultze ed., *Setting Domestic Priorities: What Can Government Do?*, Brookings Institution, 1992を参照のこと．
（4）　*Economic Report of the President*, 1994, p. 30.
（5）　健康保険改革は，2009年に登場したバラク・オバマ（Barack Obama）大統領がその翌年に議会を通過させたが，公的国民皆保険制度を創出することはできず，依然民間保険会社依存という大枠は変わってはいない．また，この俗称「オバマケア」は，共和党

右派と民主党左派からの攻撃によって，たいへん不安定な状況にあると言わなければならないだろう．

(6) *US Department of State Dispatch*, March 1, 1993, Vol. 4, No. 9, p. 113.
(7) *Ibid.*, pp. 116-8.
(8) *US Department of State Dispatch*, March 15, 1993, Vol. 4, No. 11, p. 143.
(9) *Economic Report of the President*, 1994, p. 207.
(10) *US Department of State Dispatch*, March 1 1993, Vol. 4, No. 9, p. 115.
(11) *Ibid.*, p. 115.
(12) L. C. Thurow, *Head to Head, The Coming Economic Battle Among Japan, Europe and America*, William Morrow and Company, Inc., New York, 1992, p. 29.
(13) *Economic Report of the President*, 1994, pp. 205-6.
(14) *US Department of State Dispatch*, March 15, 1993, Vol. 4, No. 11, p. 143.
(15) ミッキー・カンターによるクリントン政権のアメリカ通商政策の基本については，*Ibid.*, pp. 143-8を参照のこと．

第 4 章

世界貿易機関の成立とアメリカ多国籍企業

第1節　世界貿易機関の成立

■世界貿易機関（WTO）

　クリントン政権の対外経済政策において最も大きな出来事は，世界貿易機関（WTO：World Trade Organization）設立であろう．クリントン大統領は，その設立に積極的役割を果たし，大統領貿易促進権限（TPA：Trade Promotion Authority）を行使し，ファースト・トラック方式によってWTOを議会で通過させ，1995年1月1日，成立にこぎ着けた．
　クリントン政権の通商政策についてのミッキー・カンターの表明にも明らかなように，クリントン大統領は，1986年からおこなわれているGATTウルグアイ・ラウンド交渉を成功裏に完成させることを重視した[1]．
　ここでは，世界貿易機関設立の具体的プロセスを見ながら，GATTと比較してWTOはどのような特徴を持っているのか，そして，この時期の国際貿易取引の主要エイジェントとして存在するアメリカ多国籍企業が，その自らの行動様式からなぜWTOを必要としたのか，また，国際資本取引の自由化が，WTO設立とともにどのように進んだかについて論じてみることとしたい．

■WTO の成立

　1986年9月，GATT 体制下の通商交渉が，ウルグアイ，プンタ・デル・エスタで開催された．この多角的交渉，いわゆるウルグアイ・ラウンドは，7年後の1993年末に実質合意に達し，1994年にモロッコのマラケッシュにおいて最終文書が採択された．

　アメリカでは，ウルグアイ・ラウンド協定法は，上院の3分の2以上の承認を必要とする「条約」(treaty) としてではなく，その実施法が議会でイエスかノーかの一括承認手続き，ファースト・トラック方式によって承認されることを条件に締結される「行政協定法」(executive agreement) として成立した．1994年12月，クリントン大統領が署名し，翌1995年1月1日に効力を発揮することとなった．
(2)

　1947年 GATT 成立後，多くの関税・貿易交渉がおこなわれたが，ウルグアイ・ラウンドは，その8番目にあたっていた．ウルグアイ・ラウンドが従来の関税・貿易交渉と異なっていたのは，新たに WTO を創設することになっていたからだ．

　アメリカが WTO の設立に同意したのが，ウルグアイ・ラウンド最終日だったことはよく知られている．アメリカは，WTO による同国通商政策への主権侵害を懸念し，慎重となったからだ．しかし，WTO はアメリカの主権を縮小させることはできない，すなわち，WTO 決定とアメリカの法律が矛盾する場合，どちらをとるかはアメリカ議会が判断すればよいのであって，最終的に同意できない場合は WTO を脱退すればよい，という判断をアメリカは下した．
(3)

■ウルグアイ・ラウンドに至る過程

　GATT ウルグアイ・ラウンドは，1980年以降の世界的な不況，また発展途上国の債務累積危機の出現がその発端だったと言ってよい．保護主義的な動きが世界経済を覆いはじめたからだ．1973年から1979年にかけておこなわれた東京ラウンドの成果も，その当時は危ぶまれるありさまだった．
(4)

　東京ラウンドにおいては，関税の引き下げその他の約束は3000億ドルにも上る貿易取引に及び，世界の主要市場の製品を加重平均した関税率は7％から4.7％に削減される大きな成果を上げた．だが，本書第1章において詳述した

ように，レーガン政権期における連邦準備制度理事会による金融引き締め政策によって，経済危機が発生し，国際貿易もその影響を免れることはなかった．第二次世界大戦後初めて国際貿易額は縮小し，1983年を通じて低迷した．1979年から1984年にかけて，工業国と発展途上国の輸出額と年成長率を見ると，工業国は1981年から1983年にかけて輸出額を下げつづけ，発展途上国に至っては，その低下率が工業国に比較して格段に大きい数値を示した．

　経済停滞が続いたのはアメリカだけではない．ヨーロッパ諸国も同様だった．西ドイツの失業率は7.8％となり，イギリスでは13％を記録することになった．鉄鋼，自動車，化学などを含む基礎的諸産業の過剰生産・過剰能力が世界的に深刻になり，国際貿易における保護主義的気運が醸成される事態となった．とりわけアメリカの場合，1983年から景気は回復に向かったが，それは高金利の下での減税と，第1章第1節で詳述した対ソ戦略上の膨大な軍事スペンディングによるもので，急激なドル高を伴っていた．債務累積に苦しむ発展途上国の輸入減退とあいまって，このドル高は，アメリカに巨額の貿易赤字をもたらす要因となった．同時にそれは，日本が一時的な円安環境の下に対米輸出攻勢をかける絶好の要因となり，アメリカ政界では，議会を中心に保護主義的傾向が支配的となった．[5]

■交渉項目をめぐる利害対立

　アメリカは，1983年5月に初めて新ラウンドを提唱した．日本はその年の11月，時の総理大臣中曽根康弘とレーガン大統領との会談で公式にその提唱を是認した．日本は，アメリカとともに新ラウンドの積極的提唱者になった．そこには，1980年代になって世界的不況にもかかわらずひとり貿易黒字を稼ぎ出す日本経済に対する，アメリカ，ヨーロッパ諸国の政治的批判と，経済政策への干渉を避けたい日本側の意図が働いていたことを否定はできないだろう．[6]

　1984年6月7日，ロンドン・サミットにおいて西側7カ国のリーダーたちは共同コミュニケを発表し，保護主義的圧力に抗して，GATTの事業計画を話しあった．最も重要な点は，そこでGATT主催の多角的通商交渉における新ラウンドの基礎作りが誓われたことだった．[7] 1985年5月，西ドイツでボン・サミットが開催されるまでには，先進工業国における多角的通商交渉について

の新ラウンド開始のコンセンサスはほぼ形成され，同年9月の GATT 特別総会で，新ラウンドの準備を進めるための高級事務レベルグループの設立が決定された．(8)

こうして，サービス貿易を含めるか否かなどの対立はあったものの，1985年11月28日，GATT 締約国は，多角的通商交渉における新ラウンドのための特別準備委員会を設立することに全会一致で同意したのである．特別準備委員会は1986年1月に会議を持ち，同年9月に開催される GATT 閣僚会議に向けて精力的に交渉項目作りを急いだ．

この特別準備委員会は，多角的通商交渉の交渉項目について利害の一致を見ることはなく，先進工業国，途上国が入り乱れての議論となった．

■繊維・衣類と農業

まず，現存する保護主義的条項は必要だから，新ラウンド交渉ではそもそもその交渉項目から除くべきであるとする発展途上国，とりわけブラジルなどの主張に対して，EC 諸国側は，交渉の過程で保護主義的条項の自由化問題は避けて通れないと考えていた．また，緊急輸入禁止措置，セーフ・ガードについては，先進国，発展途上国とも最も交渉優先度が高いものであると認めてはいたが，セーフ・ガード条項を使用する原則についての認識の相違は顕著だった．さらに，紛争処理に関する GATT 規則の解釈についても見解の相違があった．

だが，新ラウンドにおける交渉項目で議論となった最も注目すべきものは，従来 GATT 交渉では適用除外にあった繊維・衣類，農業の取り扱いであり，また，そもそも交渉そのものから外されていた知的財産権保護，サービス貿易の自由化，さらには，貿易に関連しての投資措置の取り扱いであった．

繊維・衣類は，1974年に発効した多角的繊維取り決め（Multi-fiber Arrangement）によって GATT 原則の適用除外だった分野である．しかし，この分野の自由化は発展途上国の要求が強く，先進工業国は新ラウンドの課題とせざるをえなくなった．

そもそも GATT は，先進工業国本位にできた国際貿易ルールを基盤としていた．国際貿易の主体は，アメリカの場合，世界市場志向・資本集約型産業企業であり，その製品の世界市場での積極的販売が目的であり，さらに国際貿易

の活発化によって雇用の増進を図る，ケインズ主義的貿易論が理論的基盤だった．アメリカの場合，繊維・衣類は，国内市場依存・労働集約型産業の典型であったから，保護貿易の対象であり，そもそも自由化の対象とはなりえなかった[9]．

農業は，従来の GATT 原則では最大の除外分野であり，日本のみならず多くの国において保護の対象とされてきた．新ラウンドでは，農業も例外とはならず，とりわけアメリカは，新ラウンドの最優先分野とした．だが，EC 諸国，とりわけフランスとの利害対立が交渉の難航を予想させた．

GATT は，先進国の資本集約型産業企業の，主として工業製品販売と雇用増進が目的とされたから，農業製品は適用除外とされてきた．しかし，アメリカでの農業分野は，徐々に多国籍アグリビジネスが支配する産業となってきた．それゆえ新ラウンドでは，適用除外とはならず，交渉項目の重要な分野となったのだ．

■知的財産権保護とサービス貿易

知的財産権保護とサービス貿易の分野は，先進工業国と発展途上国との利害対立が最も目立ち，初めから難航が予想された．工業国にとって，模造品問題と知的財産権保護に関して，新ラウンドにおいて交渉項目に挙げ，ガイドラインを作ることはいわば自明のことだったが，発展途上国は，それらの問題はOECD や世界知的財産権機関（World Intellectual Property Organization）が取り扱うべきと主張した．

サービス貿易の自由化について交渉項目に挙げるように主張したのは，アメリカだった．サービス貿易に関しては，しかし，準備委員会では決着がつかず，1986年9月の GATT 閣僚会議まで持ち越されることとなった．インド，ブラジルを中心とする発展途上国グループが，GATT で議論すべきではないと強硬に主張したからだった．しかし，アメリカ，EC，日本が多角的交渉において議論すべしと主張し，多くの ASEAN 諸国からの賛成を得て，結局交渉項目に入れることとなった[10]．

■アメリカの戦略

　アメリカのウルグアイ・ラウンドに対する戦略は，新ラウンド提唱時から一貫していた．当初アメリカは，ハイテク製品とサービス貿易の自由化に最大の力点を置いていた．だが，前者をウルグアイ・ラウンドの交渉項目とすることに EC，日本の協力を得ることができなかったアメリカは，模造品と知的財産権違反を交渉項目に入れることを考え，発展途上国の反対にもかかわらず実行した．

　そしてアメリカは，サービス貿易について GATT の国際的フレームワークの下でのルール作りを試みはじめた．アメリカの交渉戦略は，まず，サービスの一般的定義を確立し，国際的に取引されるサービス貿易の原則を作ることであり，さらに，個々のサービス・セクターへ現存の多角的通商交渉のコードを拡張し，新サービス・セクター協定を締結することに力が注がれた．

■ウルグアイ・ラウンドの成果

　ウルグアイ・ラウンドは，1993年末に合意したが，GATT の交渉ラウンドとしては，7年の歳月をかけるという異例のラウンドとなった．また，その内容の包括性においても，WTO という国際機関の創設をはじめ，かつての交渉をはるかに凌ぐ成果を生み出した．

　しかも，この交渉は，クリントン政権の通商戦略が充分反映されており，彼らの思惑を多国間で実現させた交渉でもあった．1997年アメリカ大統領経済諮問委員会年次報告は，関税・非関税障壁を削減する GATT 体制下の通商交渉とそれを引き継ぐウルグアイ・ラウンド協定，世界貿易機関の設立を高く評価し，次のように述べた．

　「GATT は，関税と，もっと最近では，非関税障壁の大幅な削減について各国が交渉する枠組みを提供してきた．GATT の相次ぐ交渉ラウンドによって，主要な先進工業国間で取引される工業製品に対する関税は90％削減された．その他の分野では，1993年に終結した GATT ウルグアイ・ラウンドが，繊維および衣類，製品規格，および知的所有権における非関税障壁の画期的削減をおこなった．ウルグアイ・ラウンドはまた GATT の原則を，農業とサービスに拡大した．その結果，農業分野では一定の非関税障壁が，後に漸次引き下げら

れる関税へと切り替えられた．……1993年のウルグアイ・ラウンド合意の中心的産物は，約50年前のブレトンウッズで描かれた線に沿って，国際的な貿易機関を設立したことであった．こうした機関である世界貿易機関（WTO）の設立は，討議，交渉，および自由化のためのフォーラムの必要を認めている．……WTO は，いっそう明瞭な多国間貿易のルールといっそう効率的な実施措置を確立することによって，貿易システムはさらに予測可能となり，したがって貿易が促進され，貿易から引き出される利益が拡大する」(11)

　これを見るかぎり，ウルグアイ・ラウンド交渉は，アメリカの思惑通りに事が運んだことが理解されよう．

第2節　世界貿易機関とハイテク多国籍企業

■アメリカ多国籍企業の利害と WTO

　国際貿易システムは，その時代に国際貿易の主体を形成した経済組織の利害に沿って形成される．

　1947年に成立した GATT は，自由貿易と雇用の増進を目的として生み出された戦後国際貿易システムだったが，それは，アメリカにおける世界市場志向・資本集約型産業企業の利害に沿って形成された．国際貿易の促進は，各国経済の GDP 水準を上昇させ，雇用を促進させるというケインズ主義的な考えの下に展開したと言い換えてもよい．

　しかし，その世界市場志向・資本集約型産業企業が，多国籍化を開始し，世界経済も固定相場制から変動相場制に転換し，国際貿易の主体も多国籍企業に取って代わる．しかも，ソ連消滅によって言葉の真の意味でのグローバル経済が「アメリカ一極覇権」の下で形成され，アメリカ多国籍企業もハイテク化する中で，従来の GATT に代わる国際貿易システムの形成が求められた．それが，ウルグアイ・ラウンド交渉の帰結として1995年に成立した WTO だと私は理解する．

　だとすれば，ウルグアイ・ラウンド交渉の帰結として成立した WTO は，アメリカ多国籍企業の世界経済戦略とどのように関わるのだろうか．ハイテク多

国籍企業の行動様式との関わりで WTO の特質を検討するのが次の課題である．

■ハイテク多国籍企業と国際的寡占市場

1980年代から展開するアメリカ通商政策の基盤に，ハイテク産業を基軸とした経済的利害が存在したことが，まず指摘されなければならない．

1980年代のアメリカ産業構造のハイテク化のひとつの指標は，民間固定資本投資において，情報処理および関連設備投資が，従来型の産業設備投資を上回ったことである．その傾向は1990年代になるといっそう顕著となる．1995年には，産業設備投資額1245億ドルに対して，情報処理および関連設備投資は1832億ドルに上った．[12]

クリントン政権の大統領経済諮問委員会委員長を務めたローラ・タイソン (Laura Tyson) は，アメリカのハイテク産業として，具体的に次のものを挙げている．化学製品，医薬品，発電機，電気機器，データ処理機器，電子事務機器，通信機器，電子部品，航空機，化学装置である．[13]

これら産業は，いずれも研究・技術集約型の産業であり，市場における独占的優位は，知識なのだ．ハイテク産業は研究開発投資の比率が高く，科学者，技術者を普通以上に多数雇用しており，アメリカ多国籍企業の基軸部門となっている．しかも，ここで注目すべきは，アメリカ多国籍企業の主力企業が，積極的にハイテク産業化を果たし，「規模の経済」と「範囲の経済」をいかんなく発揮し，国際的寡占市場においてリーダー企業として営業を展開している事実だ．

例えば，ゼネラル・エレクトリック社は，1980年代以降，ハイテク事業，サービス事業，中核事業における徹底したリストラクチャリングを実施し，1992年の事業部門利益を見ると，金融サービスが最も多くの利益を上げている．続いて，航空機エンジン，電力システム，技術製品とサービス，産業用機械という順に収益を上げている．大型家電機器からはきわめてわずかしか利益を上げていないのである．ゼネラル・エレクトリック社は，ハイテクとサービス事業部門から利益のほぼ80％を引き出す会社となったのである．[14]

アメリカ多国籍企業は，「知識を内部化」し，世界的に拡大した生産拠点の合理的配分によって「規模の経済」をいかんなく発揮する．ハイテク企業とは，

研究開発に多額の資金をつぎ込む企業だ．したがってこうした企業は，固定費の割合が高いから，企業規模を拡大し生産高を増加させればさせるほど，平均固定費が低下するから，単位当たり可変費が変化せずとも平均総費用は低下する．

しかもこうした生産を，世界的に拡大した生産ネットワークの下で実現し，その生産ネットワークの規模を拡大することによってさらなるコストの削減が可能となれば，市場の独占あるいは寡占化は必然的に起こる．これが「規模の経済」の意味するところだが，ハイテク産業では，少数のメーカーによる市場の寡占化，さらには国際的寡占市場が生じるというわけだ．さらに，世界的な規模の多事業部門制の確立は，多くの部門を一多国籍企業に取り込むことでコスト削減を実現する「範囲の経済」がいかんなく発揮されることとなる．

まさしく「アメリカは貿易と投資の自由化のための国際努力の先頭に立つ」ことになるのだが，それを実現するには，GATT に替わる国際貿易のルールが必要なのだ．それが，ウルグアイ・ラウンド交渉の結果生み出された WTO というわけだ．

■ハイテク多国籍企業と知的財産権保護

以上述べたアメリカ多国籍企業の「規模の経済」「範囲の経済」を実現するには，多国籍企業における「知識の内部化」が必要となる．なぜなら，ハイテク企業にとっての独占的優位性は知識にあるから，知識の独占によって国際寡占市場での占有率の維持ないし向上が望めるからだ．知識は，企業の中では，国境を越えてコストをかけずに自由に移転する公共財的性質を持つ[15]．しかも，「知識の内部化」を確実にするためには，知識がコストなしで企業外に流出し外部化されることを防がなくてはならない．制度として知的財産権を厳格に保護する必要が出てくるというわけだ．

ウルグアイ・ラウンドのルールの重要な柱のひとつに知的財産権保護があった事実をここで思い起こそう．「知的財産権の貿易的側面に関する協定」(TRIPs：Agreement on Trade-related Aspects of Intellectual Property Rights) がそれだ．TRIPs 協定では，知的財産権の権利保持者に，内国民待遇と最恵国待遇の原則が適用される．発展途上国からは反対の声が猛然とあがったが，保護の対象と

なるべき知的財産権を7つに設定し，それぞれに明確な保護レベルを規定した．著作権・著作隣接権，商標権，地理的表示，意匠権，特許権，半導体集積回路（IC）配置設計図，非公開情報がその7つである．

著作権では，ベルヌ条約遵守，権利の存続は，著作者の死後50年とされた．TRIPs協定において，アメリカ企業にとって重要だったのは，コンピュータ・プログラムがベルヌ条約の保護する「文学的著作物」に加えられ，映画，レコードなどの著作物にもレンタル権が認められたことだった．さらに，商標権，地理的表示，意匠権の保護が明確にされたが，アメリカ企業にとって特に重要だったのは，特許権に関わるものだ．とりわけ，医薬品，食品に方法特許のみならず物質特許が認められた点は，巨額な研究開発費を投入して製造する医薬品の世界的独占販売にとってきわめて重要な前提条件と言える．また，途上国で，特許権者以外の者が特許を使用する場合に厳格な要件が課されることになった．さらに，特許権の保護期間は，最低20年と規定された．

半導体集積回路（IC）の配置設計図についても，アメリカ企業は，厳格な保護を要求した．医薬品と同様，IC 設計図は開発に莫大な費用がかかる反面，模造が容易であり，模造品に対する損害賠償の規定が必要とされた．TRIPs協定では，最低10年の保護期間が認められることとなった．企業または個人の技術上・営業上の秘密についても保護規定が制定され，不正な商業的利用から守られることとなったのである．[16]

1996年大統領経済諮問委員会年次報告は，次のように指摘する．「アメリカ輸出での最大の非関税障壁は，ある国において知的財産権の充分な保護がなされていないことである．その性質上，知的財産権は常に著作者侵害の危険にさらされている．知的財産権の侵害によってアメリカ輸出業は，年間販売と使用料を合わせて何十億ドルもの損失を被っている．アメリカのトップ輸出関連商品の多く——映画，音楽ソフト，コンピュータ・ソフトウェア，新医薬品のような特許品を含む——は最も被害に遭いやすい．著作権侵害はアメリカ輸出収入を低下させるだけでなく，技術革新による利益を減少させて新製品の開発の妨げとなる．それゆえに強力な知的財産権保護を海外に設けることは，多国間，地域内，2国間メカニズムを通じて進めるべきクリントン政権の通商政策の重要な要素である」[17]．

したがって，クリントン政権は，ウルグアイ・ラウンドにおいて締結されたTRIPs協定を高く評価し，「世界レベルでの知的財産権の強力な保護確保に向けた大きな前進である．これは，最大の枠での知的財産権保護と知的財産件保護実施に必要な法律上，裁判上の構造を確立した最初の国際協定である」[18]と称賛した．この態度は，ハイテク米多国籍企業の知的独占による世界市場制覇をWTOによって保証させるという経済戦略を表わしていると見ることができる．

■ハイテク多国籍企業とサービス貿易の自由化

国際貿易の主体が多国籍企業となった新自由主義的世界経済においては，サービス貿易の自由化という，従来の貿易の自由化概念とは異なる自由化が重要な課題となった．国際貿易の主体が世界市場志向・資本集約型産業企業であったGATTでは考えることのできない事態である．なぜなら，有形財の国際取引に対して，無形財の国際取引を意味するサービス貿易は，財が国境を越える従来の貿易と異なって，企業，労働者，消費者が，国際貿易をおこなうために自由に国境を越えることが前提になるからだ．

WTOでは，「サービス貿易に関する一般協定」（GATS：General Agreement on Trade in Services）が結ばれ，自由化が図られた．内国民待遇，最恵国待遇の原則が規定され，市場アクセスへの制限措置の禁止が具体的に明らかにされた．

ここで言うサービスとは，政府機能によって供給されるものを除くあらゆるセクターのあらゆるサービスを含むのだが，具体的に言えば，次の11分野である．①業務サービス，②通信，③建設・エンジニアリング，④流通，⑤教育，⑥環境，⑦金融，⑧保険，⑨観光・旅行，⑩娯楽・文化・スポーツ，⑪運輸．

有形財の貿易は，障壁となる国境措置が容易に特定できるのに対して，無形財のサービス貿易は，供給と消費が同時であり，関税が賦課される明確な統一した越境地点が特定できないところから，GATSでは，サービス貿易を供給の形態によって4つのモードに分類した．第1モードが，供給の越境である．情報やデータの伝送のようにサービスが国境を越えて供給消費される場合である．第2モードが，消費者の越境である．海外旅行に見られるように，消費者が国境を越えて他国でサービスを受ける場合である．第3モードが，供給拠点の越境である．サービス業の最も一般的な形態と言われるものだ．金融や保険その

他のサービスを供給する事業者が他国に進出してサービス業を営むケースだ．この場合，資本の自由化が市場アクセスとして要求される．第4モードが，供給者個人が一時的に越境してサービスを供給する場合である．弁護士あるいはエンジニアが仕事のために一時越境して業を営むことがこれに相当する[19]．

　サービス貿易は，従来の GATT では取り扱われてこなかった分野だ．したがって，現代的な新しい分野を含むと同時に，性格上，国家が厳しく管理する産業も多い．例えば，テレコム産業がその一例だ．アメリカは，自国のテレコム産業の海外での市場アクセスと内国民待遇を確保し，参加国における競争促進的な規制原則で合意に至ることを目標とした．

■ハイテク多国籍企業と貿易に関連する投資措置

　国際貿易の主体が多国籍企業となると，当然ながら，貿易主体が国境を越えて他国に立地し，国際貿易を営むことになるから，貿易に関連した投資措置についてのルールが必要となる．そこで WTO では，「貿易に関連する投資措置に関する協定」（TRIMs：Trade Related Investment Measures）が定められた．

　TRIMs では，全ての締約国において対内投資の完全自由化が達成されたわけではない．また，外資系企業に現地企業と同じ条件で活動できるという内国民待遇が与えられたわけでもない．しかしながら，財の製造および販売に関わって，企業の直接投資に適用される次の3点が禁止条項として取り決められた．

　その第1に挙げられたのが，現地政府による禁止行為であり，外資系企業に現地生産品の購入・使用を要求することを禁じた．この要求とは，ローカル・コンテント規制を外資系企業に要求することなのだが，これを禁じたということは，外資系企業は，その都合によって，どこからでも必要な生産物を取り寄せることができることになる．外資系企業が，部品など中間財を輸入に頼れば，ホスト国の外貨を使うことになり，その不都合からローカル・コンテント規制が定められたのだが，この禁止によって，外資系企業の活動は自由になり，国際生産ネットワークを存分に広げることによる生産コストの削減，「規模の経済」を実現することが可能となる．

　第2に，外資系企業に輸出と輸入のバランスを取らせることを禁じた．このバランスは，外資系企業の貿易活動がホスト国の外貨事情に影響を与えないよ

うにする配慮から要求されたのだが，この禁止によって，外資系企業は，そのバランスを考えることなく自社の都合により，輸出・輸入をおこなうことができるようになる．

そして第 3 に，外資系企業の獲得外貨を規制し，為替制限によって輸入を制限することを禁じた．この規制も，ホスト国の外貨事情を考慮して，外資系企業の輸入によるホスト国の外貨不足を防ぐためのものだったが，その禁止によって，外資系企業の輸入は自由になり，その活動制限はなくなった．

これら禁止措置は，先進国では WTO 発効後 2 年以内，途上国では 5 年以内，後発途上国では 7 年以内に導入が義務づけられた．こうして，WTO における TRIMs 協定では，直接投資の完全自由化とまではいかなかったが，多国籍企業の国際的生産ネットワークを自由に広げる貿易上の自由化が実現することとなった．

註

（ 1 ） *US Department of State Dispatch*, March 15, 1993, Vol. 4, No. 11, pp. 146-7.
（ 2 ） 詳細は，福島榮一監修『解説米国ウルグアイ・ラウンド協定法』日本貿易振興会，1997年，2〜3 ページ．
（ 3 ） 詳細は，平井規之監訳『1995米国経済白書』エコノミスト臨時増刊，毎日新聞社，1995年 4 月10日，198〜199ページ．
（ 4 ） Jeffrey J. Schott, *The Uruguay Round, An Assessment*, Institute for International Economics, Washington, D. C., 1994, p. 4.
（ 5 ） Charles Pearson and Nils Johnson, *The New GATT Trade Round*, Foreign Policy Institute, The Johns Hopkins University, Washington, D. C., pp. 11-3.
（ 6 ） *Ibid.*, p. 26.
（ 7 ） *Ibid.*, p. 27.
（ 8 ） *Ibid.*, p. 29.
（ 9 ） GATT の基本性格について詳しくは，萩原伸次郎『世界経済と企業行動』第 2 章第 1 節 3 「戦後国際通商体制の特質」を参照のこと．
（10） 準備委員会で議論された内容の概要は，Pearson and Johnson, *op. cit.*, pp. 32-3を参照のこと．
（11） 平井規之・萩原伸次郎監訳『1997米国経済白書』エコノミスト臨時増刊，毎日新聞社，1997年 4 月28日，222ページ．
（12） 同上訳書，358ページ．

(13) ローラ・タイソン著，竹中平蔵監訳『誰が誰を叩いているのか』ダイヤモンド社，1993年，30〜31ページ．
(14) 萩原伸次郎『世界経済と企業行動』173ページ参照．
(15) これは，バックレーとカッソンによる，内部化論に基づく多国籍企業形成論の重要な根拠となったものだ．詳細は，P. J. Buckley and M. C. Casson, "A Long-run Theory of the Multinational Enterprise" in P. J. Buckley and M. C. Casson (eds), *The Future of the Multinational Enterprise*, London: Macmillan, pp. 32-65.
(16) 新堀聡・渡邊堯・岸田誠『WTO 発足後の世界貿易』経林書房，1995年，192〜195ページ．
(17) 平井規之監訳『1996米国経済白書』エコノミスト臨時増刊，毎日新聞社，1996年4月22日号，217ページ．知的所有権という訳は，知的財産権に変更した．
(18) 同上．
(19) 新堀・渡邊・岸田，前掲書，178〜180ページ．

第 5 章

クリントン政権とアジア金融危機

第1節　東アジアの成長とアメリカ

■アジア経済の成長

　クリントン政権にとって，アジア・太平洋地域経済の発展は，アメリカの輸出を増大させるためにも重要だった．

　1994年7月，クリントン大統領は，議会に報告を寄せた．「過去30年間において，世界のGDPに占めるアジアのシェアは，8％から25％以上に成長した．これら諸国は，現存の工業諸国より3倍もの速いスピードで成長しており，アメリカ輸出は，これらの諸国に対して，過去5年間で少なくとも50％以上上昇した．2000年までには，東アジア経済は，西ヨーロッパや北アメリカを追い越して，世界最大の市場を形成することになるだろう」(1)．

■東アジアの経済開放と急成長

　この東アジアの急成長は，多国籍企業との関連を抜きにしては語れない．1970年代以降急成長を見せる，香港，韓国，シンガポール，台湾の諸国地域は，1960年代までは世界の後進地域だったし，中国，タイ，マレーシア，インドネシアも同様だった．

　戦後長らく発展途上国では，輸入代替工業化戦略が採用された．ラウル・プ

レビシュ (Raul Prebisch) に代表されるこの主張によれば，第1次産品価格の安定，国内工業の保護と共同市場の形成が，途上国とりわけラテンアメリカの経済成長をもたらすには必要とされた．しかも，プレビシュは，この戦略を達成するのに外国企業の役割は大きいとしたのだった(2)．

しかし，この戦略は，ラテンアメリカに輸入代替工業化をもたらすには成功したが，経済を輸出志向に導くことには失敗し，国際収支の安定化をもたらすことにも成功しなかった．工業化を担った欧米多国籍企業にとって，ラテンアメリカ市場はあまりに小さく，高率保護関税の下でコスト削減努力も必要としなかったからだ(3)．

香港，韓国，シンガポール，台湾の国家・地域は，輸出主導型戦略をとった．はや30年以上もこれらの諸国地域では，輸出成長が，国内所得成長を上回っている．ラテンアメリカの採用した輸入代替工業化戦略とは異なって，すぐさま輸出主導戦略に切り替え，韓国以外は積極的外資導入に踏み切ったからだ(4)．

海外直接投資に積極的な外部経済効果があることは，多くの研究者の指摘するところだ．アジア新興工業諸国の高度経済成長の達成と継続は，海外直接投資との関連を抜きに語ることはできない．

だから，発展途上諸国が，海外直接投資を統制し抑制した政策から，それを奨励する政策へと大きく舵を切ったことは，なんら驚くべきことではない．海外直接投資の重要性の認識は，低開発諸国において，国民経済を開放に向かわせたこと，つまり，多国籍企業への規定や規制を自由化し，海外から直接投資を呼び寄せることを求める諸国が続出したことに現れている(5)．

■アメリカ企業のアジア進出

アメリカ企業は1960年代末から1970年代にかけて，危機的状況を迎えていた．ケインズ的世界経済が出現するにつれ，日本企業やヨーロッパ企業との国際競争が激しくなったからだ．世界貿易に占めるアメリカのシェアも低下し，アメリカ主力企業における利潤圧縮が1960年代末〜1970年代にかけて深刻化した(6)．

アメリカ企業の戦略は，多国籍化をおこない，グローバルに生産コストを下げることだった．アメリカ企業は，アメリカの産業中心地を離れ，労働集約的

工程を第3世界に移転させた．次から次へと企業は多国籍化し，多事業部門制による国際コングロマリットの形成となった[7]．

　歴史的に言うと，アメリカ企業の海外進出は，ラテンアメリカ，とりわけメキシコとブラジルとの関係が深かった．しかし，徐々にアメリカの海外直接投資は，東アジアに向かうことになる．

　1980年代前半，レーガン政権の経済政策による巨額な連邦財政赤字は，米ドル為替相場の上昇を生み出し，アメリカ企業の多国籍化はいよいよ度を増したことは，すでに第1章で述べた．生産拠点の海外移転と部品完成品のアウトソーシングが急速に進んだ．とりわけハイテク産業は，その労働集約的工程を東アジア諸国へ移転し，逆にこれらの諸国は，アメリカに製品を売り込んだ．

　アメリカが主要なハイテク市場になるにつれ，輸入が急増し，グローバルなハイテク輸出におけるアメリカのシェアは落ち込んだ．とりわけこの傾向は，ハイテク・エレクトロニクス産業において顕著だった．日本企業や東アジアの企業が競争力をつけてきたからであり，また，アメリカ・ハイテク企業が本国を離れ生産のグローバル化をおこなったからだ[8]．アメリカ・ハイテク多国籍企業にとって知的財産権保護がいかに重要か理解できるだろう．「知識の内部化」によるアメリカのハイテク多国籍企業の世界市場での競争力は，知的財産権保護による知識の外部化の阻止によって維持されるからに他ならない．

■日本企業のアジア進出

　日本は，戦後ケインズ主義的経済政策を大蔵省・通商産業省の主導によって追求し，1970年には，世界第2のGDP大国にのし上がった．日本の世界市場志向・資本集約型産業企業は，2度のオイル・ショックを乗り切り，対米輸出を積極的に進め，1985年には，アメリカに代わって世界最大の債権国となった[9]．

　1980年代前半において，日本の対米貿易黒字は劇的に上昇し，日米貿易摩擦は激化の一途を辿った．1985年プラザ合意の後，日本企業は，円高を背景に大規模な直接投資を開始した．日米貿易摩擦は一向に収まらず，日本の企業は，アメリカの保護主義的対応を避けるべく，生産拠点をアメリカに移動させはじめた．1985年，日本の対米直接投資残高は191億1600万ドルだったが，そ

の後対米直接投資の急増があり，1980年代後半において，不動産，製造業，金融業，保険業など対米直接投資は劇的に上昇した．1990年末には，対米直接投資残高は834億9800万ドル，イギリスに次いで第2位の対米直接投資残高を記録した．[10]

1980年代後半の円高はまた，日本企業をしてアジア諸国へ生産拠点を移動させるインセンティブとなった．この直接投資は，しかし，対米直接投資の目的とは異なっていた．アジア諸国の低賃金による製造コスト削減をねらったものと言ってよいだろう．

香港，シンガポール，韓国，台湾への日本の直接投資は，1983年から1988年の6年間で2倍を超す額となった．この戦略は，通信・運輸システムの高度な技術と，ホスト国の対外直接投資に対する開放政策によって支えられた．このプロセスは，日本の技術と経営をアジアの生産者に伝え，これら地域の比較優位の変化に寄与したと言ってよい．日本の直接投資は，1986年以降活発になったが，アジア新興工業諸国から ASEAN 諸国へと地域的にシフトした．この日本の直接投資は，アジア太平洋地域経済の比較優位構造の変化を促進することになった．[11]

1990年代初め，日本，アメリカ，カナダ，EU諸国の景気の落ち込みによって，日本の海外直接投資は落ち込んだ．日本の海外直接投資の総額は停滞気味だったが，ASEAN 諸国への日本の直接投資は，1989年から1996年にかけて4.1%から10.3%に，相対的には上昇した．1990年代中頃には，日本のみならず，台湾，シンガポール，そしてタイまでもが，アジアにおける主要な資本輸出国となった．最大の投資国は日本で，韓国，台湾が続いた．

日本のアジア地域への海外直接投資の目的は，製造コストを下げる生産拠点をアジアに作り，アジアの生産拠点から日本市場，アジア地域市場，そして欧米市場へ輸出することであった．また，2桁の成長率で上昇を続けるアジア地域市場が，海外投資家を惹きつける要因となった．[12]

第5章　クリントン政権とアジア金融危機　*115*

第2節　アジア金融危機と国際資本移動

■アジア金融危機の発生

　アジア金融危機は，タイに始まった．1997年において，危機は通貨価値下落となって，3つの段階を経て引き起こされた．

　まず，1997年7月2日タイのバーツが，ドルペッグから離れフロートとなったが，それはすぐさま，フィリピンのペソ，マレーシアのリンギ，そして，インドネシアのルピーへと波及した．1997年10月になると第2段階が始まる．1997年10月17日台湾ドルが売られ，6％ばかり価値減価したが，すぐさまそれは，香港ドルへ影響をもたらし，アメリカ，ラテンアメリカ，ロシアの株式市場の鋭い落ち込みをもたらした．そして最後に韓国ウォンが売られ，1997年12月6日にドルペッグからフロートになった．[13]

　1990年代前半は，東アジア諸国の経済パフォーマンスは凄まじいものだった．1990年から1995年にかけて，平均年成長率は7.2％が，緩やかなインフレとともに記録されたのだが，その成長の要因は，多くの国が対外開放政策をとったからだった．この高い成長率は，東アジア諸国に流入する直接投資と密接不可分に関係していたのだ．1990年代中頃の直接投資の主要ホスト国は，タイ，マレーシア，インドネシアと中国だった．[14]

　国際決済銀行第68年次報告は，1996年の輸出の減退は，いくつかのセクターでの過剰投資を示していると報告している．1996年において，アジア・エレクトロニクス産業への大量の投資は，過剰供給に貢献し，世界市場での価格崩壊に帰結した．しかしながら，海外市場や地域市場でのリスクを抱えながら，自動車，建設，家具や電力発電などでは，投資は急激に上昇した．ここで明確に理解できることは，この地域での過剰投資であり，新しく投資された資本の収益率は著しく落ちたのであって，海外直接投資と輸出成長との相関関係は，1990年代において弱まった．[15]

■証券投資フローと金融危機

　途上国で引き起こされた最近の金融危機を見てみると，1990年代新興市場での証券投資フローと密接に関連していることがわかる．

　1990年から1997年にかけて，発展途上国に流れ込んだ長期の純民間資本フローは，420億ドルから2560億ドルへと急速に上昇した．この中で最も大きかったのは海外直接投資だったが，債券や証券エクイティ・フローは，1997年で870億ドル，この年全体の34％を占めたのだった．[16]

　民間資本が，発達した工業諸国から発展途上国に流れ込むのは，昔からあったことではない．1950年代から1960年代半ばまでは，先進工業国と発展途上国間の全ての資本フローの半分以上を海外援助が占めていた．1970年代になって，中長期の銀行貸付の比率が劇的に上昇し，1970年代末には，純投資フローの半分を供給した．しかしながら，1981年メキシコのデフォルト危機があり，1980年代は，銀行貸付は激減した．かわって海外援助が，純資本フローの最も大きなカテゴリーとなったのだ．[17]

■国際的な金融規制緩和

　この時期の国際資本フローの流れを決定するのは何なのか．まず，金融市場のグローバルな規制緩和を取り上げるべきだろう．

　金融の規制緩和は，1970年代後半にアメリカでおこなわれはじめた．なぜなら，インフレーションによって，銀行業の収益率が激減したからだ．1980年代を通じて，国内および国際金融市場の構造は，世界的に変化した．金融市場が，ますますグローバル化し統合されるようになってきたのだ．商業銀行業と証券業が結合され，しばしば，国境を越えて複合的なコングロマリットを形成した．国際銀行業の拡大要求は，とりわけ，世界的セキュリタイゼーションの急速な発展を促したのだ．だから，銀行は，インターバンク活動を急激に上昇させ，証券市場への介入を一段と強めたのである．その他の金融仲介業と連携して，銀行は，国際証券ストック残高の3分の2もの拡大を記録した．[18]

　東アジア諸国では，国内金融システムの規制緩和と資本収支の自由化が，1980年代から1990年代にかけて実施されてきた．インドネシアでは，1983年6月，金融セクターの厳しいルールを自由化した．1988年10月には，銀行活

動の制限を取り払った．タイでは，1992年6月，金利規制を全面的に取り除いた．債券，株式，デリバティブ市場のような非銀行資本市場における営業を奨励した．

対外開放政策を見てみよう．インドネシアでは，1988年，資本収支取引の規制を自由化した．短期資本のインドネシアへの流入の様々な可能性を開いた．タイでは，1990年代初めには，外国為替取引の規制を取り払い，バンコック銀行ファシリティーズ（BIBF：Bangkok International Banking Facilities）を創設した．これらファシリティーズは，資本収支取引の開放に合わせて大量の資金の取り入れを仲介することに役立ったのだ．[19]

■低金利と証券フロー

1990年代初頭，ブレディ・プラン（Brady Plan）によって，発展途上国の主要な負債国は，対外債務を削減していた．工業諸国における低金利は，国際資本を発展途上国へと誘ったのだ．[20] 1990年代の世界の資本フローの急速な上昇，とりわけ証券フローは，国際資本フローにおける最も際立った特徴だった．国際通貨基金の統計によれば，1990年代前半においては，民間資本フロー（ネット）は，アジア，西半球，そして，ロシアはじめ移行経済諸国へ集中した．1994年〜95年のメキシコ・ペソ危機の後，資本流入フロー（ネット）はアジアに集中したのであり，1996年において，全ての発展途上国への2079億ドルのうち，1022億ドルがアジアに集中した．[21]

1980年代に至るまで，東アジア諸国は，顕著なマクロ経済のパフォーマンスを見せた．アジット・シン（Ajit Singh）が，その論文の中で結論づけているように，これらの高い成長率は，高い貯蓄率と投資，そして人的資本の形成によって説明できるのであり，その意味では東アジアの経済成長は，決して「奇跡」ではないのである．[22]

しかしながら，1990年代前半の大量の東アジア諸国への資本流入は，過度な経済的多幸症（ユーフォーリア）を創り出してしまった．そしてこれが，投資マネージャーたちの群衆的行動を引き出してしまったのだ．この心理的群集行動が，経常収支赤字を抱えている東アジア諸国へ対外関係から危機を引き起こしてしまったというわけだ．1996年のタイでは，経常収支赤字が，GDP比で

8％もの高率になってしまった[23]. しかし, なぜ経常収支赤字が金融危機につながったのだろうか.

第3節　アジア金融危機はなぜ起こったのか

■過剰生産とドル高

アジア金融危機の原因を, われわれはどこに求めるべきなのだろうか.

その根底にあるのは, 過剰生産だ. 既述のように, 東アジア諸国へは大量の海外からの直接投資が過度におこなわれた. 生産された大量の製品は, 世界市場に販売されたが, 1990年代前半になると, 製品の輸出は徐々にその成長率を落としていった.

そして, 1995年, 米ドルが主要通貨に対して, その為替相場を上げたことが事の始まりだ. つまり, ドル高だ. 東アジア諸国は, 米ドルにペッグする準固定相場制をとっていた. このドル高によって, 東アジア諸国通貨も主要通貨に対して, 為替相場を上げた. 過剰生産で販売が思わしくないところに, 為替相場上昇による国際競争力の喪失が発生する. タイでは, 1996年の輸出成長の崩壊が, 金融危機を引き起こしたのだ.

ピーター・ウォー（Peter Warr）は書いている. 「バーツへの投機的攻撃を仕掛けるのに足る充分な信頼の喪失を引き起こしたのは, 1996年の輸出成長の崩壊だった. これが, 資本流出とバーツに対する攻撃を引き起こしたのである. なぜならそれは, バーツの価値減価を予想させたからだ. いったん予想がなされると, 有価証券資本は, 出口をめがけて殺到する. もはやこれを止めるすべはない」[24].

■機関投資家と資本フロー

国際金融パニックは, 資本フローの浮動性と本質的に結びついている.

一般的な見解によれば, 海外直接投資は, 比較的安定的だ. なぜなら, そのストックは, 多くが固定資本で成り立ち, 長期の利潤の予想に基づいて投資がなされるからだ. しかしながら, 有価証券投資の場合は, 周期的景況や国際的

利子率の短期的変化に過度に敏感なのだ．有価証券の浮動性は，海外直接投資より高い．なぜなら，有価証券投資家は，彼らの持っているストックや証券を，短期の利益を求めて簡単に売り払うことができるからだ．ステファニー・グリフィス＝ジョーンズ（Stephany Griffith-Jones）は結論づけて次のように言っている．「安定性のランキングは，次のような順序で確定される．（１）長期の銀行貸付，（２）海外直接投資，（３）債券投資，（４）株式投資，（５）短期信用である」．

タイやインドネシアでは，銀行と企業が，短期で大量の外国からの借入を外国通貨建てでおこなっていた．なぜなら，彼らは借入コストを最小化することを求めていたからだ．しかし，自国通貨の暴落は，自国通貨に換算すると，借入額を恐ろしく増加させてしまうこととなる．

ところで，東アジア諸国では，誰が有価証券投資をコントロールしていたのだろうか．これを議論するには，機関投資家のパワーを取り上げなければならない．東アジアのような新興金融市場は，資産を膨大に所有し，彼ら自身で協調的に投資をおこなう機関投資家によって支配されていたのだ．

有価証券投資のもとはと言えば，個人や機関の富に基づくのだが，これらの投資は全て，専門的なファンドマネージャーによっておこなわれる．彼らは，投資信託，年金基金，保険会社，銀行，株式ブローカーや多国籍企業に雇われている専門家だ．新興金融市場では，ヨーロッパやアメリカのファンドが，有価証券投資をほぼ全面的に支配しているのだ．アジア市場では，３つの機関，ロー・プライス（T. Rowe Price），メリル・リンチ（Merrill Lynch），フィデリティー（Fidelity）が全ての資産の59.7％を支配していた．

現代の資産市場では，投資マネージャーの心理的群集行動が，落ち行く経済をますます加速させる傾向を持つ．マレーシアでは，外国資本の流入は，1980年代末以降，有価証券投資より，海外直接投資によって支配されてきた．しかし，金融危機の直前，短期の民間資本の大量の流入が顕著だった．だから，タイ・バーツがフロートになった直後，マレーシアからの投機的短期資本の流出が，７月の初めリンギを襲ったのだ．

■アメリカ経済への影響

 1990年代中頃において，日本は，その直接投資を ASEAN 諸国へ増加させており，アジアで最大の投資国となった．日本企業の ASEAN 進出に伴って，日本の銀行業も，1990年代中頃において東アジア諸国での営業を活発化させた．国際通貨基金統計によれば，1996年末において，日本の諸銀行は，東アジアにおいて，国際銀行貸付額2606億ドルを記録し，EU 諸銀行に次いで第2の巨額な貸し手であって，東アジアへの総国際貸付額の35.4％のシェアを占めた．(28)

 したがって，アジア金融危機は，日本の多国籍企業と銀行業へ深刻な影響を与えた．アジア金融危機を契機として，そして，国内では1997年4月1日，消費税の3％から5％への大幅上昇によって，1997年第2四半期に日本経済は不況に落ち込み，それ以降今日まで，名目 GDP 水準500兆円台を脱出できず，「失われた20年」と言われる事態が継続することとなった．

 アジア金融危機はアメリカ経済にどのような影響を与えたのだろうか．1999年大統領経済諮問委員会報告は次のように言っている．「アメリカは，アジア危機が始まる前に堅調な経済成長を経験しており，それ以降もそれを引きつづき経験してきた．しかしアジア危機は，実物的にも金融的にもインパクトを持っていた．ひとつの結果は，純輸出の顕著な減少と貿易赤字の拡大であった．貿易赤字の拡大は，次の3つの要因に帰せられる．第1は，他のほとんどの工業国よりも速いアメリカの所得成長であり，それは輸入を増加させた．第2は，日本および他の東アジアの大部分における紛れもない収縮であり，それは，アメリカ輸出を削減した．そして，第3に名目ターム，実質ターム双方で，ヨーロッパ通貨およびアジア通貨，とりわけ円に比べてドルが値上がりしたこと（1995年中旬から1998年9月まで）である．1998年夏以降，ドルは円に対して値下がりしてきたが，他の G10通貨に対するドルの下落は貿易加重ベースでかなり控えめなものである」．(29)

 そして諮問委員会報告は，この貿易赤字による経常収支赤字の深刻化を楽観的に捉えている．いわく「仮に1990年代にアメリカが経常収支赤字を計上できなかったとしたら，資本蓄積と産出および雇用の成長は全て，より小さなものであったろう．逆説的であるかもしれないが，巨額な経常収支赤字は，成長と雇用を妨げたのではなく，アメリカ経済のより速い長期成長を可能にしたの

である」.

第4節　クリントン政権による国際金融システムの改革

■アジア金融危機への対応

　クリントン政権期に新自由主義的金融覇権が確立したと私は考えるのだが，アジア通貨危機の要因を彼らは，どのように考察したのだろうか．また，クリントン政権は，このアジア金融危機にどのように対応し，国際金融システムにいかなる改革案を提示したのだろうか．アメリカが確立した金融覇権の特質を論じるには欠かせない検討課題である．

■アジア金融危機の原因をどう見たか

　まず，アジア金融危機の原因をどこに求めたのか，クリントン政権の大統領経済諮問委員会の見方をかいつまんで見てみることにしよう．

　1980年代のラテンアメリカの通貨危機は，共通して，巨額の財政赤字と公的債務，高いインフレ，ゆっくりとした経済成長，低貯蓄率と低投資率という特徴があったが，このアジア金融危機には当てはまらない．アジアで危機に巻き込まれた国は，財政赤字は少ないし，低インフレ，急速な経済成長，高い貯蓄率と高い投資率という，全く逆の状況だった．

　そこで彼らは，金融危機の根本要因を，何らかの厳しい構造的歪みと制度的な弱点に求める．いわく「縁故による貸付，そして時には不正な信用慣行が，危機国の金融セクターをもろくしたことにある」と断定する．「危機前に，供給の制約された資産に対する投機的購入がいくつかの国で資産価格バブルを育て，株式と不動産の価格は，ファンダメンタルズによって保証されている水準を超えて上昇していった．貧弱なコーポレート・ガバナンスと『クローニー・キャピタリズム』（縁故的資本主義——引用者）と呼ばれるようになったものが，システムの歪みを増幅し，投資ブームの火に油を注いだ」というのだ．

　つまり，欧米と異なったアジア独特の経済システムが危機を引き起こしたという，アングロサクソン優位主義的解釈をおこなっているのだ．「市場に基づ

いた金融（対等な Arm's-Length）対縁故ベース（インサイダー）の金融」というコラムで，次のように言っている．「金融エコノミストらは長い間，市場に基づく金融システムと縁故ベースの金融システムとを区別してきた．大まかに言ってアングロ・アメリカン・システムを前者と見なし，後者の例として多くのアジア諸国を引くことができる．この一般化は，東アジア新興市場の危機とともに日本の長引く金融問題を理解するために，有益な洞察を与えることができる」．

　日本の場合は「メーンバンク」制であり，アジアの途上国では個人や政治的に結びつくことが多く，関連企業への貸付は縁故貸付と呼ばれる．そして，「この金融システムがアジア諸国の高い投資率と成長率を促したと考える者もいた．しかし，その強固さとともに，縁故ベースのシステムはまた弱さも持っており，今やアジア危機がそれを露呈した(33)」と言っている．

　しかしこの見解のおかしさは，「クローニー・キャピタリズム」を仮に認めるとして，それはいわばアジア資本主義の特質みたいなものにもかかわらず，1990年代に起こった金融危機の説明に使っていることだ．新自由主義の観点から国際資本取引の自由化を徹底的に進め，市場に基づくシステムを推し進めた結果がアジア金融危機だったという当たり前の事実に頬被りし，「縁故」だ「縁故」だと叫んでいるにすぎない．問題はむしろ，アングロ・アメリカン・システムにあるのだ．しかし，それが白日の下に明らかになるのは後のことだから，それはそれとして先に進もう．

■ IMFと同じ立場を採用

　クリントン政権は，アジア金融危機に対してどのような対応をしたのだろうか．われわれが知っているのは，何もしなかったのではないかということだ．いやむしろ，アジア諸国が自らの力で危機克服に努力しようとする試みを，つぶしたのではなかったか．

　日本の宮澤喜一大蔵大臣が1998年10月，新宮澤イニシャティブ（NMI：New Miyazawa Initiative）を明らかにし，アジア通貨基金（AMF：Asian Monetary Fund）創設によってアジア金融危機を乗り切る構想を打ち出したのだが，それを葬り去ったのは，アメリカ大統領クリントンであった．レオナード・シーブルック

(Leonard Seabrooke) は，次のように言っている．「IMF とクリントン政権は，アジア通貨基金の創設に猛然と反対した．アジア通貨基金が，アジア経済の改革に必要な適切な市場規律を課すことにはならないというのが理由だ」．つまり，アングロサクソン型の金融システムへの改編をねらう IMF とクリントン政権にしてみれば，アジア通貨基金などでアジア金融危機が救済されては，何の得にもならないからだ．

　アジア金融危機が勃発した時，2 つの説明の仕方があった．第 1 は，ポール・クルーグマン（Paul Krugman）に代表され，IMF もその見解をとったのだが，危機は，その国の内部事情によって引き起こされたとするものだ．そして，危機脱出のためには，構造改革が必要であり，金融引き締め政策と緊縮的財政政策によって，市場メカニズムを働かせることが必要だとする議論だ．「クローニー・キャピタリズム」論はその説の代表的なものだが，もう一方は，ジョセフ・スティグリッツ（Joseph Stiglitz）に代表される，IMF コンディショナリティ批判を展開する議論であり，金融引き締めや緊縮財政政策は，危機を長引かせる愚かな方策だとする見解だ．

　クリントン政権は，既述のように前者の立場をとった．「危機が始まって以来，アメリカは，IMF が条件付きで危機国に金融支援を拡大する役割を支えてきた」と述べている．

■ IMF 批判への反批判

　IMF とクリントン政権は，どのような政策対応をおこなったのだろうか．それは基本的には 3 つの分野にわたると判断していいだろう．第 1 は構造改革だ．特に IMF は，金融支援の条件として，銀行セクターのリストラクチャリングを含む根本的な構造改革を要求する．第 2 が財政規律の確立であり，第 3 が資本流出および通貨攻勢を削減するための高金利の維持であると言えるだろう．

　こうしたプログラムの目的は，IMF によれば，それぞれの国における危機の根本原因に取り組むことで，投資家の信頼を回復させることにあるという．「プログラムは，大きな財政・金融上の不均衡あるいは対外不均衡に対処すること以上のものであり，また，金融システムを強化し，政府政策決定とコーポ

レート・ガバナンスを改善し，政策と経済データの透明性を高め，経済競争力を回復させ，法制的規制的環境を近代化することを追求したのである．政策プログラムに基づいて貸付をおこなうというIMFの活動は，『コンディショナリティ』(conditionality)と呼ばれる．IMFは基金が支出されるのに従ってプログラムを引きつづき監視している[37]」と大統領経済諮問委員会報告は述べている．

しかも，このクリントン政権の報告書は，IMFの行動を擁護して，IMFに対する批判を批判しているのだ．第1は，構造改革だ．批評家は，IMFの構造改革について，「IMFが構造改革に固執することによって，危機国の国内事情に過度に立ち入っており，従来の権限を超えたところに存在するものだ」と言う．それに対して報告書は，次のように反論している．「しかしながら，効果的な救済戦略は，危機に寄与した要因に対処しなくてはならず，これらは主としてマクロ経済的なものというよりもむしろ構造的なものである．もし，金融セクターの（銀行に対する貧弱な監督と規制から，政府，銀行，企業間のどろどろの関係に至る）脆弱さが対処されなかったならば，IMF融資は目標に対してほとんど役に立たなかっただろう．同様に，IMFが主張したように，コーポレート・ガバナンスを改善し，クローニー・キャピタリズムへ終止符を打つことは，諸国が将来の危機を回避するのに役立つだろう[38]」．

第2は，金融引き締め政策という処方箋に対する批判だ．「高金利は成長の息の根を止め，さもなければ存続できた企業を倒産させる」と批判したのに対して，報告書は，「IMFの高金利戦略の論理は，通貨下落の程度を抑えることであった．高金利と同様に，ネットで巨額の対外不均衡を持つ国における通貨の急落もまた，債券が外貨建てである銀行その他企業の債務負担を増すことによって，成長を窒息させる[39]」と反論した．

第3は，緊縮的財政政策についてである．批判は，「IMFプランにおける財政政策要求が，不必要なほど厳しい．危機の開始期においては，攻撃を受けたアジア諸国は，少額の財政赤字もしくは財政黒字を計上していたし，GDP対比で相対的に低い割合の公的債務を達成していた」のだとする．しかし，と報告は言う．「危機が起こってすぐに財政政策を拡張することは，現存する経常収支不均衡を縮小するという政策決定者の公約について疑念をかき立てることが非常に多い[40]」．

IMF を支持するクリントン政権の経済政策担当者のスタンスは，きわめて新自由主義的である．構造改革では，あくまで「クローニー・キャピタリズム」を問題視し，アングロサクソン型の金融改革を推し進めたいらしい．また，債務が外貨建ての投資家と銀行の利益を考えて，金利を高めに設定し，通貨価値の下落を防ごうとする．危機に陥った産業資本や労働者を財政政策と金融緩和政策で救済しようとするケインズ的な経済政策思考ではないことは明らかだろう．

　したがって，クリントン政権の提起する国際金融システム改革も推して知るべしなのだが，それについて論じてみよう．

■ G22による国際金融システムの改革

　1997年アジア金融危機は，1994年12月に引き起こされたメキシコ・ペソ危機に次ぐ深刻な経済危機だった．

　従来は先進7カ国の蔵相・中央銀行総裁による会議での決定が大きな役割を果たしたが，1997年11月バンクーバでのアジア太平洋経済協力会議（APEC）首脳サミットにおいて，多くのアジア諸国首脳は，いつもの少数主要国だけでの会議ではなく，新興市場諸国も含めるべきだと主張した．クリントン大統領は財務長官と連邦準備制度理事会議長に，そうした会議を召集すべきだと命じ，22の諸国が集まる蔵相および中央銀行総裁会議が，1998年4月16日ワシントンで開催された．

　この会合では，国際金融危機に関わる3つの問題を考察するため，3つのワーキング・グループが立ち上がり，1998年10月の IMF および世界銀行の年次総会において報告を提示した．（1）透明性と責任を高める措置，（2）国内の金融システム強化のために可能な改革，（3）危機が生じた際の公的諸機関と民間セクターとの間での適切な負担配分を図るメカニズムが，その3つである．

■ 3つの課題設定

　透明性と責任を高める措置が，なぜ第1の重要課題となったのだろうか．それは，強められた透明性が一国の金融およびマクロ経済の不均衡の高まりを防

ぎうるとするところから来ている．例えば，アジア通貨危機において，企業と銀行の対外債務に関する情報がもっと多ければ，そのような金融機関に進んで貸し付けた投資家の意思を制限することができたであろうと考えるからだ．投資家が，健全な政策を持つ諸国と弱点の多い政策を持つ諸国とを区別することができるので，金融市場の混乱が他の諸国へ波及するのを制限するのに役に立つというのである．

しかし，透明性の強化だけでは，危機を防ぐことはできないと考え，第2のワーキング・グループでは，国内金融機関の改革と強化を課題とする．金融セクターの脆弱性が，金融危機の中心的原因であり，とりわけ，縁故貸付（connected lending）によって，商業銀行とその他貸付機関は，軽率に借入と貸付をおこない，必ずしも利益の上がらないプロジェクトに向けて資金を集中したというのである．縁故貸付の下で，1つの企業グループに属する銀行と他の金融機関は，グループ内の他の企業に対して，健全性を客観的に評価・監視することなく貸付をおこなっていたというのである．その結果，プロジェクトの選別や監視をおこなうインセンティブが歪められることがしばしばあったというのである．これら全ての要因が，金融システムの深刻な構造的弱点の集積をもたらしたのだ．

G22の2番目のワーキング・グループの主題である国内金融システムの強化は，このシステム改革の中心的課題だという．G22の報告が勧告する改革は，流動性に富み懐の深い金融市場の開発，特に証券（債券と株式）市場の開発を含んでいるのだ．「バーゼル銀行監督委員会による銀行監督のためのコアとなる諸原則」と証券監督国際機構が発表した「証券規制の目的と原則」に基づいた，銀行およびその他の金融機関に対する強力かつ慎重な規制と監督とに金融市場は従うようにすべきというものだ．

しかしながら，こうした金融システムの強化がおこなわれたとしても，危機を完全に除くことはできないだろう．したがって，危機の深刻化と激化を極小化する手段を確立することは重要な課題であり，G22のワーキング・グループの第3の課題がそれにあたる．公的社会および民間セクターの適切な役割を含む，より適切な危機の解決方法の模索であり，公的機関と民間セクターとの調整と融資の結合は，事を解決するのに重要なのだが，民間の資金移動の規模は，

IMFの資金割当増やその他の手段をもってしても公的社会が適切に供給しうる資金量を超えている．したがって，危機を抑え時間を通して危機を解決するのに，民間セクターが建設的に参加できるようなメカニズムが必要とされるというのである．

■資本規制への態度

このG22のワーキング・グループの提案は，いずれも国際的投資家保護の観点から成り立っており，国内金融システムの改革では，バーゼル銀行監督委員会の原則に基づいて，市場メカニズムに則った行動をおこない，縁故貸付などを排除すれば，全て事はうまくいくという考えから成り立っていることに注意しなければならない．

バリー・アイケングリーン（Barry Eichengreen）も，G22の金融システム強化策について，次のように言っている．「このワーキング・グループの報告は，発展途上国の賢明な監督と規制，そして，彼らの対外危機をヘッジし，銀行と株式会社を激励する外国為替のよりいっそうの柔軟性を強化するために，チリ型のコントロールが必要なことは何ひとつ言っていない(41)」と．

ここでアイケングリーンは，途上国の金融危機を阻止するにはチリ型のコントロールが必要と言っているのだが，この点について，カルロス・マサド（Carlos Massad）は，チリの資本規制について次のように指摘する．「チリの経験を検討して明らかになるのは，新興市場経済の場合には，資本勘定規制が適合的だということである(42)」．そして，チリには3つの主要な資本勘定規制があり，それらによって金融危機の勃発を防いできたという．

第1が，準備預金制度である．「これは債務形態であれ投機的投資形態であれ，あらゆる流入資本に対して，一定の割合（現行30％）を一定の期間（現行1年）中央銀行に無利子で強制預金させるものである(43)」．第2が，滞留期間規制である．「投機的資本の流入を抑制し，外国機関投資家の換金売りを制限するため，海外からの直接投資・ポートフォリオ投資は，最低1年以上の期間でなければならない」とするものである．そして第3が，格付け規制である．「この制限は，国際資本市場で債券や米国預託証書（ADR）を発行するためには，チリの企業はダブルB以上の格付けを取得しなければならない(44)」とするものである．

こうした資本移動規制が功を奏したか否かは，評価の分かれるところであるが，カルロス・マサドは，規制は効果的であったという結論を下している．もちろん，チリの政策が成功したのは，資本勘定規制が唯一の要因ではないだろう．チリのマクロ経済パフォーマンスが健全だったのは，その他様々な一連の政策遂行がその要因であって，資本勘定規制はその一部であることは言うまでもない．

しかしここで注目しなければならないのは，米国クリントン政権の経済政策担当者たちは，この規制の効果に否定的なのだ．全ての短期資本流入に対してもっと広範な統制が必要か，という問いに，彼らはノーという答えを引き出している．「全ての短期資本流入に対して市場ベースの規制をもっと広範に利用すべきと提唱する意見もある．チリは，こうしたアプローチを講じてきた国である」とし，「しかしながら，そうした統制の有効性は疑問視されてきた」としているのだ．いわく，「抜け穴や漏出のために資本統制は時間を通してその効果を弱めていく傾向がある．また，チリが成功しているように見えるのは，資本統制によるというよりはむしろ，同国の金融システムの非常に効果的で慎重な規制および監督と公正で健全なマクロ経済政策とによるものだったかもしれない[45]」と言っている．

■ G7の金融システム強化策

G22ワーキング・グループの報告と勧告に引きつづき，G7は追加的な国際金融システムの強化策について，6点にわたるさらなる処置を発表するのだが，これらの処置は，いずれも国際的資本移動の自由をこれまで以上に確保しながら，どのように国際金融システムを盤石なものにするかに焦点が絞られてくる．

第1に，工業国での慎重な規制と監督の強化，第2に，新興市場国での慎重な規制と金融システムのさらなる強化，第3に，危機に対応する新たな方法の開発，第4に，IMFのさらなる強化に向けた提案の評価，第5に，金融危機での人的コストの極小化の追求と社会的最弱者層をより充分に保護する諸政策採用の鼓舞，そして第6に，新興市場国における持続可能な為替相場管理体制維持にとって必要な要素の考案である．

第1では，まず国際金融の監督・監視の強化が強調され，銀行資本規制の強

化が述べられる．1988年の「バーゼル資本合意」では，国際的銀行資本基準として資産の8％を基準とする自己資本の維持が謳われたが，さらに8％基準を総資産ではなく，銀行のリスク加重資産（risk-weighted assets）に対して適用することを求める．すなわち，安全な政府証券や現金ではリスク・エクスポージャーを計算する際ゼロ加重だが，新興市場での貸付などは100％加重を受けるというように，リスクのより高い資産とより低い資産とを区別し，リスクの高い投資に対してより多くの自己資本の保有を求めたのだ．

第2では，新興国市場での資本勘定の秩序ある自由化の促進となっているが，内実は，自由な資本移動を積極的に進める政策をどのようにおこなうかが焦点となる．「歴史的には，ほとんどの新興市場諸国は，自国の資本市場に対し強力な規制を施してきた．各国がグローバル経済へのより緊密な統合化から利益を得ようとするのであれば，注意深く，秩序ある，またうまく順序立てられたやり方で資本市場の自由化を実施しなければならない」(46)からだ．だから，チリのような短期資本流入に対しての統制は必要ではなく，「途上国では，金融システム強化のために必要な政策と並んで，他の多くの政策が金融の安定性を高めるために，長期の経済成長を育むために，またグローバル資本のシフトに対するもろさを補強するために有益」(47)となるからだ．

■新興市場国の為替制度

第3では，危機に際して公的融資のための新たな構造を必要としていると述べる．国際資本市場の異常事態，金融危機の伝染に対処する調整の強化が有益だというのだが，これは，IMFによる強力な短期与信枠の提供に対して，従来求めてきた借入国に対する厳格な政策的融資条件，いわゆるコンディショナリティの延長線上にある措置であるという．そしてこの手段は，需要に応じて適宜用意されるだろうし，それには満期のより短い適切な金利が伴うだろうし，この手段には適切な民間セクターの関与が伴うだろうとしている．

第4は，IMF強化の課題である．「不測に対応して与信枠を提供するIMFの高度な手段は，グローバル経済の深化を反映した危機抑止と解決のためのIMF政策の意義ある適用と強化とに貢献するだろう」(48)としている．

第5では，金融危機における人的コストをいかに極小化するかについて述べ

られる．危機の時期には，経済調整が社会の最貧者層に与える影響にもっと注意を注がなければならないとし，G7は世界銀行に対し，他の関連諸機関と協力して，社会政策の優れた実践に関する一般原則を開発するよう要請してきたとしている．[49]

そして第6は，新興市場国にとって持続可能な外国為替システムとは何かの考察だ．ここで，外国為替システムは，固定相場制か変動相場制かに収まり切れない，様々な種類があるとするのだが，オープンな資本市場を前提として，固定相場制か変動相場制かの選択を新興市場国に強いているのは興味深い．なぜなら，国際的資本移動を規制して，金融の自立性を保ちながら，固定相場制をとるという選択肢もあるはずだからだ．しかし，金融利害に導かれた先進諸国G7では，国際資本移動の規制はありえない．こうなると，選択肢は，為替相場のフレキシビリティからの利益を重視する変動相場制に傾くことは利の当然ということになる．「1990年代の通貨危機をめぐるほとんどのエピソードは，為替相場が固定されるか，変動幅が小さく維持された制度の下で起こった」[50]からだ．変動相場制を採用すれば，ある国が近隣諸国とは異なる景気循環の局面にある場合，その制度のおかげで，その国が望むかぎり，近隣諸国とは異なる金融政策をとることが可能となるからである．

■欧州通貨統合

さて，この時期，アメリカの経済政策担当者たちにとって黙視できなかったのは，欧州における通貨統合の進展だった．欧州の通貨統合によって形成されたユーロ圏が，ドルに代わる国際通貨になる可能性が取り沙汰されていたからだ．

1999年1月1日，欧州連合（EU）11カ国は，欧州経済通貨統合（EMU：European Economic and Monetary Union）の第3段階によって，通貨統一を実現した．欧州中央銀行は，1998年7月に誕生していた．1999年1月1日，単一通貨ユーロが11のEMU諸国の通貨として創出された．この日から，欧州中央銀行が，これらの国の金融政策の指揮を執ることとなった．

クリントン政権の経済政策担当者たちの基本的立場は，ヨーロッパにおける通貨統合は，世界経済とアメリカ経済に利益になるという見解だ．「アメリカ

は，繁栄し成長を続けるヨーロッパから長きにわたって利益を享受してきたし，これまでも，マーシャルプラン以後，アメリカの政策はこの大陸の強力な市場経済を支援してきた．アメリカはヨーロッパの開放的で統合された経済地域から利益を享受するだろう」とする．ユーロ圏が成立しても，国際通貨ドルの地位は，いささかもゆるぎないというのが彼らの見解だ．

彼らによれば，国際通貨の機能として3つの機能がある．第1が支払い手段，第2が計算単位，第3が価値蓄蔵である．

価値蓄蔵としての国際通貨機能は，中央銀行の外貨準備として現れる．ユーロの出現によって，準備通貨としてのドルのシェアは次第に縮小するだろうが，アメリカが強力な経済を維持するかぎり，準備通貨としてのドルの需要は継続するだろう．

計算単位としての国際通貨の機能は，価格づけのための物差しの役割である．西ヨーロッパの輸出入に関する送り状はほとんどユーロになるだろうが，石油のような1次産品では，ドルが依然として支配的役割を果たすだろうという．

支払い手段としての国際通貨は，外貨取引の主要な通貨であり，マイナー・カレンシー同士の交換を媒介する媒介通貨として，ドルの役割は今後とも重要なものとなるだろう．

大統領経済諮問委員会によれば，国際通貨であることには，次の4条件が重要となる．第1に，世界の生産，貿易，および金融に大規模なシェアを持つことであり，第2に，過去に取引通貨であったという歴史がものをいう．イギリスが今世紀初めに経済超大国としての地位を喪失した後においても，ポンドは国際通貨として使われたことが，その良い例だ．第3に，開放的で統制から自由なだけでなく，深化し，高度に発達し，流動性が高い，資本市場と通貨市場を持っていることだ．ニューヨークとロンドンを，フランクフルトやパリが，世界の金融センターとして超えられるかどうかだ．そして第4に，通貨価値が安定しているという確信が必要だ．

この4条件を考えると，「世界最高の通貨であるドルに，ユーロが取って代わる勝ち目はない」．以上4条件のうち，経済規模と通貨価値の安定という点では，ユーロはドルに並ぶところまで来ていると言えるが，高度に発展した金融市場と歴史的慣性でいうと，ドルはユーロより格段に勝っている．

したがって，ユーロは当面ドルに代わって国際通貨となることはないだろう．国際通貨としての米ドルの広範な利用——米ドルによる準備保有高，マイナー・カレンシーによる米ドルペッグ，米ドルによる輸出入の送り状，および債券と貸付の米ドル通貨建て——は，アメリカ経済の強さの証明であり，世界中から国際通貨と見なされる信頼の証でもあるということである．

註

（1） W. J. Clinton, *Report to Congress on Future Trade Area Negotiations*, The White House, Office of the Press Secretary, 1994, p. 3.
（2） R. Prebish, "International Trade and Payments in an Era of Coexistence: Commercial Policy in the Underdeveloped Countries," *American Economic Review*, Vol. 49, No. 2, May 1959を参照．
（3） R. M. Moore, *Multinational Corporations and the Regionalization of the Latin American Automotive Industry: A Case Study of Brazil*, Arno Press, New York, 1980を参照のこと．
（4） P. Gangopadhyay, "Patterns of Trade, Investment and Migration in the Asia-Pacific Region," in G. Thompson ed., *Economic Dynamism in the Asia-Pacific: The Growth of Integration and Competitiveness*, Routledge, London and New York, 1998, pp. 22-3.
（5） A. Bende-Nabenda, *FDI, Regionalism, Government Policy and Endogenous Growth, A Comparative Study of the ASEAN-5 Economies, with Development Policy Implications for the Least Developed Countries*, Ashgate, Aldershot, 1999, p. 81.
（6） B. Bluestone and B. Harrison, *The Deindustrialization of America*, Basic Books, New York, 1982, pp. 140-9.
（7） *Ibid.*, p. 47.
（8） L. Tyson, *Who's Bashing Whom? Trade Conflict in High-Technology Industries*, Institute for International Economics, Washington, D. C., 1992, p. 26.
（9） Y. C. Park and W. Park, "Changing Japanese Trade Patterns and the East Asian NICs," in P. Krugman ed., *Trade with Japan, Has the Door Opened Wider?* The University of Chicago Press, Chicago and London, 1991, p. 92.
（10） U. S. Department of Commerce, *Survey of Current Business*, USGPO, Washington, D. C., June 1991, p. 32.
（11） I. Yamazawa, A. Hirata, and K. Yokota, "Evolving Patterns of Comparative Advantage in the Pacific Economies," in A. Mohamed ed., *The Pacific Economy, Growth and External Stability*, Allen and Unwin, Sydney, Wellington, London and Boston, 1991, p. 226.
（12） S. Tejima, "Japanese international investment in the regions of East Asia and the Pacific:

a horizontal division of labour?" in H. Mirza ed., *Global Competitive Strategies in the New World Economy, Multilateralism, Regionalization and the Transnational Firm*, Edward Elgar, Chelteham and Northampton, 1998, p. 224-5.
(13) Bank for International Settlements, *The 68th Annual Report*, Basle, 1998, p. 131-2. アジア経済危機の全容については，進藤榮一編『アジア経済危機を読み解く』日本経済評論社，1999年が参考になる．
(14) G. Thompson, "Financial Systems and Monetary Integration," in G. Thompson ed., *Economic Dynamism in the Asia-Pacific: The Growth of Integration and Competitiveness*, Routledge, London and New York, 1998, p. 97.
(15) Bank for International Settlements, *op. cit.*, pp. 35-6.
(16) *Economic Report of the President*, USGPO, Washington, D. C., 1999, pp. 221-2.
(17) L. E. Armijo, "Mixed Blessing: Expectations about Foreign Capital Flow and Democracy in Emerging Markets," in L. E. Armijo ed., *Financial Globalization and Democracy in Emerging Markets*, Macmillan and St. Martin's, London and New York, 1999, p. 17.
(18) Bank for International Settlements, *op. cit.*, p. 143.
(19) M. F. Montes, *The Currency Crisis in the Southeast Asia*, Institute Southeast Asian Studies, Singapore, 1998, p. 9; P. F. Delhaise, *Asia in Crisis, The Implosion of the Banking and Finance Systems*, John Wiley & Sons (Asia), Singapore, 1998, p. 83.
(20) S. Griffith-Jones, *Global Capital Flows, Should They be Regulated?* Macmillan and St. Martin's, London and New York, 1998, p. 25; S. Manzocchi, "Capital Flows to Developing Economies throughout the Twentieth Century," in L. E. Armijo ed., *Financial Globalization and Democracy in Emerging Markets*, Macmillan and St. Martin's, London and New York, 1999, p. 58.
(21) International Monetary Fund, *World Economic Outlook*, IMF, Washington, D. C., 1998, p. 41.
(22) A. Singh, "Growth : its sources and consequences," in G. Thompson ed, *Economic Dynamism in the Asia-Pacific: The Growth of Integration and Competitiveness*, Routledge, London and New York, 1998, p. 79.
(23) M. Goldstein, *The Asian Financial Crisis: Causes, Cures, and Systemic Implications*, Institute for International Economics, Washington, D. C., 1998, p. 14-5.
(24) P. G. Warr, "Thailand," in R. H. McLeod and R. Garnaut eds., *East Asia in Crisis, From being a miracle to needing one?* Routledge, London and New York, 1998, p. 55.
(25) Griffith-Jones, *op. cit.*, p. 35.
(26) M. A. Haley, "Emerging Market Makers: The Power of Institutional Investors," in Armijo, *op. cit.*, p. 74.
(27) P. Athukorala, "Malaysia," in McLeod and Garnaut, *op. cit.*, p. 89.
(28) International Monetary Fund, *World Economic Outlook, Interim Assessment*, IMF, Washington, D. C., 1997, p. 7.

(29) 『1999米国経済白書』エコノミスト臨時増刊，毎日新聞社，1999年5月31日号，194ページ．
(30) 同上，201ページ．
(31) 同上，184ページ．
(32) 同上，184～185ページ．
(33) 同上，178ページ．
(34) L. Seabrooke, *US Power in International Finance, The Victory of Dividends*, Palgrave, New York, 2001, p. 184.
(35) A. Sheng, *From Asian to Global Financial Crisis, An Asian Regulator's View of Unfettered Finance in the 1990s and 2000s*, Cambridge University Press, Cambridge, New York and others, 2009, pp. 111-2.
(36) 前掲『1999米国経済白書』192ページ．
(37) 同上，189ページ．
(38) 同上，190ページ．
(39) 同上，190ページ．
(40) 同上，191ページ．
(41) Barry Eichengreen, *Toward a New International Financial Architechture, A Practical Post-Asia Agenda*, Institute for International Economics, Washington, D. C., February, 1999, p. 131.
(42) カルロス・マサド「チリの資本規制」(S. フィッシャー他，岩本武和監訳『IMF 資本自由化論争』岩波書店) 86ページ．
(43) 同上，79ページ．
(44) 同上，81ページ．
(45) 『1999米国経済白書』214-5ページ．
(46) 同上，214ページ．
(47) 同上，215ページ．
(48) 同上，216ページ．
(49) 同上，217ページ．
(50) 同上，219ページ．
(51) 同上，224ページ．
(52) 同上，229ページ．

第 6 章

クリントン政権とアメリカ型金融システムの確立

第1節　資本市場を基盤とする金融システムの形成

■クリントン政権と金融覇権

　クリントン政権は1993年に誕生した．第3章に述べたように，この政権は，レーガン～ブッシュの共和党12年の経済政策を批判し，戦略的通商政策による経済再生計画に取りかかった．クリントン大統領は，カリフォルニア大学教授ローラ・タイソンを大統領経済諮問委員会委員長に抜擢した．彼女は，強力な政治力による市場開放を唱え，当時世界最大の貿易黒字を創り出していた日本を名指しで批判し，日本経済の構造問題に立ち入った改革要求を突きつけた．

　しかし，クリントン政権では，こうした産業再生による輸出増強作戦と同時に，初発から金融覇権の確立によるソ連消滅後の世界経済の一極覇権が戦略的に企てられていたことは，忘れてならない重要な事実だ．クリントン大統領は，1993年に経済政策担当大統領補佐官として，巨大投資銀行ゴールドマン・サックス出身のロバート・ルービン（Robert Rubin）を起用し，新設の国家経済評議会（NEC）の議長も兼任させたのである．

　ルービンは，1995年には第70代アメリカ財務長官に就任し，クリントン政権の経済政策は，ウォール・ストリートの金融利害によって完全に牛耳られることとなったと言ってよい．アメリカ経済史において，ふたたびウォール・ス

トリートがアメリカ経済を支配する時代が訪れたのである．

■アメリカ型金融システム

ここではまず，アメリカ型金融システムについて，その概要を心にとどめておこう．一言で言って，アメリカ型金融システムとは，金融資産の流通市場が発達し，資金調達が基本的には証券市場を通じておこなわれる直接金融システムだと言うことができるだろう．このアメリカ型金融システムは，短期に経済成長を実現させるには，非常に都合の良いシステムであると言えそうだ．

2001年大統領経済諮問委員会報告は，アメリカ型金融システムを，誇らしげに次のように述べている．「わが国におけるベンチャー・キャピタルを含むエクイティー・ファイナンスの広範な利用可能性は，事業創出を促進し，新しいテクノロジーの開発を促進する．対比的に，日本といくつかのヨーロッパ諸国では，銀行と他の大金融機関が大部分の企業金融を提供し，いくらかの企業株式を保有し，そして通常企業支配の手段を行使する」[1]．

すなわち，アメリカの金融システムは，株式中心の直接金融であり，事業創出，新しい技術の開発などに適しているのに対して，日本や大陸ヨーロッパの金融システムは，銀行中心の間接金融であり，企業株式の保有とともに企業支配がおこないやすいシステムであるというわけだ．アメリカのラディカル・エコノミストの一人，ロバート・ポーリン（Robert Pollin）は，銀行と企業の結びつきが強く金融資産の流通市場が未発達の日本，ドイツ，フランスの金融市場をＶシステム（VOICEシステム），証券保有者が証券売買によって影響力を行使する英米の金融システムをＥシステム（EXITシステム）と規定し，Ｖシステムを長期の経済成長・金融の安定性という側面から高く評価した[2]．

この２つのシステムの特質の違いは，経済に異なったインセンティブを引き出すと経済諮問委員会は言う．「銀行貸付の収益は金利によって制限される．他方，株式投資の収益は利潤およびキャピタル・ゲインによって決定される．これは，銀行貸付を低リスク活動の金融に適したものにし，他方，株式ベース型システムは，期待収益が高いけれども不確実な活動へより大きな資本投資を生じさせる可能性を持っている」[3]と．

ところで，こうしたアメリカ型金融システムは，どのような歴史的事情から

生み出されたのだろうか.

■商業銀行

アメリカでは，1788年に制定された憲法によって，各州が連邦政府に移譲している経済政策上の主たる権限は統一的な通貨の制定と国際貿易および州際通商の規制のみであり，銀行の規制は州の権限であるとする反連邦主義が貫かれている．したがって，預金金融機関については二元制度がとられた．州法に基づく州法銀行と，1864年国法銀行法に基づく国法銀行が併存し，国法銀行は連邦政府の権限の下に存在するというものだった．

この反連邦主義は，アメリカにおいて中央銀行の設立も遅らせることとなる．連邦準備制度は，1913年に連邦準備法によって設立された．全国を12の連銀区に分け，それぞれに連邦準備銀行を置くというものであり，しかも，国法銀行は連邦準備制度に加盟しなければならないとしたが，州法銀行の加盟は任意とした．また，連邦準備銀行の監督・調整機関として連邦準備局を設置し，その後1935年の銀行法によって連邦準備制度理事会（FRB）に再編され，今日に至っている．

さらに，1927年のマクファデン法によって，アメリカの商業銀行は，本店のある州の他には支店を設置することが禁止され，単一銀行制度として営業がおこなわれるという特異な構造となっている．もっとも，州法によって州際業務が認められるところから，州にまたがって銀行を設立することが可能であり，現在では，単一銀行の数は少なくなっている．

こうした事情から，アメリカの商業銀行は，家計や中小企業を対象とするローカルな取引を担う金融機関という性格が歴史的に形成されてきたと言えるだろう．単一銀行制度の下では，コルレス関係（他銀行との取引関係）によって連邦レベルの全国的な取引がおこなわれた．こうした理由から，日本のようなメーンバンクシステムによって商業銀行が企業金融の中心的役割を果たすことは，アメリカの場合，そもそもなかったと言っていいだろう．

■投資銀行

しかしそれでは，19世紀後半からアメリカに急速に展開した産業の集積・

集中は，どのような金融機関によって媒介されたのだろうか．ここに登場するのが，個人銀行業として大きな役割を果たす投資銀行である．資本市場を基盤とするアメリカ型金融システムの原型が，この投資銀行の長期信用の供与によって，この時期に形成されたと言えるだろう．

19世紀後半，個人銀行として活躍した大銀行は，アレン商会，クラーク商会，クック商会などだが，「彼らは急速な国内開発の進行と国内市場を中心とした経済的発展とに対応して従来の商業銀行業務に加えて，『アグレッシブな』投資銀行的業務をおこなうに至った．その投資の分野は，特に内国為替の取り扱いと結びつき，西部への投資に力点が置かれていた．これらの個人銀行の倒産——特に1873年のクック商会の破産——の後をうけてモルガンに代表される外国為替業務を中心とした強力な投資銀行が現れ，アメリカ投資銀行を代表するに至った．そしてそれらが大国法銀行や生命保険会社などと並んでアメリカ金融資本の成立のために大きな役割を果たすこととなったのである」(4)．

今日，アメリカ金融界において絶大な力を持っている投資銀行ゴールドマン・サックスは，「20世紀の初めには，……夢だけは大きいが，ほとんど無名の小さな同族会社にすぎなかった．そして今，20世紀を終えようとするとき，その名は世界的な投資銀行として広くとどろき渡り，世紀を代表する偉大な金融機関となっている」とリサ・エンドリック（Lisa Endlich）は，その著『ゴールドマン・サックス——世界最強の投資銀行』で述べている(5)．今日世界の金融ビジネス界のリーダーとして君臨する巨大投資銀行も，20世紀の初めには，名もなき小さな会社にすぎなかった．アメリカ型金融システムにおける金融機関にも，歴史とともに激しい浮き沈みがあったのである．

■**大恐慌と金融規制**

ところで，こうした歴史的事情で形成されたアメリカ型金融システムが解体の危機に陥るのが，1929年に始まる大恐慌であったことは，記憶されてしかるべきである．このアメリカ型金融システムが，株式投機を引き起こし，挙句の果てには，世界大恐慌へと世界を恐怖のどん底へと陥れたからだ．

ケインズは，1936年に出版された彼の主著『雇用・利子および貨幣の一般理論』で，次のように述べた．「世界における最大の投資市場であるニューヨ

ークにおいては，投機の支配力は巨大なものである．金融界の外部においてすら，アメリカ人は平均的意見が何を平均的であると信じているのかを発見することに不当に関心を寄せる傾向がある．この国民的な弱点は株式市場の上にその因果応報を現している．アメリカ人は，多くのイギリス人が今なおやっているように，『所得のために』投資するということは稀であって，資本の価値投機のない限り投資物件をおいそれとは買おうとはしないといわれる．このことは次のことを別の言葉で表現したまでのものである．すなわち，アメリカ人は投資物件を買う場合，その予想収益よりもむしろ評価の慣行的基礎の有利な変化に対して望みをかけており，アメリカ人は上述の意味における投機家である，ということがそれである」．

つまり，アメリカ人は，株式投資をおこなう場合，その企業の業績などから将来的な予想収益を考えておこなうのではなく，投資物件の価値騰貴によるキャピタル・ゲインを目的に株式投資をおこなっているというのである．ケインズのこの批判的言葉は，1920年代の株式ブームと1929年からの崩壊を目の当たりにして出されたものだ．

アメリカでは，1933年3月民主党フランクリン・ローズヴェルト（Franklin Roosevelt）政権が誕生し，財務長官ヘンリー・モーゲンソー（Henry Morgenthau）の指揮の下に，財務省を基軸とするケインズ主義的金融システムの構築に取り組み成功する．ニューディール政策の目的は，金融資本を「経済の主人」から「経済の召使い」へと貶めることだったのだが，それは，1933年グラス・スティーガル法となり，また1935年銀行法となって実行されたのである．

すなわち前者は，商業銀行と投資銀行を切り離し，株式投機に商業銀行が貸付を通じて直接関わることを禁止した．後者は，通貨信用の中央集権的管理を強めるため，既述のように連邦準備局を連邦準備制度理事会に再編した．この再編によって，財務省と連邦準備制度とが経済運営にあたって密接な協調関係を実現すると謳われたのだが，内実は，財務省のケインズ的財政政策に連邦準備制度が追随することを意味したのだ．こうして，戦後アメリカ経済は，ニューディール体制の延長線上に順調に進行し，金融危機などとは無縁の経済の持続的成長が可能と思われたのだった．

しかしながら，ケインズがかつて指摘した投機好きの「アメリカ人気質」は，

決して死んではいなかった．この章の冒頭で述べたように，株式ベース型のアメリカ金融システムが，現代によみがえることになったからである．この株式市場中心のアメリカ型金融システムは，1980年代以降急速にアメリカ経済に影響を持ちはじめ，1990年代においてさらにいっそう展開する．その点を制度的な観点から見てみることとしよう．

第2節　アメリカ型金融システムの確立と証券化

■金融規制の崩壊

　レーガン～ブッシュ政権の末期，アメリカ経済は，貯蓄貸付組合の破綻に始まる深刻な金融危機に見舞われたことは，すでに述べた．この金融危機は，アメリカ預金保険公社の資金が底をつくという事態となり，1991年連邦預金保険公社改善法によって，多額の公的資金が投入されたこともすでに述べた．

　この法律は，商業銀行がよりいっそう証券業務に突き進む契機となり，アメリカ型金融システムの制度的構築に果たした役割ははなはだ大きかったのだが，それ以降さらに，ウォール・ストリートからのよりいっそうの圧力は，新たな立法化を促し，1930年代に構築された金融規制の制度的構造が最終的に崩壊していくこととなる．その規制改革の突破口の第1は，1994年に制定されたリーグ・ニール地域発展および金融近代化法（Rieg-Neal Community Development and Financial Modernization Act of 1994）であり，第2が1995年金融サービス競争法（Financial Services Competitiveness Act of 1995）であった．

　リーグ・ニール法は，1927年マクファデン法と1956年銀行持ち株会社法へのダグラス修正条項に取って代わる法律であり，ひとつの組織が全国10％以上の預金を支配することのないようにという反トラスト条項をもって州際銀行業を許可するものである．金融サービス競争法は，1933年グラス・スティーガル法を骨抜きにすることを目的として制定された．1996年までには，商業銀行業と投資銀行業の伝統的な分離は，事実上消失したと言っていいだろう．なぜなら，銀行持ち株会社が，連邦準備銀行の監視の下で，商業銀行業務と投資銀行業務についての傘の役割を演じることが許可されたからである．

かつて，商業銀行は，株式発行の引き受けをすることはできなかったし，投資銀行は，企業貸付や消費者金融に手出しをすることはできなかった．しかしながら，1996年以降は，これら2つのタイプの金融機関はいずれの業務も可能となった．1996年12月，連邦準備制度理事会は，銀行持ち株会社の株式取引や引き受けから発生する収益の上限を10％から25％に引き上げた．そしてさらに，通貨監督官は，銀行子会社にかつては禁止されていた業務を非公式のガイダンスによって許可することを宣言したし，1997年には財務省が，商業銀行と投資銀行が連携することを許可することによってこの導きをフォローしたのである．

確かに，商業銀行と投資銀行が，直接株式を持ち合うことは禁止されてはいたのだが，金融サービス持ち株会社を通じて，アメリカの銀行は，ドイツやイギリスのユニヴァーサル銀行によって提供されるような全般的な金融サービスを提供することができるようになったと言えるだろう．銀行合併が，銀行の直接金融への参入を促す再編の結果だった．

一連の巨大合併が進行し，巨大商業銀行は証券会社と戦略的提携をおこなうことになった．例えば，バンカーズ・トラストは，証券引き受け業の営業シェアを拡大するために，大手ブローカー商会，アレックス・ブラウンと合併した．こうした合併は，すでに主要な銀行のいくつかでは先行していたのであり，とりわけ1980年代末には，連邦準備制度理事会から証券引き受け業開設の許可を得ていたのだ．例えば，J. P. モルガンは，すでに証券引き受け業のかなりのシェアを確保していた．株式市場における合併活動は，他の諸国と比較してアメリカの場合，突出していると言えるだろう．

■商業銀行の変質

直接金融が，商業銀行の経営，すなわち預金集めや貸付方法をも大きく変化させることとなった．商業銀行における商工業ローンの伝統的機能が低下するということが起こってきた．

1990年代において，アメリカ企業への銀行貸付は，1950年代以来最低に落ち込んだ．1985年から1995年で，銀行資産額は，たった4.8％の上昇であり，同じ時期の投資信託の26.7％上昇，証券会社の14.1％上昇に比較して，その停

滞は歴然としている．しかし，銀行はその時期，1950年以来最も成功しているのだ．これは商業銀行が，従来のタイプの営業から離れ，直接金融との関連を深めていることの結果と言えるだろう．

　トップダウンで銀行は統合し，債券・株式市場における証券取引に突き進み，さらに，オフバランスの証券化がおこなわれる．消費需要の増加とともに，消費者信用の拡大が進行する．1994年から1996年にかけて，インフレは年率2％程度に抑え込まれたが，消費者信用は，平均12％で拡大した．家計負債負担は所得の16％にも上昇する．消費者ローン資産担保証券の銀行による発行は，1995年だけで53％もの上昇だったし，1995年において発行された資産担保証券の93％は銀行によるもので，総額1162億5000万ドルにも上ったという．[8]

　消費者信用の需要は莫大なもので，まともにこれに応えていたならば，バーゼル協定 BIS 規制の自己資本比率8％に違反してしまうことになる．したがって，銀行はこうした銀行資産を証券化し，売り払うことで，現金化し，自己資本比率を上げ，さらなる貸付へと銀行活動を活発化させることとなる．ローンの証券化は，アメリカでは，住宅ローン，自動車ローン，中小企業庁のローン，コンピュータやトラックのリースなど，極言すると事実上すべての貸付から生じる債権を証券化する現象が起こっている．

　従来，商業銀行は，預金金利と貸付金利から生じる利鞘収入によって営業をおこなっていた．しかし現在では，手数料収入がきわめて大きな割合を占めることとなった．1999年末において，すでにアメリカ商業銀行の収入のなんと43％は，非金利型収入によって占められているという．非金利型手数料とは，クレジットカード手数料，モーゲージ・サービスやリファイナンス手数料，投資信託販売サービス手数料，証券化された貸付から生じる手数料がある．アメリカの商業銀行は，ますます証券化市場との関連を強くしているのだ．[9]

■株式市場の活況

　1990年代は，アメリカ連邦財政赤字が黒字に転じた時期である．したがって，アメリカ連邦債務の上昇は抑えることができたが，民間市場の活発化とともに，株式市場の上昇が顕著となった．しかもこの証券市場の活況は，アメリカ経済

における中間層を含めた幅の広い所得階層によって引き起こされたことが特筆されなければならない．

「強気相場」(Bull Revolution) は，株式相場の上げ潮と消費者信用の拡大によって創り出された．1991年から1995年にかけて，家計による法人株式（corporate equities）への投資は11.7％上昇，1991年から1996年にかけて，家計による信用手段の使用は5.7％増加したし，家計による投資信託への投資額は20.8％増加した．それに対し，同じ時期，固定資本総投資は2％の増加にすぎなかった．

消費者信用と株式市場を通したよりいっそうの直接金融の促進は，アメリカ中間層の金融認識（financial awareness）に依存することが指摘される．つまり，戦後生まれの団塊の世代が幅広い中間層を形成し，彼らの所得を金融投資に振り向けるようになったというのだ．ウォール・ストリートとメーン・ストリートの人々の株式市場に対する認識の違いが消滅し，多くのアメリカ人が証券投資をおこなうようになった．1995年において，アメリカ人の3分の2は株式所有に利害を有し，平均して全金融資産の40％は株式で持っている．年収10万ドル以上では，その数値は80％を優に超えるのだ．[10]

こうしたアメリカにおける証券化の流れは，1997年から1998年にかけてのアジア金融危機を経ても変わることはなかった．アメリカでは，1999年金融サービス近代化法（Financial Services Modernization Act of 1999），通称グラム＝リーチ＝ブライリー法が成立し，銀行持ち株会社の下で商業銀行と投資銀行を合併することを銀行に許すこととなった．これは，1933年グラス＝スティーガル法ならびに1956年ダグラス銀行持ち株会社法の廃止を意味する．連邦準備制度理事会は，他の規制監督機関をサブに置き，銀行持ち株会社を監督するスーパー・レギュレーター（super-regulator）の位置に収まることとなった．

第3節　クリントノミクスと「ニューエコノミー」

■ニューエコノミー

クリントン政権の時代をどのように理解すべきか．一般には，この時代を

「ニューエコノミー」という言い方で総括している．クリントン政権は，自ら作り出した経済を「ニューエコノミー」と定義することを，しばらくは差し控えてきたが，最後の大統領経済諮問委員会報告において初めてそれを「ニューエコノミー」と言い切った．

過去8年間の失業率の低下と物価の安定から，「景気循環の消滅」などという主張も現れたが，大統領経済諮問委員会委員長マーチン・ベイリー（Martin Baily）は，彼らの見解を次のように言う．「過去8年間を通してアメリカ経済は，きわめてラディカルに変化してきたので，われわれがニューエコノミーの到来を目撃してきた，と多くの人が信じている．この『報告』は，この主張を正当化する経済的趨勢における基本的かつ予期できなかった変化の証拠を提示する．20年間の失望的なパフォーマンスの後，1990年代においてアメリカ経済は，かつてなく繁栄した時期のひとつを享受した．実質国内総生産（GDP）成長の力強い増加，低下を続けたあと低い値にとどまっている失業率と，低位安定的なコア・インフレ率は，長期の拡大期を特徴づけている．たとえ2000年後半に成長が緩慢になったとしても，過去8年間の成果が印象的であることに変わりはない」[11]．

彼ら大統領経済諮問委員会の「ニューエコノミー」に対する見解は，実質GDP成長の力強い増加と低い失業率が物価安定と共存している，かつてない経済「繁栄」だったとするものだ．「景気循環の消滅」などという能天気な経済分析ではないが，果たしてクリントン政権期の経済をこうした楽観的な「ニューエコノミー」評価で理解することは正しいのだろうか．

■ IT投資と生産性上昇

アメリカ経済が，クリントン政権期とりわけその後半に，好循環を示したことは明らかである．

その第1の要因は，生産性成長の著しい加速だった．情報技術（information technology）が，この時期の経済成長加速化の主導的役割を果たした．GDPに占める割合は2000年で8.3％と推計されるから，そう大きいとは言えないが，1995年から1999年において，全ての産出増加のほぼ3分の1は，情報技術セクターに起因していた．確かに，携帯電話，光ファイバー，インターネットな

どは全てこの時期に発明されたからだ.

　非農業企業セクターの時間当たりの産出量として測定される生産性の上昇率は，1973年から1995年までは，年率1.4％だった．しかし，1995年から2000年にかけて3.0％に増加したのである．生産性成長の要因は，大きく3つから成り立つ．第1が，労働時間あたりの資本量の増大（資本深化），第2が，労働力の計測可能な技能の改善，あるいは労働の質の改善であり，第3が，それ以外の全要素生産性（TFP：total factor productivity）という，多くは技術革新の進展指標である．1990年代後半の時期では，ITへの投資は，0.6％ポイントほど生産性を追加し，その他の資本財を含めると0.4％の追加だった．労働力の質の改善は，ほぼ同率で推移したので，追加の貢献度は0％，TFPは約1.2％ポイントの追加であり，総合すると約1.6％の労働生産性の追加の増大をもたらした.[12]

■ベンチャー・キャピタル

　こうしたIT関連産業企業の立ち上げは，アメリカ型金融システムに関わるベンチャー・キャピタルによる起業が大きな役割を果たし，したがってまた，株式市場の活況とバブル化を引き起こすこととなる．

　ベンチャー・キャピタルは，新興産業をねらった私募株の一形態である．ベンチャー資本家は，資産を持つ個人や銀行，年金基金のような投資家と起業家を引き合わせる．1980年代にベンチャー・キャピタル投資は増加し，1990年代になると急増した．ベンチャー・キャピタル投資は，1998年全体の143億ドルから2000年の9カ月で545億ドルに跳ね上がった．

　ベンチャー・キャピタルに加えて，公開資本市場もまた，1990年代後半以降重要な資本源となった．1993年から2000年11月末の間に，インフレ調整後でさえ，新規株式公開額は3190億ドル，直近の20年間の増加額の2倍以上に増加したのだ.[13]

　ロバート・ポーリンは，この時期の株価急騰を「ウォール街の空中浮揚」と称し，企業詐欺とインターネットがバブルにかなり寄与したとしながらも，次の3つの要因がきわめて重要だったと指摘している．第1が政策の影響で，金融緩和政策とFRBの行動が深く関連しているとした．「クリントン時代の資産インフレが前例のない高さに達したのは，当該政権もアラン・グリーンスパン

(Alan Greenspan) もバブルを阻止する適切な規制をしなかったからだ」という. 第2に，不平等の拡大と企業収益の増加であり，富裕層が株式投資で巨万の富を蓄積する一方，大部分の労働者の賃金は停滞ないしは低下したのだ. そして，第3に株式市場での株式供給の収縮と需要増であり，自己株式の買戻しが株価上昇の大きな要因となったという.

■賃金停滞の要因

ところで，こうした株価急騰がクリントン期のアメリカ経済の大きな特徴となったが，労働者の賃金が停滞したのはいかなる要因からなのだろうか.

クリントン政権誕生の1993年頃は，「雇用なき景気回復」(jobless recovery) と言われたものだが，IT バブルの熱狂が開始される1995年頃までには，雇用増を実現した.「1992年には，900万人以上のアメリカ国民が失業しており，失業率は7%以上であった. カリフォルニアのように，労働力の10分の1近くが職を失っていた地域もアメリカにはあった. しかしながら，1995年末までに失業率は5.6%へ低下し，アメリカ経済はクリントン政権が設定した目標——800万人の雇用創出——を達成して落ち着いた」と大統領諮問委員会報告は述べている.

本来，景気が回復し，活況の局面に入ると，失業率の低下とともに賃金上昇が引き起こされ，それに伴って物価が上昇したものだ. いわゆるフィリップス曲線と言われるものだ. 失業が低位であれば，企業は，失業が高位の時よりも，新しい労働者を引きつけ，維持し，労働意欲を起こさせるために高賃金を支払わざるをえないという説明だ. 名目賃金の上昇は，物価のより急速な上昇という形態で購買者に転嫁される.

しかしクリントン期では，失業率が低下しても賃金の上昇は起こらなかった. これを，インフレ加速を伴わない失業率（NAIRU：Non-Accelerating Inflation Rate of Unemployment rate）が低下したと表現する. この低下を，『1997米国経済白書』では，次の3つの要因に求めている. 第1が，労働力の人口動態の変化である. つまり，アメリカは成熟した労働力人口を有しているから，伝統的により高い失業率を示す年齢グループは小さな割合になったという. 第2が，生産性上昇に対する労働者の実質賃金期待の調整の遅れがあるという. そして第3として，

労働市場，生産物市場における競争の増大を挙げる[15]．

しかし私は，すでにレーガン政権期に賃金抑圧がなされたとする説明，すなわち，失業コストの上昇がNAIRUの低下を引き起こしているとするのが，最も合理的な説明のように思われる．すでに述べたように失業コストとは，現在の職の年間所得から，失業中に受けられると期待される社会福祉ベネフィットと失業後次の職から得られると期待される年内所得を差し引いて，それを年間総所得で割ったものだ．失業後の職の所得が低ければ，あるいは失業中の社会福祉ベネフィットが小さければ，失業コストが上昇する．失業コストが大きければ，労働者は失業したくないから低賃金に甘んじざるをえないということになる．

■賃金停滞と消費ブームの共存

クリントン政権期の通商政策は，多国籍企業放任型自由貿易であったことを想起されたい．労働者の団結と賃金アップの要求に，資本は国際的資本移動によって対抗しようとする．アメリカから職が流出すれば，失業後の所得が現在の賃金より条件がいいとはならないのは常識だろう．クリントン政権期は，また社会福祉ベネフィットの削減をおこなってきた．例えば，1996年に施行された「自己責任・雇用機会調整法」がそれだ．「わが国の生活保護制度の劇的な変化が始まっている．生活保護援助は，今や労働に焦点を合わせた期間制限的なものになっている」と『1999米国経済白書』は言っている．「成人は，自分の一生涯の間に総計5年間以上，支援を受けることはできない」[16]のだ．

ポーリンは次のように指摘する．「現代のグローバル化した環境の観点からすれば，低賃金経済で操業する企業が輸出競争力のある工業製品を生産できるのだから，アメリカ合衆国やその他の高賃金経済における産業予備軍効果の力学は変化する．この状況では，産業予備軍の潜在的大きさは必然的に拡大して，開発途上経済の失業者だけでなく，雇用されている低賃金労働者までも含むほどになる」[17]と．

しかしそれでは，1990年代後半のあの膨大な消費ブームをどのように説明するのか．労働者の賃金が上昇していない下で，いかにして消費ブームは起こったのだろうか．これは，所得増大というよりは，金融資産の価格上昇によっ

て創り出された「資産効果」によって生み出されたと言ってよい．「資産効果」とは，家計の純資産，すなわち，株式，債券，不動産やその他資産から総負債を差し引いた額が増加したために，年収の大きな部分をためらいなく消費することを意味する．したがって，所得階層から言うと富裕な階級が多くを支出することとなる．

ポーリンは言う．「結論は明確である．クリントン時代に生じた消費支出の全般的増加——これが同時期の経済全体の成長を主導した——のほとんど全てが，アメリカで最も富裕な家計の法外な消費増加によってもたらされ，法外な消費はそうした家計の同じように途方もない資産増加と結びついていたのである」[18]．

■ケインズ的景気循環から新自由主義的景気循環へ

戦後1960年代以降，アメリカ経済においては，ケインズ主義的景気政策が定着した．これは，一般にケインズ主義的有効需要政策と言われるもので，財政金融政策の積極的な採用によって完全雇用をめざし，現実の GDP を潜在 GDP に近づけようとする経済政策だった．わかりやすく言えば，需要の創出によって生産を活発化させ，その時点で持っている生産能力をフルに稼働させようとするものだった．

しかもここで重要なことは，財政政策に金融政策は従うべきという考えがあったことだ．内需拡大により，輸入拡大を図り，国際貿易の活発化によって，世界経済の繁栄を築くことができるというケインズ主義がその根底にあった．金融政策は財政政策をサポートするというところから，金融独自の行動は厳に慎まなければならなかった．だから，金融機関の業態規制や金利規制によって，国内の金融システムは統制されていたのだ．また，国際的には，貿易を軸とする経常勘定取引が重視され，国際資本取引における投機的取引は，制度上禁止されていた．

しかし，このケインズ的システムに変化が現れる．それは一言で言えば，虐げられた金融機関の現実経済への逆襲が開始されたのだ．国際的には，経済の証券化を軸として，金融機関の業態規制や金利規制の撤廃が企図され，さらに固定相場制から変動相場制への外国為替システムの変更をきっかけとして，国

際資本取引の自由化が進んだ．この経済構造の転換は，1970年代から引き起こされたのだが，新しい政策として世間の注目を引くのは，その末から1980年代になってからだった．イギリスの首相マーガレット・サッチャー（Margaret Thatcher）によるサッチャリズム，アメリカではロナルド・レーガン大統領によるレーガノミクス，さらに日本では，1982年に政権を樹立する中曽根首相による臨調行革路線がその新しい政策だった．

この政策こそ，大きな政府を排撃し，小さな政府をめざし，市場メカニズムを働かせることを重視する政策であって，重商主義を排撃して出現した19世紀の自由主義に対比して，新自由主義と言われる経済政策につながるものだった．この新自由主義的経済政策の定着とともに，1990年代になると景気循環も，従来のケインズ的景気循環から新自由主義的景気循環へと転換することとなった．

■金融資産価格と景気循環

この新自由主義的景気循環を考える場合の重要な点は，金融資産の動向が景気循環を左右する事態になったことだ．これは，マクロ経済において金融資産の相対的比率が，ケインズ主義時代に比較して格段に上昇したことによると言っていい．

金融資産においてまず挙げなければならないのは，株式だ．1991年から2005年にかけて，アメリカの GDP は，5兆9959億ドルから12兆4558億ドルへと2.08倍の伸びを示したが，ダウジョーンズ工業平均株価は，同じ時期，2929.33ドルから1万547.67ドルへと3.6倍もの伸びを示したことに，マクロ経済に対する株式市場の相対的地位の上昇を見て取ることができる．さらにアメリカの場合，不動産の抵当権を担保にした貸付を証券化したモーゲージの動きが，1960年に2075億ドルだったのだが，1970年には4423億ドルと2.13倍の伸びを示した．ところが，1990年から2005年にかけては，3兆8074億ドルから12兆1487億ドルと3.19倍の伸びを示した．

こうした資産価格の上昇が，個人の消費支出の力強い伸びの要因だったことが，景気循環の特質を検討する場合に重要となる．1983年から1999年にかけて，株式を保有するアメリカの家計は，株式価格が上昇すると消費を拡大する傾向

にあり，その一方で，株式を保有しない家計では消費パターンに変化は見られなかったという．つまり，金融資産の肥大化は，従来，所得の変化に依存していた個人消費のパターンを変えてしまったのだ．

かつて，ケインズ的景気循環が戦後アメリカ経済の景気循環の特質だった頃，個人消費の上昇は，所得上昇と最も深い関係にあった．もちろん，今日においても所得と消費との関係は断ち切られたわけではないが，所得と同時に個人の金融資産の増減が，個人消費に大きな影響を与えるようになったのだ．言い換えれば，1990年代以降のアメリカ経済の景気動向において，資産価格の上昇・下落が個人消費のパターンをかなり変化させたと言えるのだ．

したがって，新自由主義的景気循環とは，金融資産価格の動向に消費，投資などのフローの指標が決定的に影響を被る景気循環だと言える．[19]

註
（1） 『2001米国経済白書』エコノミスト臨時増刊，毎日新聞社，2001年6月4日，137ページ．
（2） Robert Pollin, "Financial Structures and Egalitarian Economic Policy," *New Left Review*, No. 214, 1995, pp. 30-3.
（3） 前掲『2001米国経済白書』137ページ．
（4） 鈴木圭介編『アメリカ経済史』東京大学出版会，1972年，433〜434ページ．
（5） リサ・エンドリック著，斎藤聖美訳『ゴールドマン・サックス——世界最強の投資銀行』早川書房，1999年，16ページ．
（6） J. M. ケインズ著，塩野谷祐一訳『雇用・利子および貨幣の一般理論』東洋経済新報社，1983年，157ページ．
（7） Richard N. Gardner, *Sterling-Dollar Diplomacy, The Origins of Our International Economic Order*, McGraw-Hill Book Company, New York, 1969, p. 76.
（8） Leonard Seabrooke, *US Power in International Finance, The Victory of Dividends*, Palgrave, New York, 2001, pp. 168-70.
（9） 萩原伸次郎『米国はいかにして世界経済を支配したか』青灯社，2008年，159〜160ページ．
（10） Seabrooke, *op. cit.*, p. 172, Table 6. 1より．
（11） 『2001米国経済白書』エコノミスト臨時増刊，2001年6月4日，毎日新聞社，32ページ．
（12） 同上，38〜39ページ．
（13） 同上，92〜93ページ．

(14) ロバート・ポーリン著，佐藤良一・芳賀健一訳『失墜するアメリカ経済——ネオリベラル政策とその代替策』日本経済評論社，2008年，69ページ．
(15) 『1997米国経済白書』エコノミスト臨時増刊，1997年4月28日，75〜76ページ．
(16) 『1999米国経済白書』エコノミスト臨時増刊，1999年5月31日，95ページ．
(17) ポーリン，前掲訳書，61ページ．
(18) 同上，78ページ．
(19) 萩原伸次郎『米国はいかにして世界経済を支配したのか』163〜166ページ．

第Ⅲ部

金融覇権の危機
ブッシュ政権の経済政策

――新自由主義的世界経済の危機――

第 7 章

ブッシュ政権の誕生と「ニューエコノミー」の終焉

第1節 景気減速と減税政策

■ジョージ・W・ブッシュ政権の誕生

　2000年11月のアメリカ大統領選挙は，大統領選挙史上稀に見る大接戦だった．また，投票集計作業のミスが重なり，大混乱となった．一般投票数ではジョージ・W・ブッシュ（George W. Bush）を上回ったアール・ゴアは，大統領選挙人の数ではブッシュを下回った．フロリダ州では開票作業が混乱し，結局，最高裁判所が12月12日，ブッシュの勝利を決定するという異例の事態となった．保守色の強い最高裁がブッシュを選んだと，一般には思われたと言ってもいいだろう．(1)

　クリントン政権の副大統領アール・ゴアは，政権を引き継ぐことはできなかった．共和党ブッシュ政権の誕生である．8年前には，彼の父であるジョージ・ブッシュが大統領だったから，ジョージ・ブッシュ・ジュニア政権の誕生ということになる．クリントン大統領がアーカンソー州知事だったように，ブッシュ・ジュニアはテキサス州知事を経験したことがあった．

■景気の減速

　ブッシュ大統領の不運は，クリントン政権下での「ニューエコノミー」が減

速気味に転換しはじめた時に政権についたことだった.

2001年のアメリカ経済は，明確に資本設備の過剰が明らかになっていた．資本の過剰は，企業利潤率の低下を通して明らかにされる．なぜなら，企業の資本ストックに対して企業利潤が相対的に下落することが利潤率低下の意味だから，企業利潤率の低下は，企業に資本ストック量の調整の必要を教えているというわけだからだ．だから，企業は，企業利潤率を見て，頻繁に，時として突然に，設備投資計画を見直し，過剰と判断すれば，投資支出を削減する．

この時期は特に，情報通信セクターの一部の企業が，「ニューエコノミー」の可能性を過大評価して，生産能力の過大投資をおこなっていたのだ．こうした企業は，需要が減退したことに驚き，2000年から2001年にかけて，資本ストックの上昇に歯止めをかけた．

したがって，アメリカ経済の資本ストックの上昇率は，2000年には前年比4.2％だったのだが，翌年の2001年には前年比2.6％の水準に落ち込んだ．経済減速の指標は，もちろん設備投資の動向だけではなかった．鉱工業生産高，製造業と貿易の実質販売額，雇用，実質個人所得などの動きが低下しはじめたのだ．

■減税政策

ブッシュ政権は，こうした経済指標の悪化にどのように対応したのだろうか．共和党ブッシュ政権の考えは，明らかに前政権のクリントンとは異なっていた．

クリントン政権は，アメリカ金融覇権の確立に大きな役割を果たしたが，政府の積極的な機能を明確に認め，公的インフラ投資などによって強力なアメリカ経済を創出するという考えがあった．所得税に関しても累進課税制度を導入し，株式市場の活性化からあがるキャピタル・ゲインに課税し，2000会計年度には，史上最高となる2364億ドルもの連邦財政黒字を創り出した．しかし，共和党ブッシュ政権の考えは違っていた．供給重視の経済学，かつてのレーガン大統領と彼の父ブッシュ大統領の時代の「小さな政府」論に基づく経済政策が，ふたたびアメリカにおいて実施されることとなった．

ブッシュ政権のとった政策は，全ての所得層に減税する，富裕者優遇の減税政策だった．2001年減税法は，「経済成長・税軽減調和法」（EGTRRA：Economic Growth and Tax Relief Reconciliation Act in June 2001）と呼ばれた．この減税法は6月に制定され，最初の限界税率の引き下げは2001年に有効になり，その年の下半期に源泉徴収課税はいっそう引き下げられることとなった．さらに，新しい10％の税率等級が作られ，15％の税率等級が分割されることになった．その結果，合計360億ドルの戻し税の小切手が8500万人の納税者に送付され，購買力を押し上げる要因として期待された．

　減税は，個人所得税だけではなく，退職に備えて蓄積される個人退職勘定と401k（確定拠出型年金）の退職拠出金の非課税限度額の引き上げ，中小企業向け減税，教育資金の工面を軽減する児童税額控除の増額など，積極的減税政策となり，2000年から継続する経済の減速に何とか歯止めをかけようとする政策だった．

　しかし，言うまでもなく減税政策は，財政支出政策に比較して効果は小さい．なぜなら，減税分が全て消費に回るとは限らず，貯蓄される可能性があるからだ．供給重視の経済政策を採用するブッシュ政権は，しかし，クリントン政権期の大幅財政黒字を背景に，主として富裕層に税をバックさせる大胆な減税政策を採用した．したがって，2001年9月に終了する2001会計年度には，連邦財政は歴史上2番目に大きいと言われる大きな財政黒字を計上することになるのだが，はや2002会計年度には赤字になることがこの時点で予想された．

■金融緩和

　また，金融政策に関しては，連邦準備制度理事会（FRB）が，積極的な金融緩和政策を実行した．FRBは，連邦公開市場委員会（FOMC：Federal Open Market Committee）において，フェデラル・ファンド・レートの誘導目標値を切り下げ，2001年初めには6.5％だったものを，8月までに3.5％へと7回にわたって引き下げた．

　フェデラル・ファンドとは，市中の商業銀行が連邦準備銀行に預けてある準備金のことだ．日本の商業銀行の日銀預け金にあたるものだが，市中の銀行がこの準備金を銀行間市場において短期で貸借をおこなう場合の金利をフェデラル・ファンド・レートと言う．この金利が下げられると，市中の銀行の資金繰りが容易になるから，金融が緩和されたこととなる．

事実，このフェデラル・ファンド・レートの引き下げによって，短期金利は下がり，3カ月のコマーシャルペーパー（短期・無担保の約束手形）金利，クレジット・カード金利，個人貸付金利，1年物抵当貸付金利も低下し，長期金利も小さい幅ではあるが低下した．

第2節　9.11同時多発テロの発生と緊急の経済対策

■9.11同時多発テロの発生

こうして，就任早々，ブッシュ大統領が減速気味のアメリカ経済に対応している時に，9.11同時多発テロが引き起こされた．

2001年9月11日午前，ニューヨーク，ワシントン DC など，アメリカ東部とその近郊で，巨大高層ビルや国防総省ペンタゴンなどの政府関係機関をねらったテロが発生した．11日午前9時ごろ，ニューヨーク市中心部マンハッタンにある世界貿易センタービル（110階建て）2棟に，航空機が相次いで突っ込んだ．ビルは炎上，高層ビルの上層部が大破し，巨大な火の玉と黒煙を上げながら爆発をくり返し，約1時間後，南タワーが倒壊，その後，別棟のビルも倒壊，数千人の死傷者が出たと報道された．また，同日午前9時38分，ワシントン DC 郊外の国防総省に飛行機が突っ込み，爆発が起き，ペンタゴンの一部が損壊した．さらに，これに関連して，ペンシルベニア州ピッツバーグの南約130キロでシカゴ発ニューヨーク行きのユナイテッド航空機（45人搭乗）が墜落したという報道もなされた．

ブッシュ大統領は，その時フロリダ州を遊説中だった．彼は，同州サラソタで事件の報告を受け，反米テロと対決する姿勢を鮮明にする．「国家的な悲劇が起きた．わが国に対する明らかなテロ攻撃だ．副大統領，ニューヨーク市長，FBI 長官と協議し，連邦機関の全機関をあげて犠牲者とその家族を救済し，最大級の捜査を通じて犯人を検挙するよう命じた．わが国へのテロはあってならない」．

またブッシュ大統領は11日夜，ホワイトハウスから全米に向けておこなったテレビ演説で，テロとの対決姿勢を示し，「アメリカには力がある」「アメリカ

経済は依然として強い」と強調した．ブッシュ大統領は声明を発表したが，その要旨は次の通りだった．

* 邪悪な卑劣なテロ攻撃によって数千名の命が失われ，わが国は深い悲しみに覆われている．テロのねらいは，国を混沌状態にすることだ．今日，われわれは，悪の正体を見た．
* しかし，テロリストは失敗した．彼らはビルの土台を壊すことはできたが，アメリカの基礎に触れることはできなかったからだ．
* アメリカがねらわれたのは，われわれが自由の主導者だからだ．
* われわれには緊急の反撃計画がある．米軍には力がある．われわれはテロリストとそれを擁護するものを区別しない．
* アメリカ経済は依然として強い．ビジネスは明日再開される．
* アメリカとわれわれの友人である同盟国は，世界の平和と安全を守るために，テロリストに対し共闘し勝利する．

■アメリカ経済の混乱

こうしたブッシュ大統領の力強い声明にもかかわらず，アメリカ経済は，短期的には深刻な様相を見せはじめた．多くの経済予測家は，2001年の第3四半期は，実質GDPは上昇すると見ていたのだが，テロ攻撃直後，アメリカ経済は委縮してしまったのだ．

マンハッタン南部の通信網や取引所の混乱は，アメリカの金融センターの日常業務に，一時的ではあるが支障をきたし，数兆ドルにも上る日常業務が乱された．株式市場は即時閉鎖，1週間後の再開時には，株式価格は5000億ドルもの損失を喫した．短期金融市場も外国為替市場も相当の困難に逢着したのだった．

ニューヨーク市では，マンハッタン南部がほぼ閉鎖されたこともあって，経済活動，とりわけ雇用が深刻な事態となる．地元観光旅行業者やビジネス旅行業も落ち込んだ．ワシントンDCでも，ニューヨークほどではなかったが，ホテル，レストランというような旅行に付随するサービス供給業が深刻な影響を受けた．

テロ攻撃によって大きな影響が出たのは，航空旅行と航空運輸の停止，また

陸上輸送の遅延によるところが大きかった．テロ攻撃がアメリカ経済に与えた大きなマイナス要因は，将来への不確実性によるところで，消費者や企業の行動が影響を受ける．消費者は出費の節減をおこない，企業は悲観的な見通しを持ってしまったことが影響していると言えるだろう．

　こうした状況へ，ブッシュ政権は様々な具体的な手段によって援助をおこなった．テロ攻撃の後，何週間にもわたってブッシュ政権は，財政・金融措置を使って救済に乗り出した．ブッシュ大統領は「人道主義」の立場から，復旧，そして国家安全保障の必要を満たすための支援の緊急資金を，迅速に要請したのだ．連邦準備銀行は，テロ攻撃の余波冷めやらぬうちから，市場機能を援助するため様々な経路を通じて流動性を提供し，金融緩和政策を実行していった．

■財政政策

　財政政策でブッシュ大統領がとった措置は，「米国同時テロ復旧・対策2001年緊急補正予算法」(2001 Emergency Supplemental Appropriations Act for Recovery from and Response to Terrorist Attacks on United States) に署名し，400億ドルの財源を使ってテロ攻撃の犠牲者を支援し，その他の被害に対処することだった．瓦礫撤去作業，探索と救助作業，被害者支援，被災した中心地区の保健施設への緊急援助，連邦捜査局の捜査費用，空港警備と航空警官の増強，国防総省建物の補修，その他国家安全に関わる諸費用が支出された．

　ブッシュ大統領は，「航空運輸安全・システム安定化法」(Air Transportation Safety and System Stabilization Act) に署名し，新しい保安環境や経済環境に対して航空運輸システムがよりよく対応できるよう必要な手段を講じた．この法律は，テロ攻撃によって直接被害を受けた航空産業への損失の補償として50億ドルを供給し，また，100億ドルを限度として連邦融資保証の発行を大統領に許可した．

■金融政策

　同時多発テロ発生直後，金融政策はどのように働いたのか．テロ攻撃の直後から，FRBは，何日も，何週間も，持ちうる金融的資源をフルに活用して，流動性の供給と金融市場の機能保全に全力を尽くした．FRBは，金融機関に

大量の資金を注入し，次の3つの方法で需要に応えたのである．第1は，預金金融機関による貸付の利用を促進することによってである．第2に，公開市場操作をフル活用して資金の量的拡大に努めた．第3が，数カ国の外国銀行と相互に通貨を交換しあうスワップ枠の暫定的な設置によってである．

　まずFRBは，9月11日，同時多発テロ攻撃直後に記者会見して，貸付窓口が現金の要求に応じるために利用可能であることを明らかにした．そして，預金金融機関はその現金要求に応えたのだが，まさに前例のないほどの多額の現金要求が出され，またそれに応えたのだ．9月11日以前には，2001年の平均週割引借入額は1億4300万ドルだったが，テロ攻撃の週の借入額は，118億ドルという途方もない金額に膨れ上がった．その次の2週間では，現金要求は衰えて，借入は10億～15億ドル程度へと急速に減少していった．

　テロ攻撃直後の数日間，連邦準備銀行は，商業銀行が連銀に預けてある準備預金，フェデラル・ファンドの増加をおこなって，現金需要の増加に対応しようとした．またFRBは，利用可能な現金を確保するために，欧州中央銀行（ECB：European Central Bank）やイングランド銀行（Bank of England）と相互に通貨を融通しあうスワップ枠の暫定的な設定をおこない，カナダ中央銀行（Bank of Canada）とは，既存のスワップ枠の拡大をおこなって現金供給に備えた．

　テロ攻撃があって1週間の間にFRBは，FOMCの臨時会議を招集し，さらなる金融緩和を決定し，フェデラル・ファンド・レートの誘導目標を0.5％引き下げ，3.0％にした．それだけではなかった．FOMCは，銀行システムの機能の確保を促すだけではなく，金融市場の尋常ならざる事態の逼迫に対処するために，巨額の現金を供給しつづけるとの決定を，新聞発表で何度もくり返し報道したのだ．したがってFOMCは，短期間での豊富な現金の供給がフェデラル・ファンド・レートを誘導目標以下に導くだろうことは納得済みだった．事実，9月11日後の1週間，実効フェデラル・ファンド・レートは，現金貸付問題が最も大きな懸念材料であったその週の2日間で平均1.2％という低率に下がったのだ．

　同時多発テロは，ニューヨーク金融センターを破壊したが，迅速な対応によって，金融市場と銀行システムは業務を再開し，テロ攻撃から数週間ではとんど平常通り営業できるようになった．金融市場は驚くべき回復力を示したし，

第7章 ブッシュ政権の誕生と「ニューエコノミー」の終焉　**161**

　非常事態の発生に，FRB が市場安定化のため充分な流動性を供給する体制を迅速に作り出したことは，初期の衝撃的な影響を数週間で消し去る強力な力だったと言えるだろう．

　9月中旬以来，FOMC は，経済活動の減退阻止を促すため，金融緩和政策を継続させていく．年末までに FRB は，フェデラル・ファンド・レートの誘導目標を40年間で最低水準の1.25％にまで引き下げ，実質フェデラル・ファンド・レートをほぼゼロにするところまで下げるのだった．その間，インフレ圧力が高まったということはなかったし，フェデラル・ファンド・レートの誘導目標の引き下げは，短期と長期の市場金利をいっそう低下させる要因となった．年末の短期市場金利は2％を切ったし，10年物財務省証券の利回りは5.2％，30年の通常抵当貸付金利は7.2％となった．

　同時多発テロ攻撃は，1990年代末に頂点にあった経済繁栄から急速に経済を減速させているアメリカ経済を奈落の底に落としかねない要素を持っていたにもかかわらず，ブッシュ政権の経済チームの適切な処置によって，大事に至らずに済むかに思われた．しかし事態は，別の面で急展開していく．

第3節　不正経理・粉飾決算事件の発覚とコーポレート・ガバナンスの再構築

■同時多発テロ後の景気

　アメリカの景気循環の民間判定機関である全米経済研究所（NBER：National Bureau of Economic Research）は，アメリカ経済は2000年第4四半期にピークをつけ，同時多発テロ攻撃後の2001年11月に底を打ったと発表した．このリセッションは，過去のリセッションと比べると，その落ち込みは相当軽微なものだった．NBER の定義によれば，リセッションは，「数カ月以上続く経済全体に及ぶ経済活動の低迷期間であり，通常，実質 GDP，実質所得，雇用，鉱工業生産，卸売・小売販売で，その低迷は顕著になる」(2)とされるものだ．

　ところが，景気が回復基調にあるとされた2002年6月，アメリカの株式市場ならびにドル相場に深刻な混乱が生じる事態が発生する．この事態は，アメ

リカ型金融市場の根本を揺るがすような大事件であり,「ニューエコノミー」の終焉を告げたものと言っていいだろう．ブッシュ政権の経済政策担当者たちは，サーベーンス・オックスリー法の制定によって，コーポレート・ガバナンスの再構築をようやく果たすことになった．

■アメリカ経済への楽観論

2002年6月に起こったドル安・アメリカ株式市場の乱高下という事態は，アメリカ商務省がその6月20日に発表した，4月のアメリカ貿易赤字の巨額化と経常収支の大幅赤字がそのきっかけだった．その時発表されたアメリカ貿易赤字359億3800万ドルは，月間記録として最高だったし，さらに，2002年第1四半期の経常収支赤字額1124億8700万ドルも過去最高だった．

アメリカの貿易収支と経常収支の赤字は，アメリカの景気高揚とともに常に拡大してきた．それにもかかわらず，アメリカは1995年以降，ドル高を維持することができた．人はこの現象を，財務長官ルービンのドル高政策によるものだなどと言ったことがある．というのは，経常収支赤字幅をはるかに超える資本流入が引き起こされ，それが国際金融市場においてドル買い圧力を形成し，ドル相場の上昇要因となっているとする解釈が成り立つからだ．

アメリカ政府は，1990年代後半の経常収支赤字について，1980年代のそれとは決定的に異なる意味を持つと理解する．こうした考えは，1998年のジャネット・イエレン（Janet Yellen）大統領経済諮問委員会委員長の頃から言われだしたことだ．彼女が作成した1998年報告は次のように言った．「外国の所得に比べてわれわれの所得の上昇が速ければ速いほど，われわれの輸出（外国人の輸入）に対する需要に比べて，輸入に対するわれわれの需要がますます加速すると予想される．そしてその結果は，国内の貿易赤字の拡大である．おそらく，経常収支赤字が貯蓄の増加と投資の増加と同時に起こったときには，それはあまり心配することはない[3]」．なぜなら，アメリカにおける景気拡大・完全雇用水準での経済活動が，経常収支赤字の基盤になっているからだ．「現在の貿易赤字は，家計や企業の意思決定，政策選択，そしてとりわけ海外の金融不安と成長の停滞という状況において，アメリカ経済の力強さを表している[4]」と結論づけた．

1990年代後半のアメリカ経常収支の赤字は，ITを基軸とする民間投資の活発化によって引き起こされたのであり，それゆえアメリカ経済の強固な展開の結果だから問題はないとしたのである．2000年報告もこの路線を引き継いでおり，次のように誇らしげに述べた．「貿易収支の悪化が強固な経済と同時に起こることがあるのは，なんら驚くべきことではない．事実，経済理論と経験的観察はともに，そのようなパターンを予期させるように導いている．強い経済は輸入に対する需要を増加させ，一般的に投資に対する高い需要と関連している．……アメリカの貿易相手国におけるGDP成長は，全体として1998年に急速に低下した．それは，ヨーロッパにおける相対的に弱い成長，日本における景気後退，そして新興市場における徹底的な危機を反映している．対照的に，アメリカの成長は依然として強固であった」．

つまり彼らの見解によれば，アメリカへの投資の期待収益が魅力的であるがゆえに，アメリカへの資本流入があったのであり，こうした投資が継続するかぎり，ドルは安泰なのだ．

■不正経理・粉飾決算事件

しかしながら，2002年において次々と発覚したアメリカ企業による不正経理・粉飾決算事件は，こうしたアメリカ経済の自信を揺るがせるに足る，深刻なものに発展する可能性を秘めたものだった．

例えば2002年6月25日には，アメリカ市場最悪の粉飾決算が，アメリカの新興通信会社ワールドコムにおいておこなわれていたことが明らかとなった．2001年から2002年第1四半期に至る1年3カ月の間，38億ドルにも上る費用を，こともあろうに投資として計上していたというのだ．この粉飾決算事件を契機に，アメリカに集中していた資本は一斉に逃げ出し，株安・ドル安が急激に進行したのだった．

このワールドコム粉飾決算事件は，金額が金額だけに世論の大きな関心を呼んだが，粉飾決算は，これだけではもちろんなかった．通信のグローバル・クロッシング，クエスト・コミュニケーションなどがいずれも売上高水増しの疑いによって，米国証券取引委員会（SEC）の捜査対象となり，Kマート，コンピュータ・アソシエーツ，CMSエナジーなどにも売上高水増し，あるいは会

計操作の疑いによって，SEC の捜査が入ったのである．

　グローバル・クロッシングは，2002年1月，推定資産251億ドルで破産した．巨額の粉飾決算が発覚したワールドコムは，7月21日ニューヨークの連邦破産裁判所に連邦破産法第11条（会社更生法）の適用を申請，資産1040億ドル，負債金額328億ドルをもって倒産となった．2001年12月に倒産したエネルギー大手エンロンの破綻直前の推定資産額が634億ドルだったから，その破産規模の大きさが容易に理解できよう．

■「ニューエコノミー」破綻の現れ

　ワールドコムの倒産は，1990年代後半にアメリカで喧伝された「ニューエコノミー」破綻の一面を象徴していたと言えるかもしれない．というのは，「ニューエコノミー」論は，情報処理技術の発達で在庫調整が加速し，景気循環が消滅する，などという説に基づき成り立っていたからだ．

　ワールドコムは，2002年4月に最高経営責任者（CEO）の地位を追われたバーナード・エバーズ（Bernard Ebbers）によって，1983年に電話会社として創設されたものだが，株式市場を通じた資金調達の重視がその重要な要素だった．この小さな電話会社が，長距離電信分野において，AT&T に次ぐアメリカ第2位の大手に浮上したのは，同社が幾度もの買収に次ぐ買収を重ねてきたことによる．買収相手から引き継いだ借金に新たな借金が上乗せされ，債務は300億ドルを超えるまでに膨らんでいった．

　もちろん，景気上昇が継続され，企業収入に基づくキャッシュ・フローが潤沢であれば，当座の借金の返済に窮することは起こりえない．しかしアメリカ経済は，2000年第4四半期にピークを打ち，その後減速しはじめた．IT 関連の設備投資の過剰が明確になりはじめたのだ．ハイテク・バブルの崩壊によって，景気後退局面へ激変する．ここでワールドコムが，投資家を欺き株価を高くするためにおこなったのが，38億ドルもの費用を設備投資と偽って計上し，収益の水増しをすることだった．投資をしたと偽れば，費用計上は減価償却費だけで済むわけだから，計算上相当の費用削減になるというわけなのだ．[6]

第7章 ブッシュ政権の誕生と「ニューエコノミー」の終焉　165

■アメリカ型金融システムとバブル⁽⁷⁾

　なぜ企業経営者は，投資家を欺いてまで株式価格の上昇を図ろうとしたのだろうか．ここでぜひ述べておくべきは，1990年代のアメリカ「ニューエコノミー」においてその役割がきわめて鮮明となった，アメリカ型金融システムとその下での株価上昇のメカニズムである．

　すでに本書第6章において詳述したように，アメリカ型金融システムとは，金融資産の流通市場が発達し，資金調達が基本的には株式市場を通じておこなわれる直接金融システムである．既述のようにアメリカ型金融システムは，起業において積極的役割を果たし，イノベーションを生むことにおいても先導的役割を果たすとされる．

　しかし，それは同時に，過大な期待から生じるバブルを生み出す可能性を持っていることに注意しなければならない．大統領経済諮問委員会報告は言っている．「テレコム・セクターでは，出現しつつある新しいテクノロジーの資金調達に必要な大規模支出は，留保利潤および銀行貸付から利用できる資金量をはるかに超えることがある．ITの他の分野において，銀行は，イノベーションを生むことにおいて重要な役割を果たす新企業を支援する際に，あまり成功しなかった」．「対照的に流動的で効率的な資本市場を持つ経済は，もっと大々的に研究開発活動，とりわけハイテクの創業に投資する傾向がある．ベンチャー・キャピタルは，リスクの高い新企業のための重要な金融様式としてアメリカの株式ベース型システムのなかで栄えてきた」⁽⁸⁾．

■ベンチャー・キャピタル投資の増加

　新企業の創設は，海のものとも山のものともわからないものへ資本を提供することを含み，したがって，必然的にその投資はリスクの高いものとなる．その投資資金を集めるために組織されたのがベンチャー・キャピタルというわけだ．

　ベンチャー・キャピタルとは何か．それは，新興企業の創業を目的として，私的に募集した株式のひとつの形態とでもいうものだ．ベンチャー・キャピタリストは，集めた資金を新興企業に提供するのだが，その他，資産を持つ個人，銀行，および年金基金のような投資家と起業者を引き合わせることもする．さ

らに，資金を提供した先のプロジェクトへ助言も与え，それを監視し，また支援もする．

アメリカにおけるベンチャー・キャピタルの歴史は，1950年代にさかのぼることができ，かなり古いものだが，それが株式市場で目立った存在となったのは最近のことだ．とりわけ，1978年以降，年金基金の投資規制が緩和され，ベンチャー・キャピタルへの資金提供が可能となった．1990年代において，年金基金からベンチャー・キャピタルへの投資は，個人，銀行，保険会社を抜き，最も貢献度の高い資金源となった．

1980年代にベンチャー・キャピタル投資は，年平均17％増で伸びていく．その後，1990年代にはその速度は倍になり，1998年には143億ドル，2000年の9カ月間で545億ドルを記録するに至る．[9] 1999年末には，実に1345億ドルがベンチャー・キャピタルの経営下にあったと言われたのである．ベンチャー・キャピタルによって，インターネット関連の事業の多くが新しいプロジェクトとして創設されたのである．

■株価上昇のメカニズム

このプロセスでベンチャー・キャピタルが利益を上げるには，株式価格の上昇が不可欠となる．ベンチャー・キャピタリストは，新企業に公開株式を発行させ，彼らの所有株式を売り払うことで莫大な収益を上げることができるからだ．そのためには，上昇傾向にある公開株式市場が決定的に重要な意味を持つ．

株式投資はどのようなメカニズムでおこなわれ，株価が上昇するのだろうか．まず，株式市場における企業価値は，株式価格として基本的には，将来の配当を利子率で割り引いた割引価値を軸に形成されることに注意しなければならない．今，ある企業の株式価格を V_D，予想配当を $D_j (j=1 \sim n)$，利子率を i とすれば，次のような企業の株式価格を得る．

$$V_D = \frac{D_1}{1+i} + \frac{D_2}{(1+i)^2} + \cdots + \frac{D_n}{(1+i)^n}$$

この株式価格は，正確に言えば，株式投資家のその企業への株式投資の需要価格である．株式投資の需要価格とは，この価格までならば株式投資をおこなってもよいと判断する，株式価格の上限と言い換えてもいい．なぜなら，もし

この上限を超えて株価が上昇するならば，企業から獲得される配当は利子率以下に低落し，投資家にとっての投資魅力に欠けることとなるからだ．かつて，配当の利子化が内部留保の充実という企業戦略から経営者によって企てられた時代があった．こうした戦略がとられたのは，株式発行による資金調達が基本的には必要なかったことが影響していると言えるだろう．

しかし，今日投資家の積極的投資を喚起するには，株式投資の需要価格をかなり下回る株式投資の供給価格が要求されるだろう．株式発行者は，株式投資の供給価格を低く設定し，株式投資の限界効率を高め，将来的な株価上昇によるキャピタル・ゲインの獲得を投資家に保証することが必要になる．この株式価格は，企業株式の供給価格を形成するが，それは次式によって求めることができるだろう．

$$V_S = \frac{D_1}{1+r_m} + \frac{D_2}{(1+r_m)^2} + \cdots + \frac{D_n}{(1+r_m)^n}$$

ここで V_S は企業株式の供給価格，r_m は企業株式投資の限界効率であり，企業株式の供給価格が V_D より低く設定されれば，この企業株式の限界効率は利子率を上回り高くなり，投資家はキャピタル・ゲインを求めて積極的に投資することになるだろう．かくして，株価が上昇し，需要価格 V_D の水準に達すれば，理屈から言うと，この企業の株式価格は，そのレベルで確定されることになる．

株式価格を需要価格 V_D の水準以上に上昇させるためには，何が必要なのだろうか．そのためには，企業の1株当たりの収益を増大させることである．なぜなら，1株当たりの収益を増大させれば，将来的配当の増大を期待させることができるからだ．配当を増大させれば，言うまでもなく企業投資の限界効率が高まるのである．すなわち，増大せる将来的配当を $D_t(t=1\sim\infty)$ として，新たな株式の供給価格が V_D のレベルだとすれば，われわれは，新たな株式の供給価格 V_{SN} について，次式を得る．

$$V_{SN} = V_D = \sum_{t=1}^{\infty} \frac{D_t}{(1+r_{mn})^t}$$

この式は，新たな将来的配当 D_t に基づく株式の供給価格の新水準を示している．新たな将来的配当は増大しているから，企業投資の限界効率 r_{mn} が利子

率 i を上回ることは言うまでもない．かくして，投資家は積極的に投資をおこない，株式価格は，新たな将来的配当を利子率 i で資本還元した，新たな需要価格 V_{DN} に上昇することになるだろう．

したがって，こうした循環を生じさせるためには，企業は1株当たりの収益を上昇させ，将来的配当を増大させつづけなくてはならないのである．果てしのない企業買収のくり返しによって，株式価格の高騰とともに企業再編が引き起こされた理由がここにあったということは，記憶さるべき事実と言えるだろう．[10]

■企業買収とバブル

ベンチャー・キャピタルが株式価格の高騰に果たした役割と同時に，1990年代においては，少なくとも800はあったと言われる企業買収専門会社の株価高騰，バブル化に果たした役割を指摘することは重要だろう．これらの企業買収専門会社は，借入金に大きく依存した，レヴァレッジを利かせた買収，資本のリストラクチャリングをはじめ積極果敢な戦略によって，株式価格の上昇，株式バブルの形成に一役買ったのだった．

ここで，1990年代後半に急増した新規株式公開が株価高騰とバブル化に果たした役割について述べておかなければならない．1993年から2000年11月にかけて新規に公開された株式の総額は，3190億ドルだった．その金額は，インフレ調整したとしても，それに先立つ20年間の新規株式公開増加額の2倍以上の増加を記録したのだ．この時期の新規株式公開は，とりわけITとバイオテクノロジーに集中していた．

新規株式公開による資金集めによって，新企業のイノベーションが育成された事実は否定できない．しかし同時に，過剰な期待から引き起こされる行き過ぎが，株価高騰とともに膨大なバブルを形成してしまったことも否定できない．アメリカ経済は2000年以降，企業利潤率の低迷，すなわち資本設備の過剰によって，循環的なリセッションへと突入していったからだ．

■株式バブルの崩壊

既述のようにアメリカ経済は，ハイテク部門を基軸に2000年から設備過剰

が明確になった．リセッションは，クリントン政権末期の2000年第4四半期から開始され，翌年2001年11月には底を打ったのだが，設備投資の動きは，従来の景気循環とは異質の動きをした．景気が底を打った後もなお，5四半期，すなわち1年3カ月も連続して低下した．設備投資が上昇傾向に転じたのは，実に2003年の初めのことだった．

2001年には，実質国内民間投資の落ち込みは激しく，年率2桁の減少を記録した．非住宅企業固定資本投資もやはり2001年に急速に落ち込み，それは1995年から2000年にかけての投資ブームとは著しい対象を示した．情報処理装置とソフトウェア投資に限定すると，2001年第2四半期において19.5％の激減，さらに第2四半期から第3四半期にかけてコンピュータおよび周辺機器への設備投資は28.6％の落ち込みを記録した．

こうした実体経済の落ち込みを考慮すると，2001年8月の段階でダウ・ジョーンズ工業平均株価が1万ドルを維持していたのは異常と言えるのかもしれない．同時多発テロ攻撃の発生は，そうしたアメリカ経済の実態を株式市場に反映させる契機となったという点で，特筆すべき事件だったとも言える．

既述のように，この株式市場の株価下落は，さらにワールドコム不正経理・倒産事件や一連の不正会計・粉飾決算事件の発覚で，2002年6月・7月には株式市場の崩壊という事態に立ち至った．2002年7月2日のダウ・ジョーンズ工業平均株価は9322.74ドルだったが，7月23日のニューヨーク市場では，一時7700ドルを割り，7682.89ドルまで下落するという事態になった．

■株価変動と消費

アメリカ型金融システムにおける株式市場の動向は，日本の金融システムと比較して，マクロ経済的にきわめて大きな影響を持つことに注意しなければならない．というのは，アメリカの個人金融資産に占める有価証券の比率は，1996年以降，40％前後であり，日本の個人資産に占める有価証券の比率7.2％に比べると格段に高い．アメリカ型金融システムは，様々な金融証券の開発をおこない，投資信託をはじめ各種の株式証券へ，一般大衆が投資しやすい体制を創り出しているのだ．

株価の上昇それ自体は，架空資本の価値上昇であるから，1セントたりとも

国内総生産（GDP）あるいは国内所得に貢献することはないが，株式売買がおこなわれ，それが所得として実現されるや，貯蓄や消費に影響を及ぼすことは以前から指摘されてきた．クリントン政権期，株式取引で実現されたキャピタル・ゲインにかけられる所得税の上昇が，連邦財政の黒字実現に大きく貢献したことは，すでに述べた．

　株式価格の上昇が消費の成長率を高める，いわゆる消費への資産効果について，2001年大統領経済諮問委員会報告は，次のように指摘した．「1994年から2000年初めに至る株式市場の富の増大は，消費の成長を毎年約1.33％だけ引き上げた．株式市場の富のこうした過去の増大がもつ遅れを伴う効果は，2000年の消費をおそらく引き上げつづけた(11)」．

　これが正しいとすれば，株式市場の株価の上昇下落は，アメリカ国民の富の増大減少と密接不可分であり，株価が上がれば消費が拡大され，また株価が下がれば，いわゆる逆資産効果が働いて消費が停滞することが予想される．既述のように，私は，そうした金融資産の動向に影響される景気循環を新自由主義的景気循環と名づけた．すなわち，アメリカ型金融システムの形成は，国民の経済状況を金融資産市場に大きく依存させることになったのである．

　したがって，「2002年の消費へ最も影響を及ぼすと真剣に思われたひとつに株式市場があり，観察者の多くは，株価の継続的な下落が消費者の支出意欲を減じさせると懸念した(12)」と大統領経済諮問委員会報告は述べている．株式資産の1ドルの減価は，結果として年間消費を3セントから5セント低下させるという，株式資産価格と消費性向の関係を明らかにしたデータが示されたが，その中間値をとれば，2000年初め以来の7兆ドルの株式資産の減少は，結果として年間消費を約2800億ドル減少させることになる．この規模の減少は，2002年の消費のほぼ4％，GDPの約3％に相当する(13)．

　本来ならば，この株式市場の大崩落は，国民の消費減退を誘発し，アメリカ経済を奈落の底に落とすきっかけを形成してもおかしくはなかった．しかし，この時期アメリカ経済は，設備投資の低調さが目立つ景気循環とはなったが，何とかリセッションを抜け出すことに成功する．その理由はどこにあったのだろうか．

■経済危機への転化を阻止した住宅資産市場

　その第1の要因は，低インフレ，減税，そして安定的な名目所得成長が，実質可処分所得を高く維持することに成功したからだった．2002年の第1～第3四半期にかけて，実質可処分所得は年率7.0％で成長したのである．

　しかし何といってもこの時期に深刻な経済危機への転化を阻止したのは，住宅資産市場の好調による消費拡大だった．

　この力強い住宅資産市場の上昇を生み出した要因は，2000年第4四半期からリセッション入りしたアメリカ経済においてとられた金融緩和政策にあった．住宅を担保に貸し付けるモーゲージ・ローンの金利は記録的に低くなったし，住宅資産は株式資産よりもアメリカの家庭に広く行き渡っている金融資産，つまりホーム・エクイティなのである．上昇を続ける住宅資産価格からローン残高を差し引いた金額を担保にローンを組むホーム・エクイティ・ローンが，アメリカの消費を支えたのだ．商業銀行によるリボルビング・ホーム・エクイティ・ローン残高は，2001年12月の1555億ドルから2002年12月の2123億ドルへと急増した．

　さらに，この時期の景気を支えたのは，住宅所有者による借り換えだった．これをモーゲージ・リファイナンスと言う．住宅価格が上昇しているから，最初のモーゲージ・ローンを償還した後，支出することのできる資金を手元に残す．これを「現金化」（cash-out）と言うが，その一部は消費や住宅改装への資金となり，また，次のモーゲージ・ローンの頭金となる．連邦住宅貸付抵当公社（Freddie Mac）によれば，伝統的かつ担保適格なモーゲージ・ローンは，2002年第1四半期から第3四半期の簡易純資産価値の約590億ドルを現金化したという．そのうち，需要に振り向けられた51％は，GDPを約0.4％押し上げたという．[14]

■サーベーンス・オックスリー法の制定

　2001年12月エンロン倒産に始まり，続々と明るみに出たアメリカ企業の粉飾会計・決算事件は，株式市場の崩壊をもたらした．住宅資産市場の上昇によって，かろうじて危機的局面に転化することはなかったとはいえ，アメリカ投資階級に深刻な危機意識を抱かせるに充分な事件だった．

ブッシュ大統領は,「企業責任を改善し,アメリカの株主を保護するための10ポイント計画」を表明し,2002年7月サーベーンス・オックスリー法に署名した.ブッシュ大統領は,アメリカ企業の何社かがその所得について正しい報告をおこなわず,その企業の株式に年金を投資している雇用者も含めた投資家に多大なる被害を及ぼすだろうという事態に対して,次の3つの点にわたって,コーポレート・ガバナンスの徹底的改革を呼びかけ,実際に行動したのである.[15]

第1が,企業の財務情報の正確さとそれへのアクセスの容易さを図ることである.株式会社の財務業績と営業に関する情報への,時宜を得た投資家のアクセスは,成績の悪い経営者を解雇することなどによって,所有と経営の分離から生じる代理コストの損失を防ぐことが可能となる.この法は,手続きに従った会計報告が,企業報告において一般に受け入れられている会計原則に一致しなければならないとし,重要なオフバランス取引は,会計報告で開示されなければならなくなった.投資家への迅速な情報伝達においては,会計報告の提出時間がかなり早められることとなった.

また,この法では,新しい開示要件が導入され,取締役,役員や主な投資家が,彼らの会社株式の取引を以前よりも速やかに——取引のあった後の2日目の終わりまでに——開示することを要求している.これにより投資家は,このような開示に含まれている情報により速やかに対応することができるようになった.この法はまた,罰則を強化し,刑事犯罪刑期を最大20年とし,さらに証券詐欺に関しては25年としたのである.

第2は,経営の説明責任の増進であった.この法は,企業の最高経営責任者(CEO：Chief Executive Officer) ならびに最高財務責任者(CFO：Chief Financial Officer) は,自らの企業が既存の証券規則のもとで定期的に提出する財務報告の正確さと完全さを証明しなければならないとし,意図的に虚偽の証明をおこなった場合,連邦犯罪と見なし,100万ドル以下の罰金ならびに20年以下の禁固刑に処せられるとした.また,極端な違反の場合,最大罰金が500万ドルに跳ね上がるのである.

しかも,こうしたCEO ならびにCFO は,虚偽報告の提出後の年に,会社から受け取った全てのボーナス,特別賞与,あるいはその他報酬は全て没収さ

れることが要求されるのである．また，証券取引委員会は，このような個人が役員や取締役として働くことを禁止できるとした．

第3は，企業の監査役の独立であった．取締役会の監査委員会は，会計事務所を雇い，監視するのだが，会社は，監査委員会の一人のメンバーが財務専門家かどうかを公表しなければならない．しかも，企業による監査役の選択は，企業の雇用者であってはならず，またその企業と関係を持たない独立の取締役が構成する委員会によって成り立たなければならない．監査をおこなう会計事務所は，指導的な監査パートナーとして新しい人員を定期的に配属しなければならないのである．会計監査をおこなう会計事務所は，監査以外のサービスを提供することは禁止された．

この法における最も目に見えるコーポレート・ガバナンス改革は，公開企業の財務報告の監査を監視する特別な委員会，「公開企業会計監査委員会」(Public Company Accounting Oversight) の創設だった．この機関は，企業の監査サービスの中身をチェックすることが任務であり，もし監査役の不正行為が発見されれば，この法律によって罰則が科されるのである．かくして，監査をめぐる業務は，完全に企業とは独立におこなわれ，法は企業経営者の規律を正す大きな役割を果たすことになった．

註
（1） 三浦俊章『ブッシュのアメリカ』岩波新書，2003年，9ページ．
（2） 『2004米国経済白書』エコノミスト臨時増刊，2004年5月17日号，毎日新聞社，38ページ．
（3） 平井規之監訳『1998米国経済白書』エコノミスト臨時増刊，毎日新聞社，1998年5月4日，196ページ．
（4） 同上，197ページ．
（5） 平井規之監訳『2000米国経済白書』エコノミスト臨時増刊，毎日新聞社，2000年5月29日号，189ページ．
（6） *Business Week*, July 8, 2002.
（7） 「バブル」とは，言うまでもなく「泡沫」のことであるが，経済学的には，マルクスが『資本論』第3部において明らかにした「架空資本」(fictitious capital) の一種を意味すると言ってよい．

（8） 平井規之監訳『2001米国経済白書』エコノミスト臨時増刊，2001年6月4日号，137～138ページ．
（9） 同上，92ページ．
（10） 拙著『世界経済と企業行動』152～154ページを参照のこと．
（11） 『2001米国経済白書』エコノミスト臨時増刊，2001年6月4日号，毎日新聞社，60ページ．
（12） 『2003米国経済白書』エコノミスト臨時増刊，2003年6月9日号，毎日新聞社，38ページ．
（13） 同上，39ページ．
（14） 同上，41ページ．
（15） 同上，88～93ページ．

第8章

イラク戦争とブッシュ政権

第1節 「悪の枢軸」と軍拡路線

■イラク攻撃

　ブッシュ大統領は，多くの国際世論を無視して，2003年3月20日イラク攻撃を開始し，圧倒的な軍事力で，4月9日には首都バグダッドを陥落させ，24年にわたるサダム・フセイン独裁政権を崩壊させた．

　この攻撃について，ブッシュ政権は，イラクによる大量破壊兵器の脅威を除去するための自衛の措置であると強弁したが，アメリカへのイラクによる直接的脅威が存在しなかったことは，その後の調査でも実証された．サダム・フセイン大統領が軍事独裁政治をおこない，イラク人民の抑圧者であったのは事実としても，アメリカがイラクを解放するとして軍事攻撃を加え，国境を越えて軍隊を派兵することは，国際法と国連憲章違反の侵略行為であったことは明らかだ．

　ジョージ・W・ブッシュ政権は，既述のように2001年1月に誕生した．彼の父，ジョージ・H・W・ブッシュは，1991年の湾岸戦争に勝利しながらも，1993年には政権をクリントンに引き渡し，サダム・フセインをイラクの政権から追放することはできなかった．その最終決着を息子が果たしたという，何か因縁めいたものを感じるが，2001年の政権発足時からブッシュ政権は，湾

岸戦争時の要人を政権内に配置し，安全保障重視の政権と言われた．コリン・パウエル（Colin Powell）国務長官は，湾岸戦争時，アメリカ統合参謀本部議長であり，軍人として，軍事の最高責任者として戦争を指揮していたし，ディック・チェイニー（Dick Cheney）副大統領は，当時国防長官だった．

■新保守主義の軍拡路線

クリントン政権期には，ソ連消滅ということもあって，アメリカの軍事支出は急増することはなかった．しかし，ブッシュ政権で国防長官に就任したドナルド・ラムズフェルド（Donald Rumsfeld）は，新国防戦略をひっさげ，核戦略態勢見直し報告にも明らかなように，軍拡路線の提唱者だった．一国覇権主義と言われるように，世界をアメリカの思いのままに牛耳ろうともくろむ，いわゆる新保守主義（neo-conservative）と一般に言われる政治・軍事路線が，ブッシュ政権の国際政策の基軸を形成していたことは間違いない．

2001年9月11日，同時多発テロ攻撃は，精神的かつ経済的打撃を一時的にアメリカに与えたと言えるだろうが，政治的には，反テロを口実に世界各地で露骨な干渉政策をおこなうきっかけをブッシュ政権に与えてしまったという意味で，世界史を大きく塗り替えるほどの重大性を含んでいたと言っても過言ではない．

2002年1月のブッシュ大統領の一般教書演説では，イラク，イラン，北朝鮮が名指しで「ならず者」呼ばわりされたが，その時以来，イラク攻撃が用意周到に進められてきたことは否定できない．イラク攻撃にとって決定的だと言われる2002年9月のアメリカの国家安全保障戦略は，国連憲章によって堅く禁じられてきた先制攻撃戦略を公然と宣言した．まさしくこれによって，イラクをそのターゲットとして，アメリカが戦争の準備に入ったのだ．

私は，これを決して結果論で言っているわけではない．ブッシュ政権は，その戦略において，「今こそ，アメリカの軍事的な威力の重要な役割を再認識すべき時である．われわれは，文句のつけようのない国防を築き上げ維持しなければならない」と述べた．まさしくその言葉通り，クリントン政権期とは格段に異なる軍事拡大路線に走り，国際世論を無視して遮二無二イラク攻撃へと突き進んだのだ．

けれども，ブッシュ政権はなぜ，そうした覇権主義的な危険な道を選んだのだろうか．

■ブッシュ政権への疑惑

2002年6月，相次ぐ企業の不正会計事件が露呈し，株式市場・外国為替相場の価格乱高下があり，企業の設備投資も低下していった事情については，すでに述べた．この不正会計・粉飾決算事件では，企業経営者の経営倫理が問われる事態となった．

1990年代末のアメリカ経済の繁栄には，1997年アジア通貨危機や1998年ロシア・ルーブル危機後にアメリカに集中した資本によってもたらされた株価急騰が引き起こした側面があったことは否定できない．景気が落ち気味にもかかわらず，アメリカ型金融システムの宿命である金融資産の価格上昇，とりわけ株価を上げることに熱中していたアメリカ企業経営者は，不正会計・粉飾決算までして，株価維持に懸命となったのである．

ブッシュ大統領は2003年2月，大統領経済報告を議会に提出したが，その冒頭で不正会計事件を振り返り，次のように述べた．「経済は，2000年半ばに始まり，その後リセッションとなったスローダウンから回復しつつある．アメリカ経済は，過去3年間の諸事件によって深刻な打撃を受けたが，その最も悲惨だったのは2001年9月11日のテロリストによる攻撃の影響によるものだった．企業リーダーの中にルールに従って行動しなかった者がいることをわれわれが知ったとき，わが経済と投資家の信頼は傷ついた．これらの事件の複合的な衝撃は，企業投資に影響する3年にわたる株価低下とともに，2002年の成長を鈍化させた[1]」．

ところで，この「企業リーダーの中」の「ルールに従って行動しなかった者」の中に，当の本人，ジョージ・W・ブッシュ大統領がいる可能性があると疑われる事実があった．2002年6月に発覚したワールドコム事件は，アメリカ経済における企業の不正会計疑惑を一気に明るみに出した．当時ブッシュ大統領は，不正会計をおこなった企業の経営者，会計責任者らを「腐ったリンゴ」と称し，その一掃を図ると息巻いたものだった．しかし，なんと当の本人に，ハーケンエネルギー石油会社に関わるインサイダー取引の嫌疑がかかった．また，

チェイニー副大統領は，政権入りするまで，ハリバートン石油サービス会社の最高経営責任者を務めていたのだが，同社にもやはり不正会計疑惑が2002年になってにわかに浮上し，ブッシュ政権のスキャンダルに展開するかに思われた．しかし，それらの疑惑は結局，解明されるには至らなかった．

こうした不正会計や株取引の疑惑で全米が揺れているさなか，2002年9月，国連が禁止した先制攻撃戦略を公然と宣言した，ブッシュ政権の国家安全保障戦略が発表された．アメリカによるイラク攻撃は，身内の金融スキャンダルを封じるため，国民の目を内から外に逸らそうと画策する一国覇権主義から生じたブッシュ政権の策略に基づくものと取られてもおかしくはなかったと言えるだろう．

■軍需企業の活況

しかも，この戦争でチェイニー副大統領が関係するエネルギー大手ハリバートンが，アメリカ政府から多大な受注を受け，イラク戦争で大儲けというのだから，彼の厚かましさと狡猾さには全くあきれてしまう．

アメリカ陸軍は，3月24日，ハリバートンの子会社に対して，イラク石油の火災調査・消火作業を発注したと報道された．また，注目を集めたのが，当時最大9億ドルに上るとされた大規模復興事業だった．それに関してはすでにイラク攻撃開始直前の3月初め，「イラク紛争後の展望」と題する国際開発局による秘密文書が，ブッシュ政権の一部の幹部と少数の企業に配布されていたのだが，開発局側から入札を働きかけられたのは7～8社であり，ハリバートン，ベクテル・グループ，フルーアーなど，エネルギー関連会社や土木事業の企業だったと言われた．[2]

もちろん，イラク戦争において多くの利益を上げたのは，アメリカ軍需産業だった．戦争に使用された兵器は，高額かつ最新鋭のものだった．トマホーク巡航ミサイルはレイセオンの生産，統合直接攻撃爆弾（JDAM）がボーイング，迎撃ミサイルを製造するロッキード・マーチンなど，いずれもこの戦争において軍需品は大量に使用され，軍需会社の株価は，2003年3月，アメリカ全体の株価が戦争の不透明感から低迷する中，上昇を続けたのである．[3]

第2節　ブッシュ政権の帝国主義的途上国戦略

■ブッシュ政権がめざす経済覇権の内容

　アメリカによるイラク侵略戦争は，とりあえず，アメリカの圧勝に終わったと言ってよいだろう．しかしながら，戦闘の終了，その後の占領，サダム・フセインの拘束，そしてイラクへの政権移譲と進んだにもかかわらず，ブッシュ政権は，アメリカ兵のイラク駐留に終止符を打つことはできなかった．[4] 2006年1月の一般教書演説で，ブッシュ大統領はイラクで勝利しつつあるという根拠のない楽観論を展開せざるをえない状況だったし，「反テロ世界戦争」と言ったかと思うと「アメリカは長期戦争のさなかにある」と言ったり，ブッシュ大統領は，イスラム"過激派"の軍事的撃滅を目標において，攻撃的な軍事戦略の下にアメリカ軍の世界的再編をねらっていたようである．

　1991年末のソ連邦消滅，いわゆる「冷戦」の終焉によって，アメリカ軍による世界への干渉政策の転換が期待されたことがあった．1993年に成立した民主党クリントン政権は，軍需予算の急増に歯止めをかけ，科学・技術の軍民転換が実施されたこともあった．けれども，世界の憲兵としてのアメリカ軍による干渉政策は，決してやむことはなかった．

　クリントン政権の世界経済戦略は，アメリカ企業の世界市場での経済覇権の維持にあり，さらに金融覇権を構築することにあったことは既述の通りであり，その重点は，経済成長著しいアジア太平洋地域に置かれた．ブッシュ・ジュニア政権は，世界市場の規制緩和をいっそう進め，自由貿易と投資の自由化によって，アメリカ多国籍企業の利益をグローバルに追求するという路線を前政権から引き継ぎ，それは定着した．と同時に，石油をはじめとするエネルギーの世界支配，また，対テロ戦争を口実にした軍需産業の興隆という新たな要因も加わって，ブッシュ政権の帝国主義的性格が露骨に現れるようになってきた．アメリカに盾突く国家は力づくでもねじ伏せるという野蛮な軍事路線が，新保守主義者の政権入りで明確になったと言えよう．

■ブッシュ政権の対途上国政策とアメリカ企業

　ブッシュ政権は，途上国に対する政策では，とりわけ開発政策に絞り，次の3つの原則が必要であると主張した(5)．その第1が，経済的自由の確保である．成長を促進する環境は，外国直接投資の受け入れや金融市場の自由化だけでは不充分であり，安定的なマクロ経済環境，適切な政府規制，そして，国内，海外双方から生じる競争に対し開放政策をとることが必要という．第2が公正な統治である．法と秩序に基づく，市場メカニズムの自由な運行の保証が必要という．第3が，国民への投資，人的投資である．教育への投資，効果的な医療という条件が満たされなければならないとする．

　これらはいずれも，発展途上国にとって，経済成長に欠かせない重要な条件であると主張するのだが，この原則に基づくブッシュ政権の国際経済政策の具体化は，いずれもアメリカ多国籍企業の利益を考えてのことである．

　その第1が，大統領の貿易促進権限（TPA：Trade Promotion Authority）の確立である．言うまでもなく，通商協定締結の権限は，アメリカでは国民の意思を代表する議会が持っているのであり，行政の長たる大統領にあるのではない．しかし，実際に通商協定を各国との交渉で進めるのは行政府であり，その長たる大統領がその権限を有することは，長らく承認されてきた．しかし，クリントン政権期，北米自由貿易協定や世界貿易機関の成立以降，議会は，貿易促進権限を大統領に与えることをためらってきた．政権が進める通商協定が，多くのアメリカ国民にとって有益なものであるとする実態が揺らいできたからであり，通商協定をめぐっての利害対立が深刻となってきたからでもある．

　ブッシュ政権とすれば，貿易自由化協定について，大統領が能率的に交渉し妥結するには，その権限の付与は重要なものとなる．したがって，大統領経済諮問委員会は，次のように言うのである．「TPAは，交渉の場でのアメリカの影響力と効力を高め，アメリカの家族，労働者，農場経営者，そして企業に経済的利益をもたらすだろう．アメリカの農産物以外の貿易自由化の現行の提案だけで，アメリカ人に輸入税を年180億ドル余り節約させることができ，平均的な4人家族に毎年1600ドル相当の利益を生じさせる」．

　第2が，ミレニアム・チャレンジ・アカウント（MCA：Millennium Challenge Account）と呼ばれる政策である．これは，世界の最貧国が成長促進的政策を採

用するならば，追加的な開発援助を拡大させるというものである．けれども，この補助金を得るためには，先に述べた3原則の遵守の証明ができなければならない．経済的自由の確保においては，規制緩和や民営化の進展が評価の基準となる．資本取引の自由を通じての外国企業の参入なども，当然その条件に入ることは明瞭であり，アメリカ多国籍企業の途上国における自由な営業活動の保障が目的となることは言うまでもない．

　第3の政策は，多国間開発銀行（MDBs：Multilateral Development Banks）の改革に関わるものである．この多国間開発銀行は，貧困国の生産性成長を謳っている．「民間セクター開発を支援するイノベーションを育成し，援助を継続させる条件として計測可能な成果を要求し，さらに援助全体において貸付ではなく，贈与の形態が占める割合を増加させることによってこれをおこなうことができる」とした．

　アメリカは，既述のように対外経済政策の基本を，国際資本移動の自由に置いている．アメリカは，国際資本移動の自由化政策の推進国であり，国際資本移動の自由が世界の経済成長を増進させると信じて疑わない国である．とりわけ，1990年代後半のアメリカ経済の高揚期において，世界から資本がアメリカに集中し，貯蓄率の低いアメリカの資本不足を外国資本によって補い，好景気を継続させたという事実は，国際資本移動の自由こそが経済成長の推進役なのだという立場を強化していると言えるだろう．

註
（1）『2003米国経済白書』エコノミスト臨時増刊，2003年6月9日号，毎日新聞社，24ページ．
（2）『朝日新聞』2003年3月26日付．
（3）『朝日新聞』2003年4月12日付．
（4）アメリカのイラク駐留の終了は2010年だったが，それはオバマ政権によっておこなわれた．
（5）『2003米国経済白書』エコノミスト臨時増刊，2003年6月9日号，第6章「グローバル経済の成長促進計画」を参照のこと．

第 9 章

ブッシュ政権の経済政策と貧困層の拡大

第1節　富裕層優遇の減税政策

■たび重なる減税政策

　ブッシュ政権は，減税政策を最初から任期終了に至るまで変更することなく一貫して実行した．

　2003年5月に大統領経済諮問委員会委員長の任についたグレゴリー・マンキュー（Gregory Mankiw）は，「自由裁量的財政政策の行使は経済の循環的変動を抑えるための税や政府支出の意図的な変化であり，経済活動の変化に伴って自動的に発生する変化に対置され，過去数十年の間，多くの経済学者に嫌われてきた」とし，「金融政策が，経済の安定化のための自由裁量的財政政策の行使を不必要にさせたと，多くの経済学者は，信じていた」からなのだとその理由を述べた．そして彼は，「しかしながら，過去3年間の経験は，綿密に計画されタイミングよく行われる減税が，拡張的金融政策を有効に補完することを示している」として，減税政策は，金融政策の補完的な役割としてその有効性を認めたのである[1]．

　しかし，なぜ減税だったのだろうか．ブッシュ政権の経済政策担当者は，クリントン政権の創り出した空前の財政黒字を次のように批判した．「財政黒字は，GDP（国内総生産）に対してこの半世紀において最高の水準に達し，税に

起因する長期的な経済成長への阻害要因となった」。つまり，公共のセクターにお金が集中し，民間からお金を吸い上げすぎだというのである．民間中心に成り立っている市場経済では，こうした事態は経済の拡大を阻害するので，減税によって民間にお金を返却しようというわけだ．第7章で述べたように，2001年1月に政権についたブッシュ大統領は，直ちに「経済成長を目的とした減税案」を提出したのだった．

　もちろん，減税は2001年だけに限られていたわけではない．ブッシュ政権は，2001年から2003年にかけて，立てつづけに3つの主要な減税法案を立法化した．その第1が，2001年6月の「経済成長・税軽減調和法」（EGTRRA：Economic Growth and Tax Relief Reconciliation Act in June 2001）だった．第2が，2002年3月の「雇用創出・労働者支援法」（JCWAA：Job Creation and Worker Assistance Act in March 2002）だった．第3が，2003年5月の「雇用・成長税軽減調和法」（JGTRRA：Jobs and Growth Tax Relief Reconciliation Act in May 2003）だった．2004年になると，さらにこれらの法律の諸規定を拡大するため，「勤労者家族減税法」（WFTRA：Working Families Tax Relief Act in October 2004）が成立した．

　これら減税法のタイトルを見てわかるように，この時期のアメリカ経済は，雇用が伸びず，GDPの回復があるものの本格的な景気回復へはなかなか至らなかったのである．

■景気への影響

　これら減税法は，リセッションに陥っていたアメリカ経済を回復軌道に乗せるのに，どのように役に立ったというのだろうか．大統領経済諮問委員会は，次のように分析をしている．

　まず，所得税における限界税率の引き下げ，児童税額控除の拡大，配当やキャピタル・ゲインへの課税率の引き下げによって，税引き後の個人所得の増加が消費拡大をもたらしたとする．また，減税は，資本コストを削減し，企業投資への動機づけを与えたとする．というのは，2002年減税法は，2004年までの投資金額の30％を直接経費として認める割増償却をおこない，2003年減税法では，新規設備投資の50％へとその割増償却率を引き上げ，2004年末までこの適用期間を延長したからだった．経費は，企業利潤から差し引かれるから，

投資を積極的におこなえば，その30％，あるいは50％が経費となり，課税対象から外され減税となる仕組みである．

こうしてブッシュ政権により実施された減税が，2001会計年度に680億ドル，2002会計年度に890億ドル，2003会計年度に1590億ドル，2004会計年度に2720億ドルもの経済への刺激を与えたというのである．

しかも彼らは，これらの減税が短期的のみならず長期的経済成長への刺激を与えるために策定されたことを強調した．すなわち，「労働所得に対する税率の引き下げは，勤労意欲を高めるインセンティブを与える．資本所得に対する税率の引き下げ——貯蓄と投資への報酬——は，貯蓄と投資へのインセンティブを高める．投資は，労働者1人当たりの資本量を増やし，また資本に体現された新技術が活用される速度を加速する」と指摘した．「総合すると，わが政権によって支持された減税は，消費や投資に対してかなりの短期的な刺激を与え，強力で持続可能な長期的経済成長を促進した」と結論している．

確かに，ブッシュ政権によって展開された減税政策が，リセッションを軽微にした功績は認めなければならないだろう．2000年第4四半期から2001年11月のほぼ1年にわたるアメリカ経済の落ち込みは，きわめて軽微であり，「1960年以来のリセッションで2番目に小さいものである」とされた．この理由に挙げられるのは，リセッションを通じての財・サービス消費支出の堅調さであり，住宅投資は，既述のように低金利政策に支えられながら，過去のリセッションと異なり，逆に安定的に上昇を示したのだった．

2001年9月同時多発テロの発生や同年12月エンロン破綻，また2002年における企業不正会計事件の発覚など，アメリカ経済が深刻な不況に陥ってもおかしくないと思われた事態が継続したのだが，2002年になるとアメリカ経済は，はや回復局面に入った．もちろん，この回復は，直ちに急速な景気拡大へと転じたわけではない．2003年になっても回復は頼りないものであり，資本設備過剰の深刻化，また失業率の高止まりが，景気上昇を抑えたのである．

こうして，連銀による徹底した金融緩和政策と，政府による2001年減税，2002年減税パッケージの刺激によって，収縮要因は，2003年が過ぎる頃には解消し，2004年になってようやくアメリカ経済は，景気拡大局面へと移行するようになった．2003年第3四半期から2004年第3四半期までの実質国内総

生産成長率は4.0%になった．その後，2005年になって若干落ち込み，第1四半期が3.8%，第2四半期が3.3%，第3四半期が4.1%と推移した．2004年に雇用は着実に増加し，労働市場の改善が見られ，失業率は2003年6月の6.3%の高水準から低下し，2004年には5.7%までになり，2005年12月では4.9%の水準までになった．消費者物価指数は，2003年1.9%と低い上昇率にとどまり，2004年3.3%，2005年になると石油価格の高騰による影響があったが，全品目では3.4%の上昇率だった．

■財政への影響

ところでこの減税は，アメリカ連邦財政にどのような影響を与えたのだろうか．既述のように，クリントン政権は連邦財政に空前の黒字を創り出したのだが，ブッシュ政権になってからその黒字は一気に赤字に転換した．2002会計年度1578億ドル，2003会計年度3776億ドルへの転換である．

アメリカ予算管理局は，ブッシュ政権になってからの連邦財政の赤字転換の要因を次の3つから説明した．第1が，2001年のリセッションである．2002～2003年度にかけての連邦財政の赤字転換のほぼ半分がこの要因によるとされた．第2が政策要因であり，対テロ戦争の実行や経済浮揚策などの裁量的経費の増大がその内容である．これが赤字転換要因のほぼ4分の1を占めたと言われる．そして第3が減税政策であり，ブッシュ政権発足以来展開している所得税，遺産相続税，キャピタル・ゲインならびに配当税率の減税が，連邦政府収入を継続的に減少させているという．

2001年から2002年，2003年と連続的に制定された減税法は，連邦収入の減少に結びついた．税制合同委員会（Joint Committee on Taxation）の推定によると，減税法による直接的な減税額は，2004年で2760億ドル，利子費用200億ドルを含めると総額2960億ドル，GDP比で2.5%に上った．この推計によれば，減税によるコストは，2004年連邦財政赤字の半分以上を占めることになる．2004年連邦財政赤字4127億ドルは，この年のGDP，11兆7343億ドルの3.5%になるから，もしブッシュ政権による減税がなかったとすれば，連邦財政赤字額は，GDP比で0.9%程度，1161億ドルで済む勘定になる．もちろん減税によって，経済活動が活発になり，GDPが上昇する効果を考えると，税収の落ち込みは

以上の推計より小さくなることは予想される．しかしながら，こうした効果を考慮したとしても，減税によるコストは，2004年の赤字の45％は占めることになるだろうと推定されたのだった．

　2004年に議会予算局（CBO）は，連邦収入が，GDP比で見た場合15.8％という，1950年代以来最低のレベルになると予測した．また，それに対し連邦支出は，GDP比で見た場合，落ち込みはするものの連邦収入ほどではなく，20.0％程度であり，その結果，財政赤字はGDP比で4.2％と予測した．事実，2004会計年度の連邦財政赤字は4127億ドル，対GDP比で3.5％を記録した．ブッシュ政権は，「小さな政府」をめざすスタンスから確かに連邦財政支出のGDP比の減少を試みてはいたのだが，減税による税収の減少がよりいっそう大きくなり，その結果，連邦財政赤字が空前の規模になってしまったと言えるだろう．

　こうした連邦財政支出の巨額化に，当時，連邦準備制度理事会議長であったグリーンスパンは，議会に向けて警告を発した．2006年1月31日に議長職をベン・バーナンキ（Ben Bernanke）に引き渡すのを前にして，彼は，2005年11月3日，上下両院合同経済委員会の席上，「膨張する財政赤字を縮減できない場合，この国は，経済的混乱に直面する」と言い切った．

　財政赤字は確かに，2005年になって3183億ドルとなり，前年より縮減されたが，それでもこの数値は，歴史上3番目に大きい数値である．巨額な財政赤字は，金融市場にクラウディング・アウトを引き起こし，結局利子率の上昇につながる．借入コストの上昇は，消費者の購買意欲を殺ぎ，企業家の投資意欲を減殺することになる．となれば，経済成長の足かせになることは間違いない．短期的には，戦後生まれのベビーブーマーが退職する大きな波が，政府財源に巨額な波となって押し寄せてくる．グリーンスパンは，くり返し，連邦議会議員に財政支出の削減を呼びかけたのだった．

■減税と所得格差

　ブッシュ政権の減税政策は，アメリカの所得階層にどのような影響を与えたのだろうか．税政策センターの調査によれば，2004年の減税効果について，次のような所得階層別特徴が浮かび上がってくる．

* 家計所得の順位でちょうど中位の20％を占める中所得層は，平均で647ドルの減税となる．
* 同じく上位1％を占める最高所得層は，平均するとほぼ3万5000ドル，すなわち中所得層の54倍の減税となる．
* 100万ドルを超える所得層は，平均で12万3600ドルの減税となり，彼らの減税は，税引き後の所得を6.4％，百分率で見てほぼ中所得層の3倍の上昇をもたらす．

　減税のシェアは，所得階層別にどのように分布しているのだろうか．税政策センターは，次のように分析する．
* 2004年において，家計所得のちょうど20％を占める中所得層は，減税の8.9％を享受した．
* それに対し，アメリカ家計の0.2％を占めるいわゆる億万長者は，減税の15.3％を享受した．

　すなわち，ひと握りの金持ち階級が，中所得者全体が享受する減税額をはるかに超える額を受け取ったのである．2004年において，たった25万7000人の金持ち階級に，300億ドル以上の減税がおこなわれたのである．
　しかも，ここで指摘されたこの不平等な減税は，時が経つにつれて，より不平等になることに注意しなければならない．なぜなら，中所得層の減税は2004年でほぼ終了するのであるが，配当，キャピタル・ゲイン減税や遺産税の段階的廃止は引きつづきおこなわれ，こうした減税は，多くの金持ちに有利に作用するからである．
　さらに注目しなければならないのが，1980年代と1990年代に巨額な所得をあげ，大金持ちとなった人々が，ブッシュ政権下の減税によってさらに巨額な利益を享受していることである．議会予算局によると，さらに次のような事実が明らかとなる．
* 最高所得を得る人口の1％を占めるにすぎない人々の平均所得が，この時期を通じて2倍以上に増大している．1979年にその所得は29万4300ドルだったのだが，2001年には70万3100ドルに跳ね上がった．この数字は，2001

年ドルで表示したインフレ調整済み数値であり，実に40万8800ドル，139％もの上昇となったのである．
* それに比較し，アメリカ人口の中位の20％を占める家計の税引き後の平均所得は，この時期を通じて6300ドル，17％の上昇のみだった．最貧困層20％の税引き後所得は1100ドル，たった8％の上昇にしかすぎなかった．

第2節　貧困層の拡大と緩慢な景気回復

■貧困の拡大

　ブッシュ大統領は，減税政策による雇用の創出を訴えつづけた．しかし，必ずしもこのことは予定通りには進まなかったと言っていいだろう．なぜなら，富裕者優遇の減税政策は，アメリカにおける格差構造をいっそう深刻なものとし，貧困の拡大が，景気回復過程において引き起こされたからだった．

　2003年において，130万人の貧困人口が付け加わり，アメリカの貧困人口は3590万人になったとセンサス局は発表したが，その後，景気回復にもかかわらず貧困人口が縮減することとはならず，2005年において，アメリカの貧困人口は3700万人となった．すなわち，景気回復過程において110万人も貧困人口が増加したのである．また，健康保険によってカバーされていない人々も，依然として4000万人台を下回ることはなかった．

　2005年における貧困ラインの具体的ガイドラインは，例えば，3人家族で年収1万6090ドル以下，あるいは6人家族で2万5870ドル以下の生活者のことである．1万6090ドルといえば，1ドル100円で換算して，年収たった160万9000円である．6人家族では258万7000円，これ以下の収入でどうやって生活ができるというのだろうか．いわゆるワーキング・プアを含めて，こうした低所得の人々が3700万人も，ブッシュ政権の言う「力強い経済的繁栄」の下で生活していたということなのである．アメリカの人口は，2005年で2億9663万9000人だったから，その人口の12.5％もの人々が，貧困ライン以下での生活を強いられていたことになる．

　ブッシュ政権において特に深刻なのは，2001年以降，経済回復過程におけ

る雇用創出がはなはだ小さいことであった．そうした中で，貧困児童の増加が深刻であり，2002年16.7%，2003年17.6%，2005年17.6%と多く，その数は1290万人に上った．アフリカ系アメリカ人の貧困率は，国民水準のほぼ2倍，2003年で24.4%，2005年で24.9%の黒人が貧困ライン以下で生活しており，その数は，ブッシュ政権下で上昇傾向にあった．

この経済回復過程において，アメリカ人の半数以上の成人が，彼らの生涯のある時期に貧困に陥ることを心配し，56%のアメリカ人が，いつかは1年前より貧乏になることを恐れているというのである．2004年1月12日に「人間発達のためのカソリック運動」（CCHD：Catholic Campaign for Human Development）が主催しておこなった，ニューオーリンズの記者会見で公表された貧困調査の結果を紹介しよう．この調査は，貧困に関する一般の意見を聞くために，毎年CCHDが実行しているものなのだが，アメリカ人の貧困についての考え方について，成人人口を対象に総数1008の回答を分析したものである．

この調査によると，ほぼ96%が，アメリカでは今こそ貧困に取り組むべきとしていることが注目される．しかも，調査に答えた70%の人が，1年前に比較しより多くの人が貧困状態で生活しているとしており，センサス局の発表する貧困人口の増加という公式統計を確認する形となった．

■雇用の停滞

ブッシュ減税の富裕者優遇税制による格差と貧困の拡大が，この時期の雇用回復の鈍化をもたらしたことは明らかだろう．2004年大統領経済諮問委員会も雇用回復の弱さを認めざるをえなかった．「実際に，過去数年間の雇用実績は，過去の景気循環におけるよりも明らかに弱かった．過去の平均的な景気回復においても，雇用の回復は緩慢であり，おそらく需要が持続的拡大にあると使用者が確信するまで雇い入れは引き延ばされたからであった．しかしながら，そのような鈍さは概して短命（1四半期から2四半期）であり，後には旺盛な拡大が続いた．今回の景気循環においては対照的であり，雇用は実質GDP上昇の後ほぼ2年経っても回復を始めなかった．今回の景気循環における雇用実績は，1990年～91年のいわゆる『雇用なき景気回復』よりも，もたついていた」[4]．この時点で，雇用の数は，2001年3月のピーク時を200万人も下回っていた．

けれどもブッシュ政権は,「減税は雇用を創出する」とただお題目的に言いつづけるだけだった.表面を見ると確かに失業率は低下している.2004年の失業率は5.7％だったし,2005年12月には4.9％に下がった.しかし,この数値は雇用の増大と労働市場の強さを示していると必ずしも言えない側面があった.なぜなら,雇用を求める人の数が異常に減っている事実があったからだ.すなわちそれは,雇用されるのをあきらめた人が労働市場からドロップアウト（脱落）していることを示していたからである.

人口に占める労働参加率を一定とすると,5.7％の失業率は,7.4％程度に跳ね上がることになる.雇用成長がブッシュ政権の期待したように伸びなかったのは,減税による所得格差の広がりと貧困層の増大が,需要増加に結びつかず,使用者が雇い入れを引き延ばしたことが原因とすることができるだろう.

■緩慢な景気拡大

経済成長はどうだろうか.ブッシュ政権は,減税がリセッションを抑え,短期的に景気を支えるのに大きな役割を果たしたと自画自賛していたのだが,こと景気回復あるいは拡大には,必ずしも効果的ではないことがわかった.2005年大統領経済諮問委員会は,それを次のように表現した.「過去2回の景気拡大は穏やかであったが,先行するリセッションも軽微なものであった.従来のリセッションはより深刻であり,それに続く景気拡大はより急速であった.総じて,2つの観察を合わせてみると,景気の拡大率が収縮率と関連している可能性がうかがえる」.

すなわち,景気は2000年第4四半期にピークとなり,その後2001年11月に底を打ったリセッションは軽微なものだった.軽微なリセッションの後には,穏やかな景気拡大が続くというのである.事実,減税の効果は,時が経つにつれ薄れていった.これらは,議会予算局や税制合同委員会の研究においても明らかにされている.

註

（1）『2004米国経済白書』エコノミスト臨時増刊,2004年5月17日号,毎日新聞社,47ペ

ージ.
（2） 『2004米国経済白書』エコノミスト臨時増刊, 2004年5月17日号, 49ページ.
（3） 同上, 39ページ.
（4） 同上, 51ページ.
（5） 労働力人口を L, 雇用をあきらめた人の数をa, 失業者の数を U とし, 雇用をあきらめた人の数も失業者に加えて失業率を算定すると, 雇用をあきらめた人の数を除いた場合に比較して, 失業率は高くなる. $\dfrac{U+a}{L+a} - \dfrac{U}{L} = \dfrac{(L-U)a}{L(L+a)} > 0$ となるからである.
　　∵ $L>U$
（6） 『2005米国経済白書』エコノミスト臨時増刊, 2005年5月23日号, 64ページ.

第 10 章

世界経済危機はいかにして発生したか

第1節　ブッシュ政権下の景気拡大
―― 新自由主義的景気高揚の特質

■ブッシュ政権下の景気拡大の特質

　2002年株価乱高下・為替の混乱があったにもかかわらず，アメリカ経済は危機に陥らなかった．その要因は，ブッシュ政権下の金融緩和政策の下での住宅投資の持続的高揚であったことは既述の通りである．2001年11月にリセッションは底を打ち，その後，2007年12月に景気高揚のピークに達するまで，アメリカ経済は拡大を続けた．

　しかしその景気拡大は，既述のように，かつて「雇用なき景気拡大」と言われた1990年代以降の景気高揚のレベルをはるかに超える「雇用なき景気拡大」となった．すなわち，この景気拡大は，従来とはその特徴が大きく異なっていたのだが，それをどのように理解したらいいのだろうか．まずその大雑把な特質把握を，マンキューが大統領経済諮問委員会委員長を務めて書き上げた『2005年経済諮問委員会年次報告』第2章「景気拡大――過去と現在」における分析を検討することから始めることにしよう．

　この年次報告は，2001年11月に底を打ち，2004年まで持続している景気拡大ならびに1990年代における景気拡大を，1960年から1990年までの5つの景

気拡大の平均と比較している．まず報告は，景気拡大期の実質 GDP 変化率について，今回の景気拡大と1990年代における景気拡大を，1990年以前の景気拡大と比較して，次のような興味深い特徴を析出する．「1990年代と現在の景気拡大における実質 GDP の動向は類似しており，それらより前の景気拡大期の平均とは異なっている．特に過去2回の景気拡大における実質 GDP の増加は，1960年以降の景気拡大の平均と比べて勢いがない(1)」．

つまり，1990年以降の2つの景気高揚では，従来の景気拡大期に比較して，実質 GDP の成長率が低くなっているというのである．それは，実質 GDP の最大の構成要素である個人消費の動向にも同様の傾向として現れる．「GDP の最大の構成要素すなわち実質個人消費支出も同様のパターンを示している．過去2回の景気拡大における消費動向はほぼ一致しており，それらとそれら以前の景気拡大の動きとは異なっている(2)」．1990年以降の景気拡大においては，従来の景気拡大期に比較して実質個人消費の上昇が低いのであるが，直近の景気循環，すなわち，2000年第4四半期に拡大のピークを迎え，その後2001年11月にかけて落ち込んだリセッションでは，個人消費は下落することなく，低率とはいえ一貫して上昇傾向を記録したのである．

■投資

投資に関してはどうだろうか．企業の設備投資が中心となる実質非住宅投資の動きでは，「1990年以前の景気拡大期の平均では，非住宅投資は，景気拡大が底を打つと同時に拡大を始めるが，……1990年代の景気拡大においては，投資が底を打った後もなお4四半期連続下落を続け，直近の景気拡大期においては，景気が底を脱した後も5四半期連続下落を続けた」のである．つまり，1990年以降では，企業の設備投資は，景気が回復傾向にあるにもかかわらず下がりつづけるという，従来の設備投資主導で景気回復がなされている事態とは異なる何かが働いていることを予測させるものである．

住宅投資においても，従来の景気循環とは異なる1990年代以降の特徴が明らかとなる．すなわち「従来のリセッションの平均では，住宅投資が下落を始めて8四半期後に景気循環の底に達し，谷の4四半期後に急上昇した．住宅市場は現在の景気拡大において堅調であるが，住宅投資の伸び率は，1990年

以前の景気拡大期と比べて緩やかである．このパターンは，住宅投資が経済のその他の分野と歩調を合わせて落ち込まないという異例の事情がもたらした結果であろう．また，逆に，このように落ち込まないのは，低いモーゲージ金利や家計資産の株式から住宅への移動によるものかもしれない(3)」としている．

■雇用

労働市場においても，直近のリセッションにおいては，1990年以前の労働市場の動きとは異質な動きが見られたと言っている．「平均的な景気拡大では，雇用数は拡大の初期に増加しはじめ，谷の3四半期後に過去のピークに達する．ところが，……直近の景気拡大では，雇用数はリセッション終了後も7四半期の間下落を続け，2005年初頭までにようやくリセッション以前の水準に到達する軌道に乗っているものと思われる(4)」．

そして，『報告』は，その原因を生産性の動向によって説明している．「近年の生産性の動向によって，雇用増加の違いの多くを説明することができる」としている．つまり，近年の労働生産性の増加が雇用の増加を鈍らせたという説明である．しかし，積極的に生産性が上昇したとするなら，実質GDPは急速に増大してもよさそうなものであるが，そうはならなかったというところに，今回の景気拡大の特質が隠されていると言えるだろう．

重要な点は，「国民所得に占める利潤の割合はこの数年間上昇を遂げており，1980年代および1990年代に9.3％であったそのシェアは，2004年第3四半期に10.9％まで上昇した」ことである．「今回の景気拡大における失業の動向は，1960年代から1980年代にかけての景気拡大と比較すれば不規則であるが，1990年代の失業の動向とはほぼ一致している．つまり，景気拡大の開始後も失業率は上昇を続け，その約1年後徐々に低下したのである」という．

■新自由主義的景気循環の典型

2001年11月に底を打ち2007年12月に景気高揚のピークに達したこの景気循環は，1990年代の景気循環と同様，新自由主義的景気循環の典型的タイプのものだったと言ってよい．すなわちこの循環は，実体経済の回復を基調とする従来型，すなわちケインズ主義的景気循環と異なり，1990年代循環パターン

を踏襲し，金融資産の価値増大が個人消費の増加につながり，実質 GDP の増大もたらしているというパターンを示しているからである．

　したがって，企業の固定投資の増加がきわめて脆弱であり，企業は，内部留保を積み増しながら，それを設備投資の拡大につなげていないのである．確かに生産性の上昇によって雇用の伸びが停滞しているという要因もあるのだろうが，むしろ，順調な企業の設備投資が展開していないところに，雇用の伸びが停滞している基本的要因を求めるべきであろう．

　この金融資産の価値増大が個人消費の増加をもたらしているという点をより詳細に説明すると，新自由主義的景気循環の特質が浮き彫りになるだろう．言うまでもなく，個人消費は GDP の最大の項目であり，所得の増加が個人消費の増加を引き起こすのであり，これが従来の景気拡大期における動向の基本パターンであった．ところが直近の景気循環においては，この個人消費の動向に金融資産の価値増大が密接不可分に関わってくることとなった．

　2001年11月に底を打ったリセッションが回復し景気高揚のピークとなったのは，2007年12月と全米経済研究所は発表しているが，この循環において，経済成長という観点から見ると，2006年が最もアメリカ経済が拡大した年だった．アメリカ大統領経済諮問委員会報告は，次のように言っている．「アメリカ経済の拡大は，2006年に連続で5年目となった．経済成長は力強く，実質国内総生産（GDP）は，2006年の第1から第4四半期に3.4％成長した．この力強い経済成長は，数々の逆風にもかかわらず実現し，アメリカ経済特有の力強さや，減税，規制の抑制，アメリカの財・サービスに対する外国市場の開放のような成長促進の諸政策によってもたらされた」．この好調を続ける経済成長は，力強く増進を続ける個人消費の伸びが大きな要因であり，個人消費が可処分所得の伸びより速く伸びるというここ15年間のパターンを継続させている．したがって，個人貯蓄率は，2006年全体で見るとマイナス1.0％に低下し，これは第二次世界大戦以来最低の年間水準であった．

　こうしたことが起こった要因のひとつに，金融資産価値の増大に伴う家計資産の増加があることに注意しなければならない．1990年代後半とこの3年間に起こった純家計資産の力強い増加は，個人可処分所得に対する消費支出の大きな伸びと同時に起こっているからである．2006年のマイナスの貯蓄率にも

かかわらず，アメリカ国民は，キャピタル・ゲインによって資産形成を継続したのである．

■**住宅価格と新自由主義的景気循環**

1990年代は株式資産の上昇が顕著であったが，2002年の株式市場大崩落の後，住宅資産が株式資産に代わってアメリカ国民の金融資産形成の基軸となり，2003年後半以降の景気の回復とともに株式市場の回復も重なり，家計の資産・所得比（純資産／個人可処分所得）は，所得の5.63倍となった．2002年における株式市場の崩壊はこの比率の低下をもたらしたが，金融緩和政策の下での住宅市場の堅調が，住宅資産価値の増加によってこの比率を下支え，株式市場の回復とともに，5倍を切る状況からこの比率を上昇させたのである．

家計の資産・所得比の伸びが消費の伸びをサポートしているというのが，新自由主義的景気循環における好況の特徴である点は，ここで指摘しなければならない．とりわけ，2003年以降のアメリカの景気高揚は，住宅価格の上昇とともに，ホーム・エクイティ・ローンが消費を活発にし，住宅の買い替えに伴う新たなモーゲージ・ローンの組み替えとともに旧住宅の販売による多額の「現金化」（cash-out）が引き起こされ，個人消費の増加をもたらすことが寄与したことは，すでに述べた．

ブッシュ政権の減税政策と FRB による徹底的な金融緩和政策が，家計資産急増によって引き起こされる新自由主義的景気高揚を創り出していく．そして住宅ブームは，低所得者層を軸として，サブプライム・ローンによる住宅購入を積極化していくのである．このローンは，ローン設定当初は金利は低く抑えられているが，2，3年経つと返済金額が急増する仕組みになっている．したがって，住宅価格が上昇していれば，金利再設定によって，返済金額が上昇しても住宅を販売して返済すれば債務不履行は起こらない．債務返済の鍵は住宅価格の上昇にかかっているということになる．つまり，住宅価格が低下すれば，返済不能者が激増し，サブプライム・ローン金融危機の勃発ということになる．

2003年6月以降フェデラル・ファンド・レートは1％のレベルだったが，景気回復に伴い，2004年6月には，連邦準備制度理事会公開市場委員会はフ

ェデラル・ファンド・レートの引き上げに転じ，2006年末には，5.25％の水準にまで上昇した．金融引き締め傾向の中で，2006年には住宅価格上昇の鈍化が見られ，全ての住宅関連指標が2006年には急激に落ち込みはじめた．新築住宅販売は2005年10月から2006年7月にかけてピークから27％下落した．建設業者は，2006年前半には素早く対応し，同年初めに年227万戸のピークを示した住宅着工件数は，同年末までに160万戸を少し上回る水準にまで減少した．

第2節 危機勃発とブッシュ政権の経済対策

■2007年ヨーロッパでの危機勃発

2007年の夏，サブプライム・ローン危機はヨーロッパで勃発し，サブプライム関連金融商品に投資していたいくつかのヘッジファンドが倒産した．アメリカにおいても，住宅市場の縮小がいっそう進み，信用市場が大きく混乱した．

しかしブッシュ政権の経済政策担当者たちは，この事態を初めは楽観的に考察していたようである．2007年から2008年にかけて危機は深まり，2008年9月には世界経済危機へと伝播する金融危機がアメリカで引き起こされた．ブッシュ政権がこの事態をどう見て，いかなる手を打ったのかについて，歴史的に回顧してみよう．

■ブッシュ政権の楽観

まず，ヨーロッパに危機が勃発するなど，この金融危機は初発から国際的関連を持っていた．ブッシュ政権の経済政策担当者たちがこれを楽観的に見ていた事実は，2008年大統領経済諮問委員会報告に明らかである．そこでいわく，「アメリカの信用市場と住宅市場の混乱において注目すべきは，それがグローバルに起こっているということである．サブプライム損失は，アメリカにおいてだけではなく欧州やオーストラリア，そしてアジアの銀行や投資家のポートフォリオにも見られたのであり，グローバルな資本市場がいかに互いに結合しているかを実証した．この国際的多様性は，サブプライム損失の影響がアメリ

カの投資家と金融機関にだけ集中するのではなく共有されることで，明らかに利益をもたらしたのである．一部の事例では，欧州の銀行は，少なくとも当初は信用市場の混乱によって，アメリカの銀行よりも深刻な影響を受けた．それで，欧州中央銀行とアメリカの FRB は，効果的に歩調を合わせて同じような政策で流動性を増強した」．

　つまり，ブッシュ政権の経済政策担当者たちによれば，証券化を通じての国際資本市場の結合は，アメリカに発生したサブプライム・ローン危機を世界的に分散し，危機を緩和させる役割を持つと判断しているのである．確かに，サブプライム・ローン危機の深さが浅ければ，そうしたリスク分散によって危機を緩和させることは可能であろう．しかし，この時の危機は，世界的に分散させて済むレベルのものではなかった．もっとも，それがわかるのは1年後の2008年9月になってからのことだった．

■ブッシュ政権と FRB の対応

　2007年夏に起こった金融混乱に対して，ブッシュ政権と FRB は，金融市場への流動性の供給と住宅市場の安定化を目的とした一連の協調行動を起こしていく．まず，FRB は，2007年9月から12月までの間に，フェデラル・ファンド・レートの誘導目標を1％引き下げた．また預金受入金融機関の流動性を高めるため，ターム物資金入札（TAF）を設置，90日を限度とした期間物融資をおこなう窓口貸出（銀行のような預金受入金融機関向けの最後の貸し手としての連銀の融資制度）を通じて連銀貸出を拡大するという金融緩和政策をとった．

　モーゲージ・ローンの債務不履行が増えつづける事態に，ブッシュ政権はどのような手を打ったのだろうか．2007年8月に開始された「連邦住宅局保証」（FHA Secure）とホープ・ナウ（HOPE NOW）がそれにあたる．前者は，連邦住宅局（FHA）にいっそうの柔軟性を与え，モーゲージ借り換えの選択肢を提供する FHA の権限を拡大する．それは，現在モーゲージ・ローンの支払いをおこなっている住宅所有者だけでなく，ローン金利が再設定されるまでは期日通りにモーゲージ・ローンの返済をおこなっているが，再設定後金利の上昇で支払いの滞っている借り手も救済することを目的としたものである．また，後者は，債務不履行の危機にある借り手を特定して援助し，より多くの世帯が持ち

家にとどまることができるように，貸し手，ローン管理回収会社，住宅ローンアドバイザーや投資家を含む民間セクターのメンバーに政府が働きかけるものである．⁽⁶⁾

■FHA 保証の限界

しかし，FHA セキュアーには限界がある．本当に困った人に助けとはならないからだ．FHA の保証を得るためには，変動金利を固定金利に変えることになるのであるが，まず，充分な所得がないと保証を受けられないのである．金利が再設定されて，高金利に上がるまでのローンは，きちんと返済していることが条件になっているからである．そういう履歴がしっかりしていることが要件になっているから，これを使って住宅の差し押さえを防ぐことのできる人はかなり限られてくる．この時期にアメリカで差し押さえられ，家を取られ路頭に迷う人たちを援助することはできないのである．まさしく，ブッシュ政権下での富裕者優遇減税の下での賃金水準が上がらない新自由主義的景気高揚期において，サブプライム・ローンに飛びついて住宅購入した人々を救済することは難しいのである．

したがって，こうしたブッシュ政権による経済政策によっては，危機は一向に収まる気配はなかった．たまりかねたブッシュ大統領は，12月6日，財務長官ヘンリー・ポールソン（Henry Paulson）を伴って記者会見に臨み，借入から2～3年経って金利が再設定されるサブプライム・ローンの貸し倒れを防ぐために，金利上昇を5年間凍結するなどの対策を発表する．また，金融危機の拡大を防ぐ目的で，米欧5つの中央銀行は，12月12日，各国の金融市場に大量の資金を協調して供給すると発表し，年末の急増する資金需要に対応する措置をとった．さらに，翌2008年1月22日になると，FRB は，世界同時株安からの金融市場の混乱を回避するとの目的から，フェデラル・ファンド・レートを3.5％とし，さらに30日には3％の水準に引き下げた．

■大規模減税

ブッシュ大統領は2008年1月28日，最後の一般教書演説へ臨んだ．彼は，アメリカ経済が「不確かな時期を迎えている」と警告し，個人ならびに企業へ

の大胆な減税を議会との協力で実施したいと述べる．しかも，過去7年間に自分が実施してきた減税法はそのうち消滅すると懸念を表明し，1億6000万人のアメリカ納税者は平均すると1800ドルもの増税になると述べ，自分が実施してきた減税法の正当性を主張すると同時に，恒久減税の必要を訴えたのである．この減税法がアメリカ経済に貧富の格差を拡大し，世界経済危機勃発の潜在的要因となったことなどは，全くお構いなしの無責任な一般教書演説だったことは明らかだった．

しかも，このブッシュ減税は，後のオバマ政権において「財政の崖」問題を引き起こす要因のひとつとなり，オバマ政権の経済政策の実施の妨げになる．まさしく「死者生者を捕らえる」呪いの減税法だったのであるが，それについては後に述べることにしよう．

このブッシュ大統領の要請を受け，翌日1月29日，総額1500億ドル，アメリカGDPのほぼ1％にあたる大型景気対策法案「成長のための総合対策」が下院を通過し，2月中旬には実施されることとなった．約1000億ドルが個人向け減税，500億ドルが企業向け法人税減税という内容である．サブプライム住宅ローン危機に直撃されている低所得者や勤労者への現金支給を重視したと言われたが，個人向けに最低300ドル，子ども2人の共働きの家庭へは最高1800ドルの小切手が内国歳入庁（IRS）から送られたのだった．

こうした経済政策の実施を背景に，当時大統領経済諮問委員長であったエドワード・ラジアー（Edward Lazear）は，2月11日ホワイトハウスで記者会見し，2008年のアメリカ経済の成長率は，前半落ち込むが，マイナスにはならず後半は回復するという，超楽観的な見通しを述べた．2月の時点では，サブプライム問題に端を発した金融危機が深刻化していた．それほど楽観的な見通しが語れる状況ではなかったから，大統領経済諮問委員会報告で予測している2008年成長率2.8％とはいかなる根拠でそう言えるのか，という質問が出席の記者から出たが，ラジアー委員長は，「11月段階のデータで予測している」という言い訳めいた回答をしている．「大方の民間予測もマイナスにはならず，今年の第3四半期には急速な回復を見込んでいるものもある」とも述べている．ラジアー委員長の会見は，「アメリカ経済は長期的にはかなり成長を続けるが，短期的には非常に大きな問題が生じている．だから，それに対して積極的な対

応をとる」という楽観的な諮問委員会報告を踏襲したものだった⁽⁷⁾.

■住宅金融機関の破綻とリーマン・ショック

　しかし，こうしたブッシュ政権の対策によっても，サブプライム金融危機は収まる気配を見せなかった．7月13日には，政府系住宅金融機関のファニーメイ（連邦住宅抵当金庫）とフレディマック（連邦住宅貸付抵当公社）が危機に陥ったとして，ブッシュ政権は公的資金の注入を含む救済策を発表し，議会に関連法案の成立を要請した．

　ファニーメイとは，1938年に設立された住宅ローン（モーゲージ）の買い取り機関で，買い取ったモーゲージをプールし，見返りにモーゲージ担保証券を発行し，売りさばく機関である．フレディマックは，1970年に設立された機関であり，ファニーメイとともに住宅ローンの証券化に欠かすことのできない金融機関であるが，住宅価格の下落が止まらず，モーゲージの不良債権化の累積で，深刻な資本不足に直面したのである⁽⁸⁾．

　アメリカ上院では，2008年7月11日，政府の連邦住宅局（FHA）による最大300億ドルまで認める住宅ローン救済策を成立させた．しかし，それでもサブプライム・ローン危機に始まる金融危機は収まる様子を見せなかった．

　2008年9月15日，ついにアメリカ投資銀行の4番手リーマン・ブラザーズの破産が起こった．この時アメリカン・インターナショナル・グループ（AIG）という保険会社は連邦政府により救済されたのであるが，リーマン・ブラザーズには買い手がつかず破産ということになったのである．

　メリルリンチはバンク・オブ・アメリカが救済合併し，モルガン・スタンレーは自らを商業銀行化し，業界第一のゴールドマン・サックスもその後に続いて商業銀行化するという事態になった．投資銀行は，銀行という名が付いてはいるが，業務は証券業であるから，預金を集めるわけではない．

　これら投資銀行は，サブプライム・ローン関連の証券化商品はじめ，多くの投機的活動に大きな役割を果たし，投機の失敗から多額の不良債権を抱えていたが，モルガン・スタンレー，ゴールドマン・サックスは，なぜこの時，投資銀行から商業銀行化の道を選んだのだろうか．実を言うとこの時，ブッシュ政権は，国民に多額の負担を強いる公的資金の導入によって，金融機関を救済す

る作戦を立てていた．そしてその救済対象は，国民から預金を預かる預金受入機関に限られていたのである．これら大手の投資銀行は，この金融危機の苦境を公的資金の導入によって切り抜けようと考えたということである．危機が去ればまた投資銀行に戻ればいいわけだから，評判の悪い投資銀行から一時雲隠れし，多額の救済資金を獲得しようというわけである．

■ブッシュ政権の公的資金投入策

　ブッシュ政権は，公的資金を使って金融機関の不良債権を買い取ることを議会に提案する．「資本市場が機能しないと雇用は失われ，さらに多くの家が差し押さえられる．経済はマイナス成長に転じ，どんな政策を実施しても健全な形で回復できなくなる」と連邦準備制度理事会議長のバーナンキは言う．投資銀行業界出身のポールソン財務長官もまた，国民に危機を煽り，「納税者は大きな危機に脅かされている．預貯金や融資，設備投資などに危険が迫っている」と述べた．つまり，連邦政府が金融機関の不良債権を買い取って金融の安定化を実現しないと，実体経済に悪い影響が出てくる，だから7000億ドルの公的資金をつぎ込む「金融安定化法案」を議会は早急に成立させるべきであると，半分脅しともとれる口調で説得にかかったのだった．

　しかし，議会は簡単には納得しなかった．7000億ドル，日本円にして70兆円にも上る税金を，何も条件を付けずに巨大金融機関へ投入することを，選挙民が許すはずはないからである．今までウォール街で荒稼ぎしてきた投資銀行の経営幹部などが，何年にもわたって何百万ドルもの規模の報酬を得てきたことは，国民周知の事実である．こうした連中をなぜ公的資金を使ってまで救済しなければならないのかという疑問を，多くの国民が持ったとしても不思議ではない．しかも，「金融安定化法を通さないと大恐慌が来る」などという脅し文句まで使ってこの法案を通そうとする自分勝手な巨大金融機関とつるんだ狡猾なブッシュ政権の態度に，国民の怒りは収まらない．こうしてアメリカ下院では，2008年9月29日，「金融安定化法」を23票の僅差で否決した．

　この日，ニューヨーク株式市場は，ダウ工業平均株価が777ドル安という大暴落を喫する．外国為替相場ではドルが売り込まれ，急激なドル安が引き起こされてしまう．まさに，ブッシュ政権と議会のせめぎあいは，「金融安定化法」

の修正を余儀なくしていくのである．10月1日に上院を，3日には下院を通過した「緊急経済安定化法案」（緊急救済法案）は，したがって，おおよそ次のような内容を含んだ結果となったのである．

* 最大7000億ドルの公的資金で，金融機関から不良債権を買い取る．資産買取対象の金融機関の経営幹部の報酬を抑制する．
* 連邦預金保険公社（FDIC）による銀行預金の保証限度額を，来年末まで現行の10万ドルから約25万ドルに引き上げる．
* 金融機関の損失拡大をくい止めるために，会計処理で時価会計の適用を一時凍結できる権限を証券取引委員会（SEC）に与える．
* 所得税での児童控除の拡充や，企業向けに税優遇措置約1000億ドルの減税をおこなう．等々．

　つまり，全く手放しで金融機関を救済するのではなく，国民の目線から見てそれなりの規制を加えた救済策であったと言えるであろう．
　しかしながら，政府が不良債権を買い取るとなると，その対象となる金融機関は経営危機に瀕していると自ら宣言するようなものである．買い取る金額が多くなれば多くなるほど，その金融機関への信頼は落ちることとなる．このためブッシュ政権は，不良債権を買い取る作戦から，公的資金を金融機関の自己資本を増強するために注入するという方式に切り替えたのであった．「緊急経済安定化法」に基づき7000億ドル規模の「不良資産救済措置」（TARP）が実行されることとなった．
　アメリカ財務省は，総額2500億ドルの公的資本注入額を決定し，10月28日，その半額に当たる1250億ドルを9つの大手金融機関に資本注入した．シティー・グループ250億ドル，JPモルガン・チェース250億ドル，ウェルズ・ファーゴ250億ドル，バンク・オブ・アメリカ150億ドル，ゴールドマン・サックス100億ドル，モルガン・スタンレー100億ドル，メリルリンチ100億ドル，バンク・オブ・ニューヨーク・メロン30億ドル，ステート・ストリート20億ドル，合わせて1250億ドルとなる．

■大恐慌以来最悪の危機

　こうした巨大金融機関救済策は，どのような効果を持ったのだろうか．

　アメリカ経済は，レーガン政権以来金融自由化が急速に進行し，金融を基軸とする新自由主義的景気循環を創り出してきた．株式市場が活性化し，住宅市場の好転とともに住宅ローンの証券化が進展し，証券売買が実体経済を引っぱる景気循環が，ブッシュ政権下で極限まで進んでしまったと言っていいだろう．そして金融危機が勃発したのである．公的資金を大量に投入する巨大金融機関救済策がいち早く実施され，確かにアメリカ金融機関の全面的崩壊とはならなかった．しかし，今度はアメリカの実体経済が急速に落ちはじめたのである．

　2008年第2四半期のアメリカの実質経済成長率はプラスだった．しかし，9月の金融危機の顕在化から，金融機関の貸し渋りが顕著となる．これまでアメリカの民間消費は，所得上昇要因もあるが，それ以上に消費者ローンによって支えられてきたのである．住宅資産の価格上昇がホーム・エクイティ・ローンの活発化をもたらし，株価の急騰も消費を活発にする要因であった．いわゆる消費への資産効果である．したがって，株価が下がり，住宅価格が下がりつづけると，アメリカの消費は急減することになる．

　事実，この2008年10月30日に発表された第3四半期のアメリカの実質経済成長率は，年率換算で−0.3％となった．(10) 個人消費で−3.1％，企業の設備投資も−1.0％となったが，最も深刻な落ち込みとなったのは，言うまでもなく住宅投資で，−19.1％となったのである．しかもこの実質経済成長率の落ち込みは，2008年第4四半期で−7.9％となり，この落ち込みはオバマ政権期にも継続され，2009年第1四半期−5.8％，第2四半期−0.2％であり，プラスに転じたのは2009年第3四半期になってからで，かろうじて+1.6％と記録された．

　この経済危機は，言うまでもなく大恐慌以来最悪のものであった．「それは息もつかせぬほどの，民間セクターの急降下の瞬間だった．資本市場は崩壊した．企業に対する信用は凍りついた．銀行は倒産した．差し押さえ件数はうなぎのぼりだった．国民産出は，何十年も見なかった率で落ち込んだ．多くの人々が職を失った」(11) と2011年大統領経済諮問委員会報告は述べた．

■世界規模の影響

　また，この危機は，アメリカのみならず世界的な広がりを持っていた．「2008年初秋，アメリカ以外の世界への危機の影響は限定されたものとなるかもしれないとの希望があった．こうした希望は，月が進むにつれ粉々に粉砕された．2008年第4四半期と2009年第1四半期において，実質GDPは，イギリス，ドイツ，日本，台湾，そしてその他地域において，しばしば2桁台の比率で落ち込んだ．落ち込みは，驚くべき速さで世界の他の地域に広がり，アメリカからの輸出を激しく減少させ，その結果，わが国の経済収縮をよりいっそう大きくした」と2010年大統領諮問委員会報告は述べた．

　日本への影響はどうだったのだろうか．ヨーロッパがサブプライム・ローン危機勃発の発端であったことは既述の通りであるが，日本の金融機関は，その点，ヨーロッパとは異なっていた．リーマン・ショックの日本への影響は，急速な円高と東京証券取引所における株価の下落だった．ヨーロッパなどでは，アメリカのサブプライム・ローン関連の金融商品へ投資をおこなっていた金融機関が倒産するという事態が発生したが，日本の金融機関がサブプライム関連の金融商品への投資に失敗し危機に陥ったということはなかった．しかし，金融危機の勃発は，アメリカ市場からドルが引き上げられる事態となり，円高ドル安が急速に進み，輸出大企業の業績悪化の懸念から，東京証券取引所の株価大幅下落となったのである．

　円高で輸出製品価格が上昇し，輸出が落ち込み，輸出大企業が業績悪化になったのではない．その理屈はさほど難しいものではない．1ドル＝100円だったものが，例えば1ドル＝70円というような急激な円高ドル安になったとすれば，アメリカ市場で1ドルで売られる商品は，日本円に換算すると，手数料その他余計なもの一切無視すると，100円が70円になる．1ドルにつき30円の減収というわけである．輸出大企業の海外での販売量とその金額は膨大なものだから，これは深刻である．とりわけこの円高は，対米輸出で多くを稼いできた日本の自動車メーカーを直撃した．トヨタ自動車の場合，1ドル1円の円高で400億円，ホンダの場合，200億円の営業減益となると報道された．したがって，リーマン・ショック後の世界経済危機は，日本の金融業ではなく日本の輸出産業へ深刻な影響を与えたのである．

企業業績の悪化は，東京証券取引所の株価下落にも明確に現れたが，派遣労働者や請負労働者の大量解雇が発生した．解雇された労働者を支援しようとNPOや労働組合の人たちによって「年越し派遣村」が日比谷公園に2008年12月31日から翌年の1月5日まで一時的な避難所として開設されたことに見られるように，日本社会は，これまでにない深刻な事態に襲われ，いわゆる格差社会が白日の下にさらされることとなった．[14]

註
（１）　同上，59ページ．
（２）　同上，60ページ．
（３）　同上，60ページ．
（４）　同上，62ページ．
（５）　『2007米国経済白書』エコノミスト臨時増刊，毎日新聞社，2007年5月21日号，41ページ．
（６）　『2008米国経済白書』エコノミスト臨時増刊，2008年5月26日号，毎日新聞社，60ページ．
（７）　萩原伸次郎「輸出をテコに住宅バブル崩壊を乗り越えようとする米政府」同上所収，7ページ参照．
（８）　資本不足とは，バランスシートにおける債務超過を言う．金融機関のバランスシートは，資産と負債・自己資本から成り立ち，資産額が不良債権化で減少すると自動的に，その金額分，自己資本が減少する．これが深刻になり，資産額が自己資本を超えて減少すると，債務が資産を上回り，債務超過となる．資産を売り払って資金を調達しても債務を返済できない事態となると，倒産である．それを防ぐには，資本の注入が必要になる．
（９）　『朝日新聞』2008年9月25日付．
（10）　これは後に改訂されて，1.8％減となった．
（11）　『2011米国経済白書』エコノミスト臨時増刊，毎日新聞社，2011年5月23日号，42ページ．
（12）　『2010米国経済白書』エコノミスト臨時増刊，毎日新聞社，2010年5月24日号，47ページ．
（13）　『週刊東洋経済』2008年11月8日号，50ページ．
（14）　より詳細は，萩原伸次郎『オバマの経済政策とアベノミクス』学習の友社，2015年，83〜87ページ．

第IV部

アメリカ経済の復興と金融覇権

オバマ政権の経済政策

―― 新自由主義的世界経済はどうなったのか ――

第11章

世界経済危機とオバマ政権の経済政策

第1節 オバマ政権の金融危機対策

■オバマ大統領の登場

　2008年11月4日,アメリカの大統領選挙では,史上初の黒人大統領が選出された.「変革の時が来た」と訴えた民主党のオバマ上院議員(47歳)が52％の支持を得,与党・共和党のジョン・マケイン(John McCain)上院議員(72歳)を破り当選した.

　市場万能論の規制緩和や金融投機の横行から金融危機を引き起こし,アメリカ経済を奈落の底に突き落とした共和党ブッシュ政権の経済政策を引き継ぐと公言してはばからない共和党マケイン候補をアメリカ国民は選ばず,若き黒人大統領を選出した.

　当時,2007年末から始まった景気の落ち込みは,金融危機リーマン・ショックを引き起こし,失業率は6.5％に上昇,10代の失業率は20.6％と,深刻な時代の中での大統領選挙だった.オバマ候補は,ブッシュ政権の大企業優遇・金持ち減税政策を批判し,金融の規制強化とともに,勤労者減税や子ども限定の皆保険制度の確立など,アメリカ国民の生活重視の公約を掲げての当選だった.

■オバマ政権の経済政策担当者

　オバマ政権の初期の経済政策における際立った特徴は，世界金融危機対策ということで，徹底したウォール・ストリート救済作戦を実施したことである．

　アメリカに金融覇権を確立した8年前のクリントン政権期の経済政策担当者が，政権の中心に置かれた．オバマ大統領は，2009年1月20日，ローレンス・サマーズ（Lawrence Summers）を国家経済会議の議長に据えたのである．サマーズは，クリントン政権後半期に財務副長官を1995年から務めた後，1999年7月に第71代アメリカ財務長官に就任した．クリントン政権後半期は，本書で述べたように，アメリカの金融覇権確立期にあたり，グラム＝リーチ＝ブライリー法成立の時期と重なることは言うまでもない．サマーズは，財務長官退任後，ハーヴァード大学学長を務めていたが，女性が統計的に見て数学と科学の最高レベルでの研究に適していないなどとする発言が元となって2005年に学長を辞任していた．

　サマーズは，オバマ政権で2010年末まで国家経済会議議長を務めた．「コストの観点から世界銀行は，公害産業を開発途上国にもっと移転すべきである」という発言に見られるように，彼は不遜な新自由主義者であり，自由貿易とグローバリゼーションの熱心な支持者だ．

　オバマ大統領は，クリントン政権期にそのサマーズの下で働いた経験のあるティモシー・フランツ・ガイトナー（Timothy Franz Geithner）を2009年1月，第75代財務長官に任命した．当時彼は，ニューヨーク連邦準備銀行総裁の地位にあった．

　こうしたオバマ政権の人事は，明らかに金融機関の救済をねらったものだった．彼らは，金融システム安定化政策と言い，金融機関を救済することが目的ではないと言うが，実際は，ブッシュ政権のポールソン財務長官の敷いた路線とそう変わるものではなかったと言ってよい．

■ウォール・ストリートの救済

　オバマ政権の初めての2010年大統領経済諮問委員会報告は，次のように言っている．「金融システムが機能不全に陥ると，個人や企業は信用供与を受けられず，需要と生産は激減し，雇用喪失は急増する．したがって，実体経済を

回復させる最も重要な措置は，金融システムを回復させることである．金融機関を彼らの過ちの罰として苦境に陥れるという選択肢は，信用崩壊をもたらし，何百万ものアメリカ人にもっと大きな苦痛を与えざるをえなくなってしまう」(1)．

既述のブッシュ政権下で成立した「緊急経済安定化法」に基づく「不良資産救済措置」(TARP)による膨大な公的資本の投入によって危機を脱出したアメリカ大手金融機関は，2009年中頃には公的資金返済が認められ，最高経営責任者(CEO)たちの報酬は，いち早くリーマン・ショック以前の高水準に戻った．証券市場の大幅な立ち直りによって，大金融機関は，金融危機前に比べてもより大きな収益を上げているという状況が起こったのである．

しかし実体経済はどうだったのだろうか．2009年12月は，アメリカ人にとってショッピングの季節である．いつもなら，11月の感謝祭が終わると街は様変わりするのであるが，この年ばかりはそうはいかなかった．アメリカ人の財布のひもは固く，個人消費の急増は望むべくもなかった．金融的に不安を感じ，買い物の季節であるクリスマスを迎えてもクレジットカードでの支払いに頼る人は限られていた．

政府の公式統計は，アメリカ経済のプラス成長を強調し，オバマ政権の経済政策担当者たちは，大恐慌以来だとか100年に一度だとか言われた経済危機は「大リセッション」(Great Recession)として終わったと主張していた．しかし，一般庶民にはその実感がないのである．2009年11月の失業率は，10月に比べると若干下がったのであるが，それでも10%を切らなかった．

こうした実体経済の深刻な事態の継続に対して，金融機関はどのようにして好調な実態に戻ったのだろうか．既述のように，オバマ新政権は，ブッシュ政権の金融救済を踏襲した．金融機関への資本注入のための7000億ドル規模の「不良資産救済措置」のうち，残りの3500億ドルをオバマ次期大統領は，2009年1月12日にブッシュ大統領に要請した．次期政権の強い要請で，アメリカ上院は，その拠出を拒否する決議案を否決した．こうした前政権から引き継がれた金融救済の政策的展開が，金融安定化に必要となる膨大な公的資金を政策立案者に与えたのである．

■金融安定計画

2009年2月10日,ガイトナー財務長官は,オバマ政権の金融安定計画(Financial Stability Plan)を発表した.

計画は大きく言って3つあったが,その第1は,「資本評価監視プログラム」(Supervisory Capital Assessment)であった.これはストレス・テストとも言われるもので,経済と金融状況をいっそう悪化させないように,国内19の大手金融機関の資本必要性を評価するものだった.追加的な資本が必要であると判明した場合には,金融機関は民間市場での資本増強が求められるが,それができない場合,一時的に公的資金が供給されるのである.

第2は,「消費者および企業向け貸出制度」(Consumer and Business Lending Initiative)であり,それは資金調達手段の確保をめざすものだった.この金融安定化計画においては,財務省は,企業と家計向けに1000億ドルの貸付枠を1兆ドルにまで拡張したのである.

第3に,財務省が連邦預金保険公社と連邦準備制度と連携して,「官民投資プログラム」(Public-Private Investment Program)を創設した.この主要目的は,金融機関のバランスシートから不良債権を除去することだった.

さらに,国内自動車メーカー2社,GMとクライスラーの破綻は,金融子会社(GMACとクライスラー・ファイナンシャル)関連の問題で影響が拡大,経済全体への波及が懸念され,ブッシュ政権期からTARPを使った救援策が実施されていた.オバマ政権は,自動車作業部会を立ち上げ,この部会によって,両社は速やかに破産し再建することが効率的であると判断された.2009年4月30日にクライスラーが,6月1日にGMが破産を申請し,連邦政府は,再建のため大規模な資金を投じた.2009年9月20日時点で,合計8000億ドル以上のTARP資金が自動車産業に拠出されたのだった[(2)].

■金融機関への流動性供給

こうした金融救済措置と同時に,連邦準備制度は,金融政策の面から,金融機関に手厚い救済措置を実施した.それは,フェデラル・ファンド・レートの操作という伝統的な金融政策が効力を発揮しないと見た連邦準備制度理事会(FRB)が,金融緩和を一歩進めて,非伝統的な手段によって金融機関へ資金を

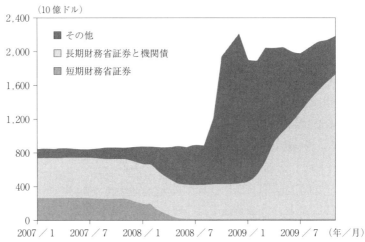

図 11-1 連邦準備制度のバランスシート上の資産

(註) 機関債はファニーメイ，フレディマック，連邦住宅貸付銀行の債権を指す．これら機関発行の資産担保証券はここに分類される．
(出所) *Economic Report of the President*, 2010, p.48, Figure 2-4 より

注入したことだった．それは，連邦準備銀行と直接取引する金融機関へ，直接流動性を供給する仕組みを創り出すことだった．

これは，すでにブッシュ政権下の2008年，リーマン・ショックが起こる前から導入されていたものではあるが，フェデラル・ファンド・レート金利目標が2008年12月に事実上ゼロまで下がり，伝統的な手段による流動性供給が困難と見た連邦準備制度理事会は，大規模な資産買い取り作戦に取りかかることとした．長期金利引き下げのためと称し，2009年3月連邦準備制度理事会は，長期財務省証券を最大3000億ドルまで買い入れる計画を発表したのである．

この連邦準備制度の非伝統的政策によって，連邦準備制度のバランスシートの資産規模が大幅に拡張した．図11-1を見れば，それは一目瞭然であり，連邦準備制度の保有資産は，2008年1月から12月にかけてほぼ3倍化したのである．短期の財務省証券の保有が激減したのに対して，長期の財務省証券と機関債が激増した．これはまた連邦準備制度が，大量のハイパワード・マネー（ベース・マネー）を取引金融機関に供給したことを意味している．

これが実際に市中に流れて，マネーストック（マネーサプライ）の増大となり，

インフレを引き起こすか否かは，実体経済の動きいかんにかかっているのだが，もしそうなった場合，政策担当者たちは，連邦準備制度が買入資産の売却や預金準備に高い金利を課すことによって，過度のインフレは防ぐことができるだろうと判断した．(3)

第2節　オバマ政権による金融制度改革
——ボルカー・ルールの意義とは何か

■金融制度改革

　リーマン・ショックに始まる世界経済危機は，1929年大恐慌以来の経済危機と言われ，金融機関救済が優先された．しかし，こうした金融危機を防止するための制度的改革は，オバマ政権にとって待ったなしの課題となった．

　オバマ大統領は金融制度改革法を2009年6月に提案し，それが法律案として下院に提出されたのは7月だった．この法律は，金融システムにおける説明責任と透明性を改善し，アメリカにおける金融安定を推進するためのものだった．また，金融機関が「大きすぎてつぶせない」という事態になることや，公的資金によって救済する事態を終わらせることによって，アメリカ納税者を保護することが目的とされ，濫用的な金融サービスから消費者を保護するための金融制度改革でもあった．

■グラス＝スティーガル法の再評価

　しかし，なぜ2008年9月に，1929年大恐慌の勃発を思わせる危機が発生したのだろうか．クルーグマンは言う．「アメリカでは，ペコラ委員会が公聴会を持ち，議会が主要な銀行法の制定をおこなってから半世紀の間，大きな金融危機を回避することに成功してきたという事実を重視すべきなのです．危機は，私たちがこうした教訓を忘れ，効果的な規制を廃止した後に起こったのであり，私たちの金融制度は，危険なほどに不安定な状況に戻ってしまったのです」．(4)

　1999年に成立した金融サービス近代化法，通称グラム＝リーチ＝ブライリー法は，1933年に成立し半世紀間にわたってアメリカを金融危機から自由に

したグラス＝スティーガル法を廃止した．すなわち金融サービス近代化法は，投資銀行と商業銀行を構造的に切り離し，商業銀行に投機的な自己勘定に基づく取引を禁止したグラス＝スティーガル法を廃止し，銀行持ち株会社法も改正した．今やアメリカでは，商業銀行，保険会社，投資銀行が，持ち株会社の下で統合し，証券化の急速な展開によって，法外な収益を上げているのである．

　グラス＝スティーガル法が廃止され，金融サービス近代化法が成立してから9年後，アメリカは，1929年大恐慌と同じ規模の深刻な金融危機に遭遇した．多くのエコノミストたちは，グラス＝スティーガル法のような金融規制がなければ，商業銀行が，勝手にリスクのある取引に手を出し，連邦準備銀行の後ろ盾をいいことに「モラルハザード」（倫理意識の欠如）が発生するということに懸念を表明した．

　こうした懸念が議会を動かすことになる．2009年12月，ジョン・マケインとマリア・カントウェル（Maria Cantwell）上院議員の両名は，共同して，グラス＝スティーガル法の再立法化を提案するのだった．しかし，この法律は，議会を通過することはなかった．

■商業銀行の投資銀行化

　確かに，グラス＝スティーガル法の廃止は，クルーグマンの指摘にあるとおり，世界経済危機発生の制度的要因のひとつと言えるだろう．しかし，アメリカの金融機関は，1930年代のそれとは大きくその様相を変えていた．それは，商業銀行貸付の証券化とオフバランス取引の活発化であった．

　私は，すでに本書第Ⅱ部において，アメリカにおける金融覇権の確立を1999年グラム＝リーチ＝ブライリー法に求め，商業銀行の証券化について論じた．2000年においてアメリカ商業銀行の資産収益率は，非金利収入を除けば－1.3％であり，銀行利潤率は－15.4％に落ち込むのである(5)．まさしく，アメリカ商業銀行の投資銀行化が進行していたのであり，アメリカの商業銀行は，デリバティブ取引と非金利型手数料（non-deposit fee income）によって収益を上げていたのである．非金利型手数料とは，クレジットカード手数料，モーゲイジ・サービスやリファイナンス手数料，ミューチャル・ファンド販売サービス手数料，証券化された貸付から生じる手数料などである．デリバティブ取引は，

1993年以来，商業銀行の全収入の3％を超えたが，証券，商品，金利，外国為替などのトレーディングによる収入が激増したのだった．

　こうした商業銀行の投資銀行化は，グラム＝リーチ＝ブライリー法の基盤をなすものであり，アメリカにおいて商業銀行と投資銀行は，分かちがたく融合していたのである．商業銀行のシティ・コープは，保険会社のトラヴェラーズ・グループ，そして投資ブローカーのスミスバーニーと合併していたし，2008年9月14日には，バンク・オブ・アメリカは，CDOs取引で莫大な損失を抱えていたメリル・リンチを買収し，救済していた．グラス＝スティーガル法による金融規制に戻ったとしたら，アメリカ金融業界は，決定的な損失を覚悟しなければならなかったと言えるだろう．

■**ドッド＝フランク法**

　しかし，オバマ政権は，何とか手を打たなければならなかった．こうして，金融制度改革法の提案時の2009年6月には含まれていなかったボルカー・ルールを，2010年1月に，オバマ大統領は提案したのだ．このルールは，一言で言えば，グラス＝スティーガル法が構造的に商業銀行と投資銀行を分離したのに対して，機能的に分離を図ったということができるだろう．

　ボルカー・ルールを含むオバマ政権の提案する金融制度改革法は，「ドッド＝フランク・ウォール・ストリート改革及び消費者保護法」（ドッド＝フランク法と略称）として，2010年7月21日に施行されることとなった．ボルカー・ルールは，最終規則が2013年12月10日，連邦準備制度理事会，連邦預金保険公社，通貨監督庁，証券取引委員会，商品先物取引委員会の5つの連邦当局によって公表された．これは，ドッド＝フランク法第619条におけるボルカー・ルールの施行細則を定めたものである．[6] 最終規則は2014年4月1日に発効し，2015年7月21日，全面適用の運びとなった．

　この最終規則により，バンキング・エンティティ[7]は，自己勘定取引をおこなうことが原則として禁止された．自己勘定取引とは，「トレーディング勘定に関してプリンシパルとして，1つあるいは複数の対象金融商品（financial instrument）の売買に従事すること」である．対象金融商品とは，①証券（証券に係るオプションを含む），②デリバティブ（デリバティブに係るオプションを含む），③将来

受け渡しのコモディティの売却契約，あるいは，左記契約に係るオプションのことであり，トレーディング勘定とは，大雑把に言えば，バンキング・エンティティが，短期で対象金融商品を売買し，利益を得る勘定のことである(8)．ただし，最終規則では，自己勘定取引に該当しない取引の定義が新設され，レポ取引（買い戻し条件付き債券売買），流動性管理目的の証券の売買，清算活動に関する取引等が規定された(9)．

■ボルカー・ルールの限界

ところで，最終規則は，一定の条件を満たせば，バンキング・エンティティに自己勘定取引を許しているのである．許される取引は，①引受業務関連，②マーケット・メーキング，③ヘッジ取引，④内外政府債券等取引，⑤顧客に代わりおこなう取引，⑥保険会社のおこなう取引，⑦外国バンキング・エンティティのおこなう取引である(10)．

政府債券の売買，引受業務やマーケット・メーキングに関わる業務，リスクヘッジ活動や顧客に代わる取引などが許される取引ということになると，当然ながら，様々な方法で，バンキング・エンティティは，許されざる自己勘定取引を許される業務に偽装して業を営むことが起こるだろう．例えばゴールドマン・サックスでは，自己勘定取引部門の多くのスタッフを資産管理部門へ異動させ，名称を自己勘定取引から顧客取引へと変更しているのである．顧客の要請に応じて取引をおこなうと偽装すれば，いくらでも実体的には，許される自己勘定取引とすることは可能である(11)．

問題は，ボルカー・ルールがグラス＝スティーガル法と異なって，商業銀行と投資銀行を構造的に分離していないことから発生するのである．かつてのような構造的分離が不可能としても，今日の銀行持ち株会社方式の下で，預金金融機関と証券売買取引機関を構造的に完全に分離することは可能である．例えば，巨大な銀行持ち株会社の下で，証券売買取引機関を完全所有子会社として切り離すというような制度的改革をすれば，証券売買取引機関に商取引におけるモラルハザードは発生しにくいのではないか，という議論は傾聴に値しよう(12)．

いずれにしても，現在のままのボルカー・ルールでは，ふたたび金融危機が起こらないという保証はどこにもないことは確かなのである．

第3節　オバマ政権の経済復興政策

■復興法

　オバマ大統領は，2009年2月24日上下両院合同会議で，政権樹立後初めての施政方針演説に臨んだ．彼は，アメリカ国民に新政権の政策を明らかにしたのだが，経済危機が進行中のアメリカだったから，当然ながら経済復興に大きな重点が置かれた．

　すでに，公約の景気対策法は，2月17日「アメリカ復興および再投資法」（ARRA：American Recovery and Reinvestment Act of 2009）として，大統領の署名を得て成立していた．大統領は次のように述べた．

　「この2年間で350万人の雇用を創出する．この雇用の90％以上が民間部門に関わるものだ．道路や橋梁，風力タービンやソーラーパネルの建設，ブロードバンドの敷設などによって雇用を拡大する」

　この法律は，略称「復興法」（Recovery Act）というから，アメリカ経済史を紐解けば，かつて大恐慌のさなか，1933年3月に政権についたフランクリン・ローズヴェルト大統領が署名し成立した「全国産業復興法」（National Industrial Recovery Act of 1933）が思い出される．当時の考えでは，財政均衡こそが景気回復の切り札と考えられたから，このローズヴェルトの「復興法」は，積極的な財政政策を推し進めるものではなく，独占禁止法を緩め，企業の産業組織化を奨励し，物価を上昇させる政策だった[13]．しかし，オバマ政権の景気対策は，積極的財政政策に基軸を置くものだから，ローズヴェルトの「復興法」とは似て非なるものと言えるだろう．

■復興法の成立過程

　オバマ政権の「復興法」は，どのようなプロセスを経て立法化されたのだろうか．ブッシュ政権がリーマン・ブラザーズ倒産の危機に際してとった金融機関救済措置についてはすでに述べたが，2008年11月に次期大統領になることが決定したオバマ上院議員とその下に結成された移行チームは，12月，直ち

に「アメリカ復興および再投資法」の総論と各論を発表した．この法案は，オバマ大統領就任後間もない2009年1月26日，アメリカ議会下院に提出され，下院と上院を直ちに通過することとなったのであり，2月13日までに議会両院協議会で合意され，2月17日，オバマ大統領の署名により成立した．

当初，経済危機の影響の予測は楽観的だった．2008年12月におこなわれたブルーチップ予測でも，2009年第1四半期の実質GDP減少率は－2.4％だったし，予測専門家調査予測値では－1.1％にすぎなかった．しかし，現実は，－5.4％というたいへんな減少を記録した．

オバマ政権で国家経済会議議長の重職に就くサマーズは，2008年11月19日，ワシントンDCで開催された『ウォール・ストリート・ジャーナル』紙最高経営責任者諮問会議の講演で，経済危機の深刻さを察知し，「即座に」「充分な」かつ「持続的」財政政策の実施が必要なことを表明した．2009年2月17日に成立した「復興法」は，この原則に従って実行されることになったと言ってよい．

かつて，次期大統領の経済政策が就任後6カ月経っても成立しなかったことがあったが，大恐慌以来最悪の経済危機のさなかにあって，この「復興法」は，即実行に移されるべきものだった．また，経済危機が広範囲であったことを考えると，「復興法」による事業には，充分な金額をつぎ込む必要があったし，一時的に終了させるのではなく，持続的に事業を進める必要もあったと言えるだろう．

■復興法の目的とそれに次ぐ財政出動

「復興法」は，次の目的に具体化されて実行されることとなった．第1に，雇用を維持・創出し，経済回復を促す．第2に，リセッションの影響を受けた人全てに支援する．第3に，科学と医療の技術進歩を進め，経済効率を高めるのに必要な投資をおこなう．第4に，運輸，環境保護などに投資して長期的経済利益をもたらす．第5に，州・地方政府の財政を安定させ，必要なサービスの削減や非効率的な州・地方政府の増税を最小化または回避する，というものだった．

「復興法」の規模は，成立時の議会予算局（CBO）の試算では7870億ドルで，

リセッションの規模が大きくなるにつれて金額は膨らみ，2014年時点では，2019年まで総額8320億ドルによる財政支援ということになっている．成立時の費用予測によれば，減税（2120億ドル），メディケイドや失業手当などの義務的支出の拡大（2960億ドル），個人への支援，インフラ，教育，職業訓練，医療ITへの投資などの裁量的支出（2790億ドル）にほぼ均等に配分したのだった．また，「復興法」関連の支出の時期では，2013年9月30日までに8046億ドルを支出したのだが，2009年と2010年に支出時期が集中し，合わせて5663億ドル，全体の70.4％が支出されたのだった．

もちろん，オバマ政権の政策は，「復興法」の実施で終わったわけではない．「復興法」以後の財政的経済支援は，表11-1に記載されている通りだが，主な支援措置を挙げれば，「2010年税軽減・失業保険再認可および雇用創出法」，

表11-1 復興法以後の財政的経済支援

	10億ドル	
	2009～12年	2009～19年
2009年成立		
労働者，持ち家，企業支援法（HR3548）	35	24
2009年補正予算（HR2346）（ポンコツ車で現金）	3	3
2010年国防予算法（HR3326）（失業保険，総合包括財政調整法）	18	18
2010年成立		
2010年臨時延長法（HR4691）	9	9
雇用促進法（HR2847）	13	15
2010年延長継続法（HR4851）	16	16
2010年失業補償法（HR4213）	33	34
連邦航空局安全向上法（HR1586）（教育職，連邦医療費負担率 拡張）	26	12
中小企業雇用法（HR5297）	68	10
税軽減・失業保険再認可及び雇用創出法（HR4853）	309	237
2011年成立		
臨時給与減税継続法（HR3765）	28	29
退役軍人雇用促進法（HR674）	0	－0
2012年成立		
2012年中間層税軽減及び雇用創出法（HR3630）	98	123
2012年米国納税者救済法（HR8）	17	178
合計	674	709

（註）すべてCBOの2009～19年見込額を使用．通例の租税措置延長は見込額から除外．12年までのデータは同暦年末までのもの，19年までのデータは同会計年度末までのものを含む．
（出所）*Economic Report of the President*, 2014, p.101, Table 3-4より．

また，「2012年中間層税軽減および雇用創出法」，そして「2012年米国納税者救済法」ということになる．これらの経済支援を全部合わせると，2009年から2019年にかけて，7090億ドルの規模になると議会予算局は見積もった．

　大統領の肝いりで提案されたが実現しなかった代表的例は，2011年9月に提起された「アメリカ雇用対策法」である．その辺の事情は，第12章「オバマ政権の経済政策実施を阻む共和党」において詳述するが，もしこれが議会を通過していたら，インフラから教育職，中小企業大幅減税に至るまであらゆるものへの追加投資，4470億ドルが支出されるはずだったのである．

■マクロ的効果

　オバマ政権による「復興法」やそれに次ぐ財政出動は，マクロ的にどのような効果を持ったのだろうか．

　財政政策の短期的な効果は，財政介入のタイプ別（政府支出と個人所得減税）の乗数計算がおこなわれ，「復興法」やそれに次ぐ財政出動のマクロ経済的効果が試算される[14]．財政支出乗数は，政府支出1ドル当たりのGDPの変化であり，租税乗数は，減税1ドル当たりのGDPの変化を言うが，減税の場合，貯蓄に回される部分があるから，財政支出に比較し，効果は小さくなる[15]．大統領経済諮問委員会の試算では，「復興法」は，2012年までに約600万の年雇用（a job-year）を維持・創出し，2010会計年度と2011会計年度途中までで，GDPを2.0〜2.5％押し上げたと推計した．年雇用1とは，年間フルタイムでの1人の雇用を言う．また，「復興法」に引きつづき実施された財政政策の効果の試算を付け加えると，それがなかった場合に比較してGDPを3年間で年間2％以上増やし，2012年までに約900万の年雇用を創出・維持したと推計した．

　もちろん，「復興法」とそれに続く財政出動は，以上のような雇用維持・創出や経済回復の促進のみならず，危機の影響をもろにかぶった人たちへの援助の意味も持った．まず，家計への減税である．「復興法」の所得支援と減税によるものであるが，最も影響が大きかったのが，2009年と2010年に発効した就労促進税額控除（Making Work Pay Tax Credit）であった．この減税がなかったならば，実質個人総可処分所得は3540億ドル少なかったであろうし，また，2011年と2012年には，後に述べるように，さらに大規模な給与税減税に取っ

て代わったのだった．

　第2が失業保険である．従来，共和党政権は，失業保険の充実は，労働者を怠けさせ就業促進に役立たないとする見解をとってきたが，オバマ政権は，失業給付は所得支持と家庭の貧困阻止にとどまらず，労働市場にも効果を発揮するとして，充実させる姿勢をとった．失業給付は，人々に自分の技能にあった仕事を探す時間を与えることで，労働生産性にプラスに働くし，長期失業者が労働力から撤退するのを防ぎ，最終的に就労機会が与えられれば，経済の長期潜在力の維持に効果があるとした．

　アメリカの失業保険は，連邦政府と州が共同で資金をまかない，州が運営し，26週間の給付が一般的であるが，オバマ政権は連邦政府の負担を増額し，給付期間を延長するとともに，1週間当たりの給付を25ドル増額した．

　第3は弱者保護である．低所得者税額控除の拡大，補足的栄養支援プログラム（SAP：Supplemental Nutrition Assistance Program）の拡張や貧困家庭臨時援助（TANF：Temporary Assistance to Needy Families）を通じての緊急給付になる．大恐慌以来の深刻な経済危機において，貧困率は，これらの反貧困政策の実施により，2007年から2010年にかけて0.5％だけの上昇だった．これらの政策が実施されなければ，貧困率はこの9倍，4.5％も上昇しただろうとする研究結果が発表されている．[16]

■長期の成長への効果

　従来ケインズ政策は，短期的な不況対策であり，例えば，用もない穴を掘る仕事でも経済的には効果があるというように議論がなされたことがあった．1961年ケネディ政権誕生とともに，「ケインズ革命の完成」と銘打ち完全雇用財政均衡論を打ち出したウォルター・ヘラー（Walter Heller）たちの経済政策も，財政金融の有効需要政策によって現実のGDPを潜在GDPの水準に近づけるという，短期の経済政策だった．

　しかしオバマ政権は，基本的には短期の政策効果を期待した「復興法」においても，長期成長効果を視野に入れて政策を実行していく．「復興法」による長期成長投資の金額は，表11-2に示されている通りであるが，推定費用も含めて，2009年から2019年第3四半期まで，3006億ドルが計上されている．

表11-2 復興法長期成長投資

	（10億ドル）推定費用（2009～19年）[a]
資本	
交通輸送建設	30.0
環境浄化・保護	28.0
建物建設	23.9
治安・国防	8.9
経済開発	14.6
備考：企業税制刺激	11.7
労働	
ペル奨学金	17.3
特殊教育	12.2
恵まれない子供たちへの支援	13.0
その他人的資本	10.3
技術	
科学技術	18.3
クリーン・エネルギー	78.5
医療，医療IT	32.0
ブロードバンド	6.9
その他	6.7
公共投資合計[b]	300.6

（註）[a]推定費用は2019年第3四半期までの予算と税制が対象．
　　　[b]四捨五入のため合計は合計額と一致しないことがある．合計額に企業税制刺激は含まれない．
（出所）*Economic Report of the President*, 2014, p.123, Table 3-8より．

　その第1は，物的資本の維持と投資拡大である．2010年秋に提案され12月に議会を通過した，史上最大の一時的な企業投資刺激策である企業投資の全面経費化であり，交通輸送などへの公共投資になる．金融システムの危機の時期には，企業は金融市場から充分な資金を調達し投資することが困難なので，税制面から民間投資を支えるのが，企業投資の全面費用化ということになる．交通輸送の基盤投資は，中間層の仕事を創出し，家計の負担となる交通費を引き下げる効果があると，財務省の報告は指摘している．

　第2は，人的資本の保護と投資拡大である．「復興法」による雇用の維持と創出が失業期間の長期化を防ぎ，人的資本にとっての重要な政策であったが，とりわけ，教育への投資拡大と改革が重要となる．教育は州政府と地方政府の

仕事だが，経済危機の深化は税収不足を引き起こし，放置すれば教育予算の大幅削減によって教育職の削減は避けられない状況であった．しかし，「復興法」による州財政安定化基金は，多くの州で初等中等教育の予算を回復させたし，公立大学の授業料の値上げの回避と上げ幅の極小化を実現させたことが指摘されている．また，ペル奨学金の拡充も果たしたのであった．

■イノベーション投資

　第3は，技術とイノベーションへの投資である．イノベーションは経済全体に最大の収益をもたらすが，それを企業任せにしないというのがオバマ政権の考えである．なぜなら，企業は，自分の利益になるイノベーションには真剣に取り組むであろうが，他の産業や他企業を利するような研究には，積極的な投資はしないからである．

　とりわけ，クリーンエネルギーは，環境と国家安全保障上大きな利益となるのであるが，個別企業にとり，報酬を充分ペイするものではない．そこで連邦政府が登場するのである．「復興法」では，表11-2に見られるように，イノベーション投資では，クリーンエネルギー投資が最も大きな比重を占めている．この投資は，雇用の創出，外国産原油への依存の削減による国家安全保障の向上，気候変動対策による環境改善を後押しすることになる．太陽光，風力，廃棄物，木材，地熱の先端再生エネルギーの発電は，アメリカにおいて急成長を示しており，2000年の時間当たり500億キロワットから，2012年にはその3倍以上の水準，時間当たり1900億キロワットに上昇している．

　イノベーション投資の第2の分野は，医療である．「復興法」の一部として定められた「経済的および臨床的健全性のための医療情報技術法」（HITECH：Health Information Technology for Economic and Clinic Health）は，医療ITの促進法であり，電子カルテの普及・奨励の役割を果たし，患者の関連する情報の直接完全利用によって医療協力を劇的に前進させ，不必要な治療・検査・手続きの回避によって医療費を削減させる可能性を持っているのである．

　第3が，ブロードバンド接続の増加と全米への普及である．「復興法」は，短期的な措置であるが，商務省全国電気通信および情報局を通じて，ブロードバンド設備を充実させ，公共コンピュータ施設を援助した．これは，アメリカ

経済の中長期的潜在成長力の拡大の基盤をなすとオバマ政権は考え，アメリカ生産性成長の基軸に掲げたのである．

註
（1） 『米国経済白書2010』エコノミスト臨時増刊，2010年5月24日，毎日新聞社，63ページ．
（2） 同上，66〜67ページ．
（3） 同上，64〜65ページ．
（4） Paul Krugman, "Bankers Without a Clue," *New York Times Online*, January 14, 2010.
（5） Federal Deposit Insurance Corporation, *Historical Statistics on Banking, Commercial Banking Reports*, Table CB04, 09, 14.
（6） この点，詳しくは，岩井浩一「ボルカー・ルール最終規則の概要」（『野村資本市場クオータリー』2014, Winter）を参照．
（7） バンキング・エンティティとは，①預金保険対象機関，②預金保険対象機関を支配する企業，③1978年国際銀行法の8条に基づき銀行持ち株会社として取り扱われる企業，④これらの子会社および関係会社のことである．
（8） 詳しくは，岩井浩一，前掲論文，93ページ参照．
（9） 同上，94ページ参照．
（10） 詳細は，同上，95〜98ページ参照．
（11） R. Rex Chatterjee, "Dictionary Fail：The Volker Rule's Reliance on Definitions Renders it Ineffective and a New Solutions is Needed to Adequately Regulate Proprietary Trading," *International Law & Management Review*, Vol. 8, Winter 2011, pp. 53-55.
（12） *Ibid.*, pp. 60-62.
（13） この点，詳しくは，萩原伸次郎『アメリカ経済政策史』序章を参照のこと．
（14） 算出方法の詳細については，『2014米国経済白書』蒼天社出版，2014年7月，第3章付録2「財政乗数――理論と実証」を参照のこと．
（15） YをGDP，Cを個人消費，Iを投資，Gを政府支出とし，対外経済関係を無視すると，$Y=C+I+G$が成り立つが，限界消費性向をc, $(0<c<1)$とすると，$C=cY$であるから，$Y=cY+I+G$となり，整理すると $Y=\frac{1}{1-c}(I+G)$ となるから，財政支出増加（ΔG）のGDPへの効果（ΔY）は，$\Delta Y=\frac{1}{1-c}\Delta G$ と表すことができる．一方，租税（T）をモデルに組み込むと，$Y=C(Y-T)+I+G$ となり，整理すると $Y=\frac{1}{1-c}(-cT+I+G)$ となるから，減税（$-\Delta T$）のGDPへの効果は，$\Delta Y=\frac{c}{1-c}(-\Delta T)$ となり，租税乗数 $\left(\frac{c}{1-c}\right)$ は財政乗数 $\left(\frac{1}{1-c}\right)$ より小さくなる．

（16） Wimer, Christopher, *et. al.*, "Trends in Poverty with an Anchored Supplemental Poverty Measure," Working Paper 1-25, Columbia Population Research Center, New York, 2013.

第 12 章

オバマ政権の経済政策実施を阻む共和党

第1節　共和党「小さな政府論」による徹底抗戦

■オバマ政権初期の帰結

　オバマ政権の危機対策が，100年に一度だとか，1930年代大恐慌を超える経済危機だなどと言われた深刻な経済状況を，何とか「第2の大恐慌」とはせずに救済したことは認めなければならないだろう．2009年第3四半期に実質経済成長率をプラスに持って行くことに成功したからである．オバマ政権の迅速な経済対策によって，2008年〜09年経済危機は，大恐慌以来最大の「大リセッション」(Great Recession) にとどまった．

　しかし，オバマ政権の初期の政策は，ウォール・ストリート救済作戦だったことは否めない．2009年中頃には，既述のように大金融機関の最高経営責任者たちの報酬はリーマン・ショック以前の水準に回復した．しかし，この金融の立ち直りに比較して実体経済はと言えば，経済成長率がプラスに転じたとは言え，失業者の数は容易に減少しなかった．失業者数は，2009年1月に1198万4000人を記録した後，増加を続け，年末には1521万2000人となり，2010年中，1500万人近くから減少することはなかった．

　アメリカ経済における格差と不平等は，オバマ政権の下で，ブッシュ政権時代以上に深刻となったのである．しかも，2009年2月に制定され実施に移さ

れた「アメリカ復興および再投資法」は，既述のように連邦財政支出の急増をもたらし，連邦財政赤字の膨大化が2009年から2010年にかけて引き起こされた．

■ティーパーティー運動と共和党の勝利

2010年11月には中間選挙が控えていた．当時，上下両院とも民主党が多数を握っていたが，このオバマ政権の弱点に付け込んだのが，共和党右派，コーク兄弟であり，莫大な資金をつぎ込んで「ティーパーティー運動」を創り出していった．

アメリカには，もともと独立自尊の精神が建国以来一貫して流れている．「財政支出の削減と減税による『小さな政府』こそ，われわれの建国期からの理想ではないか」という「ティーパーティー」の問いかけは，ブッシュ政権期以上の格差と不平等，失業と貧困が深刻に展開する事態の中で，反オバマ，反民主党の大きな運動となっていく．

アメリカ下院選挙は，議席数435の完全な小選挙区制でおこなわれる．コーク兄弟は，弱点を持つ民主党現職議員を探し出し，徹底したネガティブキャンペーンを金にあかせて実行し，次々と彼らを追い落としていった．ティーパーティー運動賛成派の共和党議員を当選させ，ついに11月の中間選挙によって，下院は共和党が牛耳るということになった．かろうじて上院は民主党が過半数を維持したものの，議会における与野党間のねじれが発生した．

■ブッシュ減税の延長

2001年，2003年に制定されたブッシュ減税法が，2010年末に期限切れを迎えることになっていた．オバマ大統領の不運は，2010年11月の中間選挙で，野党共和党が下院で多数を占めてしまったことだった．しかも，極端な財政均衡論者，「小さな政府論」を金科玉条のごとく振りかざす「ティーパーティー運動」に支えられた議員が，かなりの数を占めてしまったことだった．アメリカの議会は，日本と異なって上院も下院も権限は同じである．したがって，両院で判断が異なる場合は，両院協議会において協議して決めなければならない．

オバマ大統領は，富裕者優遇の一律所得税減税法の2年の延長はどうしても

防ぎたいという気持ちがあったが，下院で多数を占める共和党が納得せず，付帯条項を付けた「2010年税軽減・失業保険再認可および雇用創出法」として，2010年12月に議会を通過させたのだった．オバマ大統領は，共和党右派に妥協し，不本意ながらも2001年，2003年ブッシュ減税を踏襲し，富裕層も含めてすべての国民に減税を2年間延長したのだった．

さらに，2011年に限ってということで，勤労者に約1120億ドルに上ると推定される給与税減税2％も導入した．この給与税というのは，勤労者が年金のために給与から天引きされ年金基金に積み立てられるおカネであり，65歳を過ぎると公的年金として支払われるもととなるものである．なぜかアメリカでは，1935年社会保障法の下でできた年金基金の積み立ての天引きを，「税」と表現するのである．

また，この2010年法は，失業保険の延長を継続させ，非自発的失業者は2011年まで失業保険を受けられるようにした．失業保険再延長に対しては，共和党から，労働者の働くインセンティブを殺ぐという理由から反対の意見があったが，オバマ政権の経済政策担当者は，そうしたことは統計上実証されていないとして，失業者の生活保護という観点から再延長を法律に導入した．

そしてこの法律は，設備投資全額の損金算入を認め，2011年に投資をおこなう企業へ強力なインセンティブを導入した．(1) 設備投資全額が企業収益から損金として引かれるから，法人税減税の意味を持ち，設備投資の活発化をもたらすだろうという理屈だ．

■累積債務上限の引き上げ問題と共和党の嫌がらせ

オバマ政権の大規模な減税政策と財政支出政策は，連邦財政に一時的とはいえ膨大な赤字を作り出したことは明らかだった．

連邦財政赤字累積額の上限を決定することは議会に権限がある．歴代の政権は，その上限に達すると議会に要請し，議会が上限を引き上げるというのが慣例となっていた．あのレーガン大統領が連年大赤字を作り出した時でも，議会は累積債務の上限引き上げを認めてきた．

2011年に連邦債務累積額は14兆ドルを超え，議会による上限の引き上げ決定が必要になっていた．この時の上限は14兆2900億ドルであり，5月には限

界に達し，引き上げが必要になっていた．もし議会が認めなければ，アメリカ連邦債の債務不履行が発生し，金融危機を起こしかねない状況である．しかし，オバマ政権にとって不運だったのは，2010年11月の中間選挙で共和党が下院を制し，極端な「小さな政府論」を振りかざし，大幅一律減税と福祉予算をはじめ大幅な歳出削減を唱えるティーパーティー運動に支持された議員がかなりの勢力を占めていることだった．彼らは累積債務上限の大幅アップに難色を示し，簡単にオバマ政権の要請に応えようとはしない．なるべく累積債務上限額を低く設定し，2012年11月の大統領選で再度上限引き上げ問題を引き起こし，再選をねらうオバマ大統領を批判し，大統領選を有利に運ぼうとする考えが，共和党にはあったのだ．

　結局，2011年7月31日，アメリカ議会で合意が成立し，連邦累積債務の上限は2兆1000億ドル幅の引き上げということになった．けれども，この上限幅を決定する8月2日の議会は，同時に「予算統制法」を通過させてしまった．すなわち，10年間で1兆2000億ドルの赤字削減の具体的な計画を，年末までに議会の超党派委員会で決定すると決めてしまった．もしまとまらなかった場合，2013年1月2日をもって，軍事・非軍事を問わず全ての裁量的経費を，その年から2022年まで年間1100億ドルずつ削減すると決めてしまったのである．

　その時は，まさかまとまらないとは誰も思わなかったそうだが，民主・共和両党の財政支出に関する見解の相違はあまりにも大きく，最終的には，裁量的経費の一律削減という「財政の崖」を形成する重要なファクターが発動されることとなってしまった．しかも，2兆1000億ドルの上限幅の引き上げでは，2013年中に限界に達することは誰もが予想できたことであり，2013年の財政支出をめぐるオバマ政権と議会共和党とのバトルが再燃することが予想された．

■アメリカ雇用対策法の提案

　既述のように，2009年2月に制定されたオバマ政権の経済危機対策の切り札である「アメリカ復興および再投資法」は，基本的に2年で終了する危機対策だった．もちろん，そこに中長期的戦略も含まれていたことは否定できないが，2年経過した2011年には，翌年おこなわれる大統領選も視野に入れた新

たな経済戦略が必要だった．

　アメリカの大統領選挙の勝敗は，時の経済状況が左右する．経済政策がうまくいき失業も基本的に解消しているという状況だと，現職大統領またはそれを引き継ぐ候補者が，有利に選挙戦を進めることができる．レーガン大統領の1984年の再選がまさにそうだったし，ニクソン大統領は，再選戦略として，1971年8月15日の金ドル交換停止を含む新経済政策を発表した．金ドル交換停止は，戦後の国際通貨システムを大きく転換させるニクソンショックとしてわれわれには知られているが，ニクソン大統領にとっては，1972年11月の大統領選挙で再選を勝ち取るための戦略として，インフレを抑え失業率を改善する「賃金・所得統制政策」として，意味を持ったのである．これは見事うまくいき，1972年11月の大統領選挙でニクソンは，地滑り的勝利を収めたのだった．

　失敗の例としては，またニクソンが絡むのだが，1960年大統領選挙で，共和党大統領アイゼンハワーが，長引く経済停滞を払拭することができず，共和党候補ニクソンに政権を引き渡すことに失敗，民主党ケネディに政権を譲り渡したことは，これまたよく知られた話である．

　オバマ大統領は，債務上限問題に一応の決着をつけた後，翌年2012年11月の大統領選挙を意識して，「復興法」に次ぐ効果的な財政主導の経済政策の展開に動き出した．それが，オバマ大統領自身が上下両院合同会議で演説し成立を呼びかけた，総額4470億ドルに上る「アメリカ雇用対策法」（American Jobs Act）だった．大統領が議会に出かけて演説するということは，かなり力の入っている証拠だ．なぜなら，普通大統領はホワイトハウスで執務し，モールに集まった多くのアメリカ市民に議事堂西側に設置された演壇から直接語りかける大統領就任式と就任演説を除けば，議会に出かけて演説をおこなうのは，アメリカ国民に政権の基本方針を明らかにする，毎年恒例の1月におこなわれる一般教書演説ぐらいのものだからだ．

　この「アメリカ雇用対策法」によって，主要雇用対策として挙げられたのが，2012年の雇用者家計への給与税の半減政策だった．既述のように，年金のため勤労者は，給料から給与税を支払っている．これが給与の6.2％だから，半減されれば一般家計へ，平均すると年間1500ドルの負担軽減になるという計算である．既述のように2011年には，2010年12月に成立した減税法によって

第12章 オバマ政権の経済政策実施を阻む共和党　231

2％幅の給与税減税が実施されたから，2012年にはさらにそれが広がることになる．主な項目を挙げれば，給与税減税で1750億ドル，中小企業への給与税の負担も半減させて，新たに雇用した場合，追加雇用者分の給与税は全額免除の方針で650億ドルになる．

この減税政策の一方でオバマ政権は，公共事業の実施によって雇用創出を試みようと考えた．学校の補修300億ドルに加え，道路・空港・鉄道の近代化で500億ドル，そして，失業保険の延長と改善で490億ドルというのが主要な雇用対策であった．主として2012年に実施されることから，大統領選を控えての短期的な雇用対策であり，景気浮揚策であったと言えるだろう．

■**共和党による反対**

オバマ大統領は，2011年9月19日，今度はホワイトハウスで演説し，今後10年間で3兆ドルを超える連邦財政赤字の削減策を提案した．既述のように，その夏の連邦累積債務上限引き上げの合意時に，今後10年間で2兆1000億ドルの削減が決定され，そのうち0.9兆ドルの削減はすでに法制化済みだったので，残りの1.2兆ドルの削減案を年末までにアメリカ議会の超党派委員会でまとめることとなったのだが，それに加えてオバマ大統領は，税制改革に伴う増税，義務的経費の歳出削減，イラク戦争，アフガン戦争の終結に伴う戦費の減少という3つの柱からなる削減案を提案した．

ここで注目されるべきは，税制改革による増税である．ブッシュ減税による富裕層の減税を2012年12月の期限切れに伴って廃止し，さらに富裕層や大儲けを続ける石油会社などの特定の企業への税制優遇の廃止によって1.5兆ドルの増税を企てたのだった．

しかしながら，こうしたオバマ政権の，貧富の格差を是正し，中間層を強化し，富裕層への増税をねらう「まともな」税制改革と積極的な財政支出政策は，「ティーパーティー運動」に支持され下院を制する共和党の反対で，いずれも成立は困難となった．裁量的財政政策をフルに活用した「アメリカ雇用対策法」は，結局，2010年12月に成立した減税法による2011年の2％の給与税減税と失業保険給付の延長を，2012年まで認めただけで終わってしまったのである．

このオバマ大統領の演説は，「ウォール街を占拠せよ」（Occupy Wall Street）運

動のさなかにおこなわれた．この運動は，9月17日，「ウォール街を占拠せよ」をスローガンに，若者を中心として1000人ほどの人々がズコッティ公園で集会をおこなうことから始まった．彼らはウォール街を行進し，また路上に座り込み，19日までに7人が逮捕された．「政府による金融機関救済への批判」「富裕層優遇措置への批判」「金融規制の強化」を訴える運動が，これをきっかけとして全米で繰り広げられることとなった．オバマ大統領は，この運動に理解を示し，自身が取り組んだ金融規制をアピールした．この運動は，保守派による「ティーパーティー運動」に対抗する動きの一端を示したものと言えるだろう．

第2節　「財政の崖」と議会共和党の瀬戸際作戦

■オバマ再選と「財政の崖」問題

　2012年は，大統領選挙の年だった．オバマ大統領は，その前の年「アメリカ雇用対策法」の成立に失敗し，税制と予算をめぐる野党共和党との熾烈な闘いの中で，共和党大統領候補ミット・ロムニー（Mitt Romney）に終盤追い上げられながら辛くも逃げ切り，再選を果たした．

　ロムニーは，「ティーパーティー運動」を陰で操るコーク兄弟に全面的に資金援助されて，バラク・オバマに闘いを挑んだ．しかし，野党共和党はホワイトハウスを取り戻すことはできなかったし，反共主義に燃え「社会主義者」オバマを追放するというコーク兄弟の野望は果たせなかったと言える[3]．

　しかしながら，同時におこなわれた連邦議会選挙では，下院では依然として野党共和党が多数を握り，彼らは富裕層優遇のブッシュ減税の延長を主張した．中間層への手厚い保護やアメリカ産業再生を図ろうとするオバマ大統領と，その年の12月，激しくぶつかり合い，膠着状態を続けた．ここでオバマ政権と議会共和党との折り合いがつかなければ，かねてから警告されてきた「財政の崖」（fiscal cliff）にアメリカ経済が直面することが懸念された．

　この「財政の崖」とは，連邦制度理事会（FRB）議長のバーナンキが，2012年2月末の下院金融サービス委員会の席上，アメリカ経済は2013年1月1日，

減税法の失効と予算統制法による歳出自動削減措置が働き，それに対して適切な措置がとられなければ，増税と巨額な財政支出削減によって，急峻な崖に遭遇するという危険性を警告したことに始まると言われる．

崖というよりは，なだらかなスロープや丘と言ったほうがより適切ではないかという見解もあったが，もしそうした事態が起これば，2012会計年度（2011年10月～2012年9月）から2013会計年度（2012年10月～2013年9月）にかけて，連邦税収は19.63％増加し，支出は0.25％減少すると見積もられ，議会予算局は，2013年に失業増大を伴う軽微なリセッションに陥るだろうと予測した．「議会予算局は，これらの政策が実行された場合，2013年の第4四半期に実質 GDP 成長の約2.25％減少，あるいは実質 GDP 低下がもたらされると試算した」[4]．

つまり，この崖とは，「2010年税軽減・失業保険再認可および雇用創出法」の失効，さらに，2011年8月に成立した予算統制法に基づく裁量的支出の自動削減措置の発動という，増税と歳出削減の二重の発動によって陥るだろうアメリカ経済のリセッションということになる．

■富裕者増税の税制改革

事態はどのように進んだのだろうか．

再選を果たしたオバマ大統領には，富裕者優遇のブッシュ減税をいやいやながら引き継いだ「2010年税軽減・失業保険再認可および雇用創出法」をそのまま延長させることは，是が非でも避けたい意地があった．2年前の2010年12月，この法案が上院に上程された時，上院議員バーニー・サンダースがおこなった反対討論は延々8時間35分にも及び，歴史的フィリバスターとして出版もされることとなったきっかけを作った法案でもある．妥協するオバマ大統領に代わって，「バーニーを大統領へ」という運動が起こる元ともなった演説だったが，2012年11月の大統領選では，バーニーの出る幕はなかった．

オバマ大統領は，再選後，議会共和党と激しい闘いを展開しながら，今度は野党共和党を屈服させ，この減税法を止めにして，新たに「アメリカ納税者救済法」（ATRA：American Taxpayer Relief Act of 2012）を2013年1月2日に何とか成立させた．

議会予算局の予測によれば，2013会計年度において，連邦税収は8.1％の増

加，支出は1.15％の増加となった．税収の増加は，年収40万ドル（夫婦で45万ドル）以上の納税者の限界所得税率とキャピタル・ゲイン税率の上昇，年収25万ドル（夫婦で30万ドル）以上の納税者の税額控除の一部廃止，そして2％の給与税減税の廃止によるものである．この措置は，2001年，2003年のブッシュ減税を基本的には2年間延長した，2010年の減税法をそのまま延長させようとする共和党の主張を退け，オバマ政権が政権発足以来主張してきた中間層強化・富裕層増税の税制改革を，共和党と妥協しながらもようやく通したひとつと言えるだろう．2013年大統領経済諮問委員会は，だから次のように述べたのである．

「2013年1月2日に制定されたアメリカ納税者救済法（ATRA）は，赤字を削減し，税制をより公正なものへ戻すためのオバマ政権によるアプローチの重要な構成要因である．ATRA が制定される前，議会予算局は，もし，2013年に実行されるようもともと計画されていた大規模な税収の上昇と歳出削減が実際に引き起こされていたとすれば，これら緊縮措置は，ドル換算で言うと，ほぼGDP の4％に相当するのだが，失業率を1％ポイント以上上昇させ，もうひとつのリセッションへとアメリカ経済を陥らせていたことだろうと予測した(5)」．

年収25万ドル以上の納税者への減税措置の廃止というオバマ政権の主張からすると，40万ドル以上での廃止というのはかなりの妥協と言えるだろう．けれども，富裕者優遇というブッシュ政権時代の税制に歯止めをかけ，バランスのとれた赤字削減アプローチにようやくたどり着いた観があると言えなくもない．というのは，彼らは次のようにも言っているからだ．

「ATRA は，この大量の財政削減を避け，98％のアメリカ人と97％の中小企業へ，永続的な所得税減税を与えたのであり，一方でまた，富裕なアメリカ人に赤字削減へ少々の貢献をお願いした．ATRA は，次の10年間で700億ドル以上の赤字を削減し，所得水準の高い家計にかかる最高限界税率を1990年代に普及していた水準にほぼ戻し，これら家計の資本所得へは，15％ではなく20％の税を課すことになる．同時に中間層へは，より低い税率を永続的に固定し，勤労家族が支払い，子どもたちを大学へ送り出すのを援助するための鍵となるオバマ大統領による税額控除を延長する．その他の企業投資や研究開発投資への税額控除も延長されたし，まだ職を探している200万人のアメリカ人

への失業保険も延長された．回復を妨げただろう一連の増税を回避し，また赤字削減を大幅に進め，ATRAは，わが政権が追求を続けるバランスのとれたアプローチを表す積極的な第一歩だったのである」．

■「財政の崖」を乗り越えて進むアメリカ経済

　この法律によって，減税法の期限切れは確かに防ぐことができたのであるが，予算統制法の発動による裁量的財政支出の自動的削減措置は，その執行を2カ月間停止されたにとどまり，連邦累積債務の上限も引き上げられることとはならなかった．富裕者減税の打ち切りに態度を硬化させた下院議会共和党が予算決議をサボタージュするという事態を引き起こし，さらに2013年3月1日からは財政支出一律削減が実施されることとなったからである．したがって，2013年はアメリカ経済にとって，財政支出の面で「大きな崖」に遭遇したことになったのである．

　多くの連邦機関が，公務員を一時解雇した．2013年第2四半期に年率で6億ドル，第3四半期には年率で55億ドルの連邦政府の人件費を減額する（年率でなければ合計で15.25億ドル）．議会予算局は，財政の一律削減が75万人の雇用喪失をもたらし，また2013年の第4四半期の間に0.6％ポイント成長を低下させると予測した．累積債務上限問題においても，オバマ政権との妥協を拒否する下院議会共和党が，政権を追い詰める危険な瀬戸際作戦を2013年において展開した．2012年12月31日にすでにアメリカ連邦債務累積額はその上限に達しており，財務省は2月中旬までの「特例措置」でそれをしのいだのだが，2月末に，5月18日まで債務上限を停止する法案を議会が可決．したがって，5月19日には，財務省はふたたび「特例措置」でしのがざるをえず，それも10月17日には使い果たされるだろうと発表された．

　そうした危険な瀬戸際作戦と同時に，野党共和党は，予算においても嫌がらせを展開し，2014年の予算執行が始まる10月1日になっても継続予算決議がなされず，10月1日から一段と不確実な事態が生じることとなった．

　結果として，連邦政府は一部閉鎖に追い込まれ，約85万人の連邦職員が一時帰休させられるという深刻な事態が生じた．政府機関の閉鎖回避のための継続予算決議と債務上限の延長に関して合意に達したのは，ようやくぎりぎりの

10月16日であった．次の日には，連邦政府は通常業務に戻ったのだが，経済分析局（BEA）は，政府機関の閉鎖が第4四半期のGDPを年率で0.3％ポイント引き下げた直接的要因であると分析した．

　2014年は，前年吹き荒れた「財政上の逆風」も去り，着実な経済成長を望むことができると，オバマ政権は楽観的に事態を見た．というのは，債務上限問題については，2014年継続歳出法（Continuing Appropriation Act of 2014）によって，2014年1月15日まで政府資金の調達を認め，2014年2月7日まで債務上限を延期し，その後，2015年3月までそれをふたたび延長したからである．また，2013年12月中旬において，議会は2014会計年度と2015会計年度における裁量的財政支出の一律削減に対する部分的な緩和をおこない，さらに翌1月には，これらの支出水準と整合的な2014会計年度歳出法案に合意したからである．⁽⁷⁾

　2015年アメリカ経済は，7年目の回復の年を迎えた．政治的には，2014年11月の中間選挙では，与党民主党は上下両院でいずれも少数派となったが，オバマ政権は，中間層重視の経済政策を実施しつづけた．2014年9月末，連邦準備制度理事会は，連邦準備銀行による量的緩和政策を停止すると発表し，さらに2015年12月，連邦公開市場委員会は，フェデラル・ファンド・レートの目標値を0.25％とする金利政策に戻ることを決定した．

註
（1）　詳細は，『2011米国経済白書』エコノミスト臨時増刊，毎日新聞社，2011年5月23日号，59～60ページ．
（2）　アメリカ人の平均年収が4万8400ドルだとすると，48400×0.031＝1500.4ドルになる．
（3）　詳細は，ダニエル・シュルマン著，古村治彦訳『コーク一族』講談社，2015年，第13章，第14章を参照のこと．
（4）　『2014米国経済白書』蒼天社出版，2014年7月，36ページ．
（5）　『2013米国経済白書』エコノミスト臨時増刊，毎日新聞社，2013年6月17日号，46ページ．
（6）　同上，46～47ページ．
（7）　『2014米国経済白書』蒼天社出版，36～37ページ．

第 13 章

オバマ政権の「中間層重視の経済学」

第1節 経済政策の基本理念

■新自由主義との決別

　オバマ政権は，2015年になって，政権発足以来の自らの経済政策を「中間層重視の経済学」（middle-class economics）と命名した．従来から主張してきた「賢明な政府論」に基づく経済政策の実施と言っていいだろう．

　レーガン政権以来アメリカの経済政策を支配してきた新自由主義的経済政策との決別が基本理念だと言ってよい．だからこそ，オバマ政権の経済政策に対して，議会共和党は嫌がらせとも言いうる妨害をくり返したのである．

　もちろん，危機に際して国家が様々な介入をおこなうことは，新自由主義的経済政策においても当然ありうることだ．例えば，本書ですでに述べたように，2001年9月11日同時多発テロに際してとったブッシュ政権の対策を見ればわかるだろう．さらに，リーマン・ブラザーズの破綻に際してとったブッシュ政権の緊急対策を見れば明らかだろう．しかし，こうした措置は緊急の措置であり，危機が過ぎ去れば直ちに終了させられるのである．かつて，主流派経済学者のひとりロバート・バロー（Robert Barro）が言った言葉が印象的だ．「経済危機に際して国家が介入措置をとるのは，ケインズ主義者だろうが，マネタリストだろうが，はたまた，新古典派経済学者の立場にいる経済学者だろうが当然

のことである」．違いがどこにあるかと言えば，主流派経済学の立場では，危機が去れば国家の介入は直ちに中止され，市場メカニズムに任せる自由放任政策に戻るということである．

　したがって，レーガン政権以降の経済政策において「裁量的財政政策は忌み嫌われてきた」という，ニュー・ケインジアンであるマンキューの指摘は，なるほどと思わせるものを含んでいる．彼は，ブッシュ政権下の2004年に大統領経済諮問委員会報告を作成する責任者の立場にあったが，次のように言った．「自由裁量的財政政策の行使は，経済の循環的変動を抑えるための税や政府支出の意図的な変化であり，経済活動の変化に伴って自動的に発生する変化に対置され，過去数十年の間，多くの経済学者に嫌われてきた(1)」と．

　新自由主義的経済政策を実施する政策担当者のめざす政府は「小さな政府」であり，裁量的財政政策によって経済をコントロールするなどという考えは，まさに邪道であった．だから，彼らの経済政策の主たるものは，租税政策であり，減税政策を所得の大きさにかかわらず全て一律に実施する「水平的公平」をねらったものだった．

　1981年に成立したレーガン政権は，本書で詳しく論じたように，供給重視の経済学を振りかざし，ケインズ的財政政策をなげうって，全ての国民階層への一律減税政策による経済再生計画を実施したのだった．

　2001年から大統領職にあったジョージ・W・ブッシュもこの政策を踏襲したことは，本書で詳しく論じた．しかも，この「小さな政府論」が結果として，いずれも連邦財政に大きな赤字を作り出してしまい，それを負わされ連邦財政赤字の削減を実行するのが，「大きな政府論」ではないが政府機能を積極的に認める民主党政権であったというのは，何とも皮肉な話ではないか？　クリントン政権，そしてオバマ政権がそれに他ならない．以下では，オバマ政権の「賢明な政府論」を，財政政策という観点から見てみることとしよう．

■**小さな政府ではなく「賢明な政府」**

　この「賢明な政府」という意味を一言で言えば，アメリカにイノベーションを起こし，民間投資の活発化を引き起こす技能と教育への投資を，財政政策を通じて作り出し，21世紀アメリカの経済成長を揺るぎないものにしようとす

る連邦政府になるだろう．したがって，オバマ政権は，共和党ティーパーティー派のような，性急な財政支出削減政策と減税政策によって「小さな政府」をめざす政策は，愚かなものであると考える．

「はっきりしていることは」と彼らは言う．「長期の財政問題に取り組む正しい方法は，性急な緊縮財政によるのではなく，赤字をもたらす基礎的要因に時間をかけて確実に手をつける政策によるべきだということである．大幅な支出削減と増税は，失業者が多くて能力の多くが稼働していない経済では，全く誤った処方箋である．こうした状況で，財政刺激が所得と雇用を増やすまさにその時に財政規律に取り組むと，時期を誤り逆効果になる．短期の緊縮財政は，連邦準備制度がもはや名目金利をゼロに拘束されずに済み，したがって，収縮的なマクロ経済的影響に対抗する手段を持つ時にやっと許容される」．

オバマ政権は，性急な財政赤字削減策はとらない．彼らは，バランスのとれた赤字削減アプローチが必要であると言う．このアプローチによれば，アメリカの最も困難な状況にある市民に必要な分野や，アメリカの成長と競争力強化に必要な分野の財政支出は，削減してはならないとする．したがって，「メディケア，メディケイドは強化され，わが国の高齢者，低所得者，ハンディキャップのある諸個人の医療は保障される．ソーシャル・セキュリティは，年金世代に信頼できる確かな所得源泉を引きつづき提供する．軍事は国内外でアメリカの利益に奉仕するための財源を引きつづき受ける．退役軍人は，必要とする支援を引きつづき受ける．教育，インフラ整備事業，イノベーションへの投資は引きつづき優先事項となる．その他多くの削減プランは，こうした分野には及ばない」としたのである．

すでに2009年2月26日の予算教書は言っている．ブッシュ政権の最もひどかったことは，政府の役割を軽んじるあまり，公的資金による未来への投資を怠ってきたことであると．そして，オバマ政権の担当者たちは，グローバルな情報化時代にふさわしいインフラの建設，さらには物理，数学，工学の研究への連邦政府による資金の投入を主張したのである．

■世界大恐慌の教訓

これらの政策は，1930年代大恐慌から得たものと言えるかもしれない．ロ

ーズヴェルト政権は，ニューディール政策を実行した大統領として有名だが，このニューディールという言葉は「新規まき直し」という意味であり，1932年6月，その年11月の大統領選に臨むローズヴェルトの民主党シカゴ大会における大統領指名受諾演説において使用されたものにすぎなかった．財政政策の積極化を試みはじめたのは，ようやく1935年初めの予算教書の発表によってであった．長期的観点に立って，資本活動が不活発な時には，財政支出政策によってその不活発さを補正するという，補正的財政政策の採用が必要となったからだった．この財政政策への転換によって，アメリカ経済は急速に回復を示し，1937年には大恐慌前の水準に工業生産高を回復させることに成功した．

しかし，経済回復が達成されたと見たローズヴェルト政権は，直ちに連邦財政支出の削減をおこない，その後，鋭さの点では1929年大恐慌を上回る1937年恐慌を引き起こしてしまうのだった．確かに，工業生産は1929年水準に回復したのではあるが，設備投資が1929年の水準にはるかに及ばなかったのである．しかも，金融政策でもFRBが加盟銀行の必要準備率を2倍にする急速な引き締め政策に転じたし，前年における退役軍人特別報償は打ち切られ，1935年社会保障法によって成立した年金制度によって給与税（payroll tax）が初めて導入されたのだった．この早すぎた引き締め政策の結果は，散々なものだった．実質GDPは1938年に3％減少し，失業率は14％から19％に急増し，景気は完全に腰折れ状況となったのである．

したがって，ここから学んだオバマ政権の経済政策担当者たちは，2009年の「復興法」に次いで2011年に「アメリカ雇用対策法」を制定させ，実行させようとしたのだ．しかし，このオバマ政権の積極的財政政策に基づく景気対策法は，下院で多数を占める共和党議員たちに成立を阻まれたことは既述の通りである．

■連邦累積債務をいかに解消するか

ところでオバマ政権は，中長期的に連邦財政赤字問題をどのように考えていたのだろうか．

言うまでもなく，長期にわたって財政赤字が増大を続けることは，国民経済に深刻な影響を与える．巨額な赤字と政府債務がGDP成長率をはるかに超え

て増大しつづけると，コントロール不可能な状況に陥る危険性が発生する．なぜなら，国家債務が投資家の合理的な金利水準で保有してもかまわないとするレベルを超えて進むと，投資家から政府債務を保有しようとする意欲を剥奪してしまうからだ．こうなると，債券価格の暴落と同時に長期金利の急騰が引き起こされることになる．設備投資は落ち込み，経済は混乱に陥ってしまうことになる．とすると，持続可能な赤字削減戦略にとって決定的に重要なことは，投資家が合理的な金利で保有してもよいとする水準に，財政政策によって，累積債務 GDP 比を安定させることである．

　中長期的に，累積債務 GDP 比は，単年度の赤字 GDP 比を名目 GDP 成長率で割った値となる．(8) 例えば，年間赤字が GDP 比1％で，名目 GDP 成長率が5％とすると，中長期の累積債務 GDP 比は20％で安定することになる．また，年間赤字 GDP 比4％，名目 GDP 成長率が4％だとすれば，累積債務 GDP 比は100％で安定するということになる．

　したがってオバマ政権は，中期目標を基礎的財政収支の均衡，つまり，債務利払いを除いた財政収支の均衡に求めた．それを達成するには，利払い費を含めて，単年度の赤字 GDP 比約3％を維持すれば達成可能であるという．実質 GDP 成長率が約2.5％として，インフレ率が年2％だとすれば，名目 GDP 成長率は，長期で年率4.5％になる．とすると，前述の計算式によれば，3％を4.5％で割るから，約66％に落ち着くはずというわけだ．(9)

　こうした目標をオバマ政権の経済政策担当者たちは，次のように結論づけたのである．「約3分の2という累積債務 GDP 比は，歴史的国際的経験の範囲内に充分ある．それはわが政権が引き継いだ軌道に比較して，かなりの財政規律を意味する．累積債務 GDP 比を増やしつづけるのではなく安定させるのは至上命令であり，危機後の水準付近で安定させればかなりの利益がある」(10)と．

　もちろん，アメリカの累積債務 GDP 比を減少させるには，分子の債務額それ自体の削減にも取り組まなければならない．オバマ大統領は，2010年2月に，予算現金払い原則制定法（Statutory Pay-As-You-Go Act）に署名したが，この法律により，財政支出プログラムは，必ず財源となる収入の裏づけを必要とすると定められたのである．この原則は，「小さな政府」をめざすブッシュ政権では全く顧みられることなく打ち捨てられていた原則だったが，それを10年ぶり

に復活させたのだった．

　さらに2010年3月には，「ケア適正化法」（Affordable Care Act）がようやく成立した．この法律は，直接的には医療保険制度の拡充を目的とするものだが，同時に，増加の一途を辿る医療費に歯止めをかけるものと期待された．事実，2014年の大統領経済諮問委員会報告では，世界経済危機後，アメリカにおける医療費の伸びが鈍化し，それにはただリセッションによる鈍化だけではない要因が働いていることが論じられている．[11]

　さらにまた，2013年3月から始まり，10月には連邦機関の一時閉鎖という，アメリカ経済に吹き荒れた「財政上の逆風」が，こと財政支出に関しては絶妙な効果を発揮し，2013会計年度では，連邦財政赤字の対GDP比は4.15％に減少したのである．2009会計年度の財政赤字対GDP比は10％を超えるレベルに達したのだが，その後4年間で5.7％ポイントも下落し，第二次世界大戦終結後の動員解除以来の落ち幅であったことが指摘された．

　「大統領の政策の下，赤字の対GDP比をさらに0.4％ポイント引き下げて3.7％にしながら，2014会計年度には，フィスカル・ドラッグは大幅に緩和される見通しとなっている」[12]と大統領経済諮問委員会報告は指摘した．

■オバマの税制改革

　ところで既述のように，2013年1月2日，オバマ大統領によって署名された「2013年米国納税者救済法」の成立は，オバマ政権のめざす税制改革の第一歩と言うべきものであろう．富裕層へのブッシュ減税を廃したということは，きわめて限定的ではあるが，所得税徴収における累進課税制復活における歴史的第一歩と言える．

　その他この法律は，学費の援助，失業保険の延長など，アメリカ中間層の生活支援を意味するものであった．もちろん，オバマ政権の中間層強化の政策はこれで終わったわけではない．オバマ政権の税制の理想像は，公正，簡素，効率という3つの原則を貫くことで，雇用を創出し，経済を成長させ，公平な社会を築くというものである．その基軸に座るのが，いわゆる「バフェット・ルール」なのだ．

　バフェット・ルールとは，年収100万ドルを超える高額所得者は，実効税率

を少なくとも30％以上にし，そうした人たちは減税や補助金を受けるべきではなく，一方，人口の98％を占める年収25万ドル以下のアメリカ人には増税すべきでないとする税制上のルールを言う．

　実効税率とは，限界税率とは異なって，納税者の全収入に対する税率のことである．事の始まりは，世界的な大富豪ウォーレン・バフェット（Warren Buffett）が，彼の秘書たちの実効税率が30％程度なのに，自分のそれが17.4％程度しかないのに驚き，それはおかしいと言いだしたことによると言われる．オバマ大統領がそのアイディアを拝借し，それを大統領の施政方針を国民に述べる一般教書演説において披露した．さらに2012年3月31日，このルールを早急に法制化すべきであると議会に要請した．2013年の大統領経済諮問委員会報告においても，バフェット・ルールの実行を呼びかけている．オバマ政権の税制改革の基本は，所得の高さに準じた応能負担の原則(13)にあり，新自由主義者の主張する税負担の水平的公平に対して，垂直的公平を追求していると言えるだろう．

　アメリカの税制の歴史的流れを概観すると，中間所得層の実効税率は，1960年代から70年代にかけては上昇気味だったが，その後安定的に20％程度で今日まで至っている．ところが，所得上位0.1％の高額所得層の実効税率は，1980年代から急速に低下しはじめ，ブッシュ減税によって30％を切るところまで行った．2013年1月2日に成立した「2013年米国納税者救済法」の制定によって，初めてそれが30％以上に上昇することになった．もちろん，1960年には彼らの実効税率は50％だったのだから，ようやく戦後の富裕者優遇の税制に歯止めがかかったにすぎないのである．

■多国籍企業対策

　オバマ政権の税制改革プランは，バフェット・ルールだけではない．2013年大統領経済諮問委員会報告では，高額所得者に特別存在する所得控除や税額控除のような優遇措置が連邦収入を減少させていることを重く見て，これらを少なくとも中所得層レベルにまで低くすることを提案している．

　また，アメリカ国内の雇用創出を課題とする彼らは，国内より外国で雇用を創出するアメリカ多国籍企業への課税を考える．現在の税制では，アメリカ企

業が海外で所得を得た場合，アメリカに所得を持ち帰るまで納税が猶予されるので，アメリカ企業には，所得を持ち帰らずそれを税率の低い国あるいはタックス・ヘイブンへ移動させるインセンティブが働く．こうした事態が，アメリカ多国籍企業が国内で投資せず，海外で投資する行動を助長することになっている．したがってオバマ政権は，企業にアメリカで投資させ，アメリカに雇用を創出させるために，国際法人税制度の強化をめざし，海外で営業するアメリカ企業の支社に対し，海外で取得した所得に最小限度の新税（a minimum tax）を課すことを考えたのである．

　こうして見てくると，オバマ政権の財政政策は，減税一本槍の租税政策オンリーの前ブッシュ政権と全く違うことがわかる．

　しかし，こうした政策も，立法化されなければ意味がない．議会の協力を得て法律となって初めて実行されることになるからである．2014年11月の中間選挙では，上下両院とも共和党が多数を占めることになったので，オバマ政権の税制は，法律となって実行されたわけではない．既述のように，2009年2月に制定された「アメリカ復興および再投資法」は，新政権の100日間ということもあってすんなりと立法化されたのだが，その後を継ぎ，本格的な財政政策による効果が期待され，2011年9月に提起された「アメリカ雇用対策法」は，ほぼ実現することはなかった．また，富裕者増税の決定版「バフェット・ルール」は，2012年3月31日，ルールを早急に法制化するべきだと議会に要請されたが，共和党が多数を握る下院で可決されることはなく，逆に共和党は，3月29日の下院本会議で，法人税・所得税の最高税率を25％に引き下げ，福祉分野の歳出を削減することを含む彼らの提案した2013会計予算案を賛成多数で可決する始末だった．将来的に共和党は，高齢者・障害者向けのメディケアの民営化も視野に入れている．オバマ政権の経済政策の実現は困難であった．

■誰のための経済成長なのか

　しかしそうした状況にありながら，オバマ政権は，彼らの経済政策の実行をあきらめたわけではなかった．危機後5年経った2014年，残された課題に取り組む大統領の計画として，次の3つのプランを提起した．第1に，経済の潜在能力を完全に回復させることを継続する．第2に，経済の潜在能力を拡大

する．そして第3に，経済的機会を促進するプランである．

このプランは，かつてケネディ政権誕生（1961年1月）において，大統領経済諮問委員会委員長に就任し，彼らの経済政策を「新経済学などというよりはむしろジョン・メイナード・ケインズが30年前に砲撃の火ぶたを切って開始されたケインズ革命の完成である」とした，ウォルター・ヘラーによるケネディ政権の経済政策の現代版と言えるだろう．

ヘラーは次のように言って，前政権の大統領アイゼンハワーの下での経済政策を批判したのである．その第1は景気政策に関わるものだった．ヘラーは，従来の政策においては，経済の巨大な潜在成長能力をいかに実現するかではなく，単に景気循環の波動の大きさをいかに小さくするかに重点が置かれていたと批判する．第2には，従来の経済政策は，「雇用法」[(14)]で明確に決められた雇用の数量的目標や生産高の目標を決定する標準的手段に欠けており，第3に，戦後のインフレ諸力が消滅していたにもかかわらず，インフレへの継続的な恐怖が1950年代末の緊縮的な経済政策を続けさせていたとした．[(15)]「完全雇用財政均衡」という概念の下に，1960年代前半アメリカ経済において，現実のGNPを潜在GNPに近づける，積極的財政金融政策が実施されたのである．[(16)]

オバマ政権の経済政策担当者たちがこの考えを踏襲していたのは明らかだが，ヘラーが立案した経済政策は，有効需要を喚起し，現実のGNPを潜在GNPに近づけるという短期的政策にとどまっていた．

彼らの潜在GNPの算出方法は単純なもので，1955年中頃の現実のGNP成長率3.25%〜3.5%の数値を傾向として採用した．1955年は，失業率は4%以下であり，現実のGNPと潜在GNPとが等しい基準年としてふさわしいものであったからだ．潜在GNP成長率を算定するにあたって経済諮問委員会は，潜在労働力成長率，労働生産性の年上昇率，そして，年間の労働時間の短縮傾向などを計算に入れて算出した．1962年大統領経済諮問委員会報告において，彼らは，1955年中頃以降，現実のGNP成長率が潜在GNP成長率よりかなり低くなっていることを問題とする．1961年において，現実のGNP成長の潜在GNP成長に対する遅れはほぼ400億ドルであって，もし1961年において完全雇用が実現されていたとしたら，この数値の財・サービスは生産されていただろうと予測した．[(17)]

オバマ政権の経済政策担当者たちは，有効需要重視の短期の戦略のみならず，供給重視の中長期的な潜在 GDP 拡大戦略を大胆に提起した．しかも，ケネディ政権では明確ではなかった「誰のための経済成長なのか」を明らかにした点に，革新的な現代化を感じ取ることができるだろう．すなわち，オバマ政権の経済政策担当者たちは，第 1 に，現実の GDP を潜在 GDP に近づける短期的政策を継続することを課題とし，第 2 に，潜在 GDP をいかに拡大させるかを提起するのみならず，アメリカ経済が直面する第 3 の主要な課題として，経済的繁栄を促進することを挙げ，「全てのアメリカ人に，彼らの潜在能力を完全に実現し，彼らが創出し促進する繁栄に加われる機会を持たせることを確実にする必要がある」[18]と述べる．なぜなら，アメリカは，長期にわたって，技術変化，グローバリゼーション，社会規範の変化などを経験してきたのだが，その過程で，インフレ調整済みの最低賃金は崩壊し，労働組合組織率の低下は，所得格差の大きな拡大をもたらしてきたからなのである．

　大統領は，この問題に取り組み，経済へより積極的に公正と機会を取り戻すため，多くの重要な措置を提案してきたのであるが，それを実現する直近の最も直接的に有効な手段は，最低賃金を上げることであると述べる．なぜなら，「最低賃金は，インフレ調整済みで，1960年代のピークから 3 分の 1 以上も低下してきたのであり，現在，その価値は，ロナルド・レーガン大統領がその職に就いた1981年よりも少なくなっている」[19]からである．

第 2 節　潜在成長能力の拡大と持続的経済成長

■労働生産性の解明

　基本的には短期的な有効需要創出政策であった「復興法」とそれに続く財政積極政策のマクロ効果については，すでに述べた．以下では，ケネディ政権の経済政策にはなかった，オバマ政権の中長期的な潜在成長能力の拡大戦略について論じよう．短期の需要重視の経済政策に対して，中長期戦略は，供給サイドの戦略と言えるだろう．

　生産性成長とは，労働生産性の成長のことである．例えば，1870年アイオ

ワ州で，1時間の労働で推計0.64ブッシェルのトウモロコシを生産していた農場労働者が，2013年には60ブッシェル以上のトウモロコシを生産するに至ったことを意味する．つまり，アイオワ州のトウモロコシ生産の労働生産性は，143年間にわたって毎年3.2％上昇した結果，今日では，かつての90倍の労働生産性になったということになる．

　労働生産性の上昇は，産出，賃金，所得の成長に形を変えていくことになる．労働生産性は，複数の要因によって上昇すると考えられるが，経済学では一般に，①労働者1人当たりの資本の増加，②より経験を積み，教育訓練を受けて生じる労働スキルの向上，そして，③発明，技術改良，生産工程の改善などの技術進歩，の3つの要因が働いて，労働生産性が向上すると考える．労働生産性の成長率は，産出の成長率から，労働投入（労働時間）の成長率を差し引いたものになり，それは，1労働時間当たりの産出の成長率となる[20]．産出の成長率が労働投入の成長率を上回らないと労働生産性の上昇はないし，逆に下回ればマイナス成長になってしまう．

　それに対して，技術進歩を表す全要素生産性（TFP：total factor productivity）の成長率は，産出の成長率から，生産への投入物の成長からのみ生じると考えられる産出の成長率を差し引いたものとなる[21]．産出の成長率が高く，労働投入の成長率や資本投入の成長率から生じると考えられる産出の成長率が低ければ，技術進歩から生じると考えられる全要素生産性の成長率はそれだけ高くなるということを意味する．

　大統領経済諮問委員会報告では，全要素生産性に代理して，労働統計局（BLS）によって作成された多要素生産性（MFP：multi factor productivity）を使用する．労働生産性に関して，BLS は計測値を発表しているが，アメリカの労働者は，1948年に比べて2012年には，1時間当たり4倍以上の産出を生み出したという結果を公表している．労働生産性の成長率は，多要素生産性（MFP）成長率，（労働力構成変化によって計測されるような）労働の質が変化する寄与率，1労働者あたりの資本量が成長する寄与率との合計になる[22]．BLS の統計によると，労働生産性上昇のうち10％は，教育達成度の上昇による労働構成の改善のためであり，38％は，労働者が自分で取り扱うことのできる資本量の増加のためであり，そして52％は，MFP によって計測される幅広い技術進歩の

上昇によるものとなっている．つまり，戦後1948年から2012年にかけてのアメリカにおける労働生産性の上昇は，その多くが技術革新によってもたらされたことがわかる．

■研究開発，教育への公的投資

　労働生産性と MFP は，年ごとにきわめて変動しやすいため，15年の中心化移動平均をとって図示したのが図 13-1 である．これを見てわかることは，戦後アメリカにおける労働生産性と多要素生産性の年成長率には，長期的に 3 つの異なった時期があるということである．第 1 は1959年から1969年までであり，第 2 が1970年代から1980年代，そして第 3 が1990年代から2000年代にかけての時期になるであろう．

　どのような要因によって，労働生産性の年成長率にこうした違いが出てきたのであろうか．第 1 の時期は，第 2 次世界大戦期からの軍事的イノベーションの商業化が起こり，また，大規模な公共投資がおこなわれたことに起因するという説明がなされる．つまり，ジェットエンジンや合成ゴムなどの戦時の軍事イノベーションが，戦後商業化されたのであり，また，州際ハイウェイーシステムなど戦後の公共投資によって，労働生産性や多要素生産性の上昇があったと言われる．

　それでは，なぜアメリカの労働生産性と多要素生産性の成長率は，1970年代から1980年代にかけて落ち込んだのだろうか．その第 1 の要因として，エネルギーコストの変動，とりわけ 2 度にわたるオイルショックがアメリカを襲ったことが挙げられるであろう．1973年第 4 次中東戦争に始まる混乱によって，OPEC 諸国の原油減産と欧米諸国への禁輸措置がとられ，原油輸入にかなり依存していたアメリカ経済にショックを与える．潜在産出成長にとって，エネルギー価格の高騰が果たした影響ははなはだ大きかったと言えそうである．

　さらに，労働力の要因として，経験の乏しい1946年から1964年までに生まれたいわゆるベビーブーマーたちが，労働市場に大量に流れ込んできたのである．これらの人々は，1970年代，1980年代に成人し，経済における全体の労働経験を引き下げたのである．また，大量の女性労働者が労働市場に参入し，アメリカ労働者の経験を一気に引き下げたと言っていいだろう．

図 13-1　労働生産性と多要素生産性の年成長率の15年中心化移動平均（1956〜2005年）

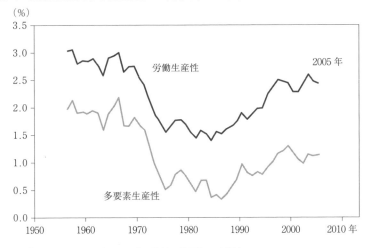

（出所）*Economic Report of the President*, 2014, p.187, Figure 5-2より．

　それでは，1990年代から2000年代にかけての労働生産性と多要素生産性の上昇は，どのように説明されるのだろうか．それは，1970年代および80年代に起因する情報技術革命によると言えるが，1990年代になってそのスピードの改善やアプリケーションの幅広さやテクノロジーを活用する企業の能力も伴って，爆発的に労働生産性と多要素生産性を上昇させていったと言ってよいだろう．現在のところは，イノベーションの成長率がどうなるかの予測は，きわめて難しいと言える．

　オバマ政権は，生産性成長の促進は，アメリカの潜在成長能力を拡大するためには不可欠な条件と見なしている．しかもその課題は，個別的な利害に関わる民間企業には限界があると考える．技術進歩は，多くの人にあまねく波及する．したがって，アメリカ政府が技術開発を支援し，それを可能にする役割を持っていることを重視する．すなわち，研究開発に直接資金を提供したり，インセンティブを与えたりし，また競争を守る制度的・法的環境を整えることが重要になるし，知的財産権を定義し，民間のイノベーションを奨励することも必要になる．

　さらに，科学，技術分野において，教育を通じて人的資本を開発することの

重要性がある．R&Dへの投資は，スピルオーバー効果があると一般的には考えられる．つまり，投資収益の一部は，発明した人以外にも帰属するのであり，したがってR&D投資は，一企業にとっては利益にならないこともある．その場合，大学，公的研究所のような非営利の組織が重要な役割を果たすことになる．とりわけ，基礎研究は，アメリカにおいてはほとんどが政府その他の非営利の経営組織によって資金提供されていると言ってよいだろう．

オバマ政権は，電機通信産業に関わる投資が今後アメリカの技術革新の重要な鍵のひとつになると考えているようだ．「電気通信インフラ，とりわけ高速かつアクセス可能な有線および無線のブロードバンド・ネットワークは，ビジネス，医療，教育，公安，娯楽などにおいて，重要な技術的進歩を可能にする決定的要因である」[24]と述べた．

■生産性の上昇と不平等の拡大

ところでオバマ政権は，生産性促進に政府が積極的に関わることの重要性を強調するのだが，それと同時に，かつてのブッシュ政権などと異なって，生産性成長とともに不平等が拡大されてきた事実を重視する．なぜなら，労働生産性上昇が，全てのアメリカ人にあまねく所得の上昇となって実現されてはこなかったからである．

1970年代までは，生産性成長は労働報酬の増加と結びついていたのだが，しかしそれ以降，生産性成長は，それに見合った労働報酬の増加に形を変えてはおらず，所得不平等が著しく拡大した．

かつて私は，戦後アメリカに形成された「ケインズ連合」について研究を進めたことがある．ケインズ連合とは，「生産的投資に利害を有する生産階級 (productive class) の連合であり，具体的には，支配的な寡占資本階級と労働階級との広範な連合であり，その基礎は寡占市場からの超過利潤と労働者の高賃金にほかならない」[25]と指摘した．

戦後アメリカにおける生産性と平均賃金の成長を図13-2において見れば一目瞭然である．戦後から1960年代，「ケインズ連合」がアメリカ経済に盤石に階級として存在していた頃は，実質賃金と実質産出は，ほぼ並行して上昇していた．しかしながら，1970年代初め以降，1時間当たりの実質産出（労働生産性）

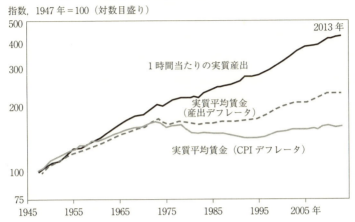

図 13-2 生産性と平均賃金の成長（1947〜2013年）

（註）1時間当たりの実質産出は，非農業企業セクターの全労働者についてのものである．平均賃金は，民間生産非監督労働者についてのものである．産出デフレータは，非農業企業産出の価格指数である．CPI デフレータは，CPI-W である．1964年以前の賃金に関するデータは，SIC に基づく産業分類を反映するものである．
（出所）*Economic Report of the President*, 2014, p.190, Figure 5-3 より．

と1時間当たりの平均賃金の格差は，広がるばかりである．1972年に比べて2013年9月末には，1時間当たりの実質産出は107％も高くなったのだが，1時間当たりの実質平均賃金はわずか31％伸びたにすぎない．

　これを従来の通説的見解では，「スキル偏向型技術変化」によって説明してきた．教育ある労働力の供給に対して，スキルの需要が増加したことが，1980年代における不平等拡大の大きな推進力であったとする見解である．コンピュータ技術が次第に高価ではなくなったので，それを補完するスキルを備えた労働力への需要が相対的に高まったというのである．

　しかし，オバマ政権の経済政策担当者たちは，この見解に納得はしない．なぜなら，1980年代にドイツや日本のような他の多くの工業国においても同じテクノロジー・ショックがあったにもかかわらず，アメリカのように賃金不平等の拡大は起こらなかったからである．したがって彼らは，不平等を説明するフレームワークを拡大し，制度の変化にそれを求めた．いわく，「制度の変化——とりわけ最低賃金の実質価値の低下と労働組合の衰退——が少なくとも所得分布の最底辺においては，1980年代の不平等をほとんど説明できる」[26]ので

ある.しかも,過去30年間において,最も印象的な変化のひとつは,所得分布の最上位における所得の急増である.これは明らかに,技術変化にもスキルに対する相対的需要にも関連してはいないのである.

　労働生産性の上昇が,アメリカにおける潜在成長能力を拡大させる基本条件だが,それを全てのアメリカ人に所得の上昇としてあまねく享受させるにはどうすればいいのか.こうしてオバマ政権の経済政策担当者たちは,制度的条件を検討しながら,アメリカにおける貧困問題に挑戦することになった.

第3節　貧困対策と最低賃金

■貧困との戦い

　全てのアメリカ人が,彼らの潜在能力を完全に発揮し,彼らが創出し促進する繁栄に加われる機会を確実にするためには,何をしなければならないのだろうか.これを実現するには,まずアメリカ社会から貧困を一掃しなければならない.しかしながら,貧困とはそもそもいったい何なのか.

　歴代の大統領で,「アメリカにおける貧困に対する徹底的な戦い」を1964年1月8日,宣言したのは,ケネディ暗殺の後,その後を継いで大統領になったリンドン・ジョンソンだった.この年は,大統領選挙の年にも当たっていた.2014年は,その宣言からちょうど50年目の節目の年だった.オバマ大統領は,その記念すべき年にあたり,過去50年間の貧困削減の達成度を評価し,貧困と戦うプログラムの実現を評価し,さらなる挑戦をおこなわなければならないことを課題とした.

　アメリカにおいて,貧困に関する統計が政府によって公表されたのは,1969年8月以降のことであった.1962年に出版されたマイケル・ハリントン(Michael Harrington)の『もうひとつのアメリカ』(The Other America)が,貧しい人々は「見えない国」に住んでいると描写したことはあまりにも有名であるが,1964年の大統領経済報告も,その世界を「ほとんど認識できないし,彼らの同胞であるアメリカ人の多くにも,めったに認識されてこなかった」と記述した.抽象的に言えば,貧困とは「彼らの収入が,基本的ニーズを満たせず,そ

れを下回ること」であるのは理解可能だが，基本的ニーズをどのように統計的に確定するかが問題となる．

　貧困者の所得範囲の限界を貧困閾値と言うのだが，公式にそれを特定した学者が，社会保障庁のエコノミスト，モイリー・オーシャンスキー（Moillie Orshansky）であった．それは，1963年から1964年のことであった．当時，アメリカ農務省が，1955年家計食料消費調査のデータを使ってひとつの食事プランを策定したのだが，その中で，プランの最低限の費用を「所持金が少ない時に，その場しのぎにもしくは緊急に利用する」ための費用と見なした．この調査に参加した家族は，平均して彼らの所得の約3分の1を食料にあてていたから，オーシャンスキーは，家族の規模，構成，そして，家族が農場で生活しているか否かで調整し，この必要最低限の食事である「経済的な食事プラン」(economy food plan) に必要な費用の3倍を貧困閾値としたのだった[27]．

　しかしながら，この公式貧困測定（OPM：official poverty measure）では，勤労所得税額控除（EITC：Earned Income Tax Credit）や補足的栄養支援プログラム（SNAP：Supplemental Nutrition Assistance Program）などが見逃されていたり，基本的ニーズの費用測定が高めに推計され，したがって貧困閾値も高めに設定されていたりで，新たな統計的観点から測定する必要が出てきた．こうしてセンサス局は，2011年に，食品，住居，衣服，公共料金を含む必需品支出に関する支出分布の第33百分位に位置する家族の最近の支出を使って貧困閾値を計算するということをおこない，公表しはじめたのである[28]．これが補正貧困測定（SPM：Supplemental Poverty Measure）というものである．

■貧困の要因

　こうした貧困測定をもとに1959年と2012年において測定された貧困率を一覧表にしたものが，表13-1である．これを見ると，様々な特性ごとに貧困率の違いが見えてくる．まとめて示せば次の通りである．

　まず，雇用が貧困率と密接な関係を持っていることがわかる．就業者の貧困率は低くなるが，失業者の貧困率は高くなる．第2に，教育水準が貧困率に影響し，高学歴ほど貧困率は低くなる．学費が高いので，低所得者は，大学など高学歴から排除される傾向にあり，貧困者の子弟は貧困者となる悪循環が形成

表13-1 特性ごとの貧困率（1959～2012年）

	1959年	2012年	
	公式貧困測定	公式貧困測定	補正貧困測定
全ての人々	24.3	15.1	16
家計の特性			
世帯主が前年就業	17.8	10	10.5
世帯主が前年就業せず	55.7	27.4	29.2
世帯主が既婚	18.9	7.9	10.2
世帯主が独身女性	47.4	29.1	28.9
個人の特性			
高卒未満（25～64歳）	25.3	33.9	35.8
高校卒業（25～64歳）	10.2	15.6	17.5
大学（25～64歳）	6.7	4.5	5.9
18歳未満	26.8	22.3	18
65歳以上	39.9	9.1	14.8
女性	24.9	16.4	16.7
アフリカ系アメリカ人	57.8	27.3	25.8
ヒスパニック系	40.5	25.8	27.8
アジア系	N/A	11.8	16.7
アラスカ先住民／アメリカ先住民	N/A	34.2	30.3
白人	19.5	9.8	10.7
移民	23.0	19.3	25.4
障害者（18～64歳）	N/A	28.4	26.5
大都市圏以外に居住	32.7	17.9	13.9

（註）世帯主の特性に基づいて計算．集団宿舎で生活している者は除く．
（出所）*Economic Report of the President*, 2014, p.229, Table 6-1より．

されることになる．

　第3に，一般に子どもの貧困率は高いのだが，その公式貧困測定が補正貧困測定より高くなるのは，公式測定では，還付可能な税額控除や補足的栄養支援プログラムを無視していることによるものである．第4に，高齢者の貧困率が，1959年に比べて2012年が激減しているのは，ジョンソン政権下で成立した高齢者医療制度，メディケアのおかげということが言えるだろう．

　第5に，女性の貧困率が高くなっている．とりわけ，シングルマザーの貧困率が非常に高く，さらに，女性の高齢者の貧困率も高いのだが，それは，男性に比べて雇用時の低賃金が影響しているものと思われる．第6が，人種・民族との関係であるが，アフリカ系アメリカ人，ヒスパニック，アメリカ先住民族

の貧困率はきわめて高く，白人の貧困率との差は歴然としている．

　第7に，障害者の貧困率が高く示されている．これは，彼らの就業率の低さが影響しているものと思われる．最後に，地方コミュニティの貧困率が高く出ているが，生活費などを考慮すると，公式貧困測定は，そうした点での相違を反映していないことからくるものと思われる．

■1980年代以降の失敗

　1964年ジョンソン政権下で始まった，アメリカにおける「貧困との戦い」をどのように評価すべきであろうか．ジョンソン政権以来の貧困対策は大きな成果をあげてきたと言ってよいだろう．1976年のアメリカにおける貧困率は25.8％であったから，2012年に16.0％に低下したということは，貧困の3分の1以上が削減されたということになる．この低下の要因は，ジョンソン政権期に始まったセーフティー・ネットの拡充によるものと言えるだろう．

　当時「貧困との戦い」を立案した人たちは，彼らが生きている間に貧困の根絶は可能だと確信していた．確かに，1959年から1968年までの公式貧困測定のトレンドを見ると，1980年代までに貧困根絶はできるはずであった．

　しかしながら，公式貧困率は，1973年に最低点に達した後，横ばいか，もしくは上昇の傾向を辿ってきたと言えるだろう．それは，いったいどうしてなのだろうか．その謎を解けば，アメリカにおける貧困対策にも活路を見いだせるというものだろう．

　1960年代の年金の拡充が，確かに高齢者の貧困率を劇的に減少させたことは事実である．1959年に，65歳以上の高齢者の39.9％は貧困であった．しかし，1974年までにその貧困率は，公式貧困測定によれば，14.6％にまで減少した．その高齢者の貧困率は，さらに減少し，2012年には9.1％にまで低下したのである．

　しかし，高齢者はさておき，高齢でない成人や子どもについては，政府の貧困対策によって貧困率が下がったかどうかには疑問符がつけられているのである．勤労所得税額控除や現金以外の給付を計算に入れる補正貧困測定（SPM）によれば，子どもの貧困は，1960年代や1970年代より，1990年代のほうがより低下したと言われるからである．

言うまでもなく，1960年代や1970年代は，アメリカにおける経済成長が順調に進んだ時期だった．ただし，経済成長が進めば貧困が根絶できるというものではない．所得分布の最下層にいる人たちの所得を上げることで初めて貧困を根絶できるということを考えなければならないのだ．しかし，アメリカの場合，1980年代以降の所得不平等の拡大が，ほとんどの家計の現金所得を改善することにブレーキをかけてきたのである．所得分配が貧困水準に深刻な影響を与えることを考慮しなければならない．

1970年代や1980年代において，実質経済成長率は，年率約2.1％だった．しかしながら，1980年代以降，経済成長は確かに継続したのであるが，「ケインズ連合」が所得分配に大きな役割を果たしていた時代とは異なり，賃金も利潤もともに引き上げることにはならなかった．拡大する不平等が，最下層の人々の所得を置き去りにしたのである．図13-2がそのことを雄弁に物語っていると言えるだろう．

2000年代まで，所得分布上位20％に位置する人たちは，彼らの所得を劇的に上昇させることに成功した．彼らは，1973年よりも50％以上も今日では高いのである．対照的に，第1五分位から第3五分位まで，所得分布の下位60％の実質家計所得は，1990年代半ばの景気拡大まで停滞し，今日でも1973年の景気循環のピークからほとんど変わってはいない．

■最低賃金引き上げの重要性

この格差の拡大によって，1980年代以降の貧困削減は進まなかったのだ．しかしなぜ，格差の拡大が，この時期以降急激に進んだのだろうか．それは，最低賃金をインフレーションに合わせて引き上げてこなかったからである．1980年代以降の格差拡大の最大の理由がそこにあると言わなければならない．

ジョンソン大統領は1960年代に，最低賃金を，水準においても範囲においても拡充した．最低賃金は，1968年にピークに達した．その後，最低賃金は上下したが，時間当たり7.5ドルという今日の水準は，実質価値で言うと1950年と同じである．この水準では，ひとり親が2人の子どもを抱えフルタイムで働いたとしても，勤労所得税額控除によって提供される補助を計算に入れたとしても，貧困線近くの所得しか得ることはできない．フルタイムで働いても貧

困線以下とは，賃金が労働力の価値以下に切り下げられ，まともな労働力の再生産ができない状況となっていることを意味する．

しかしながら，日本でもよく言われる議論だが，最低賃金を引き上げると，企業が雇用を削減し，かえって職（雇用）が喪失し，労働者の利益にならないとされる．しかし，アメリカにおける最近の分析と調査では，最低賃金の上昇が雇用に対して重大な悪影響を及ぼすという証拠はないとするのが一般的となっている(29)．

■労働組合の役割

アメリカにおいて，貧困との戦いが順調に進まない理由として，労働組合組織率の低下が挙げられる．アメリカ労働者の組合組織率は，1983年の23.3%から2013年の12.4%まで低下した．労働組合は，低・中所得の労働者の賃金引き上げに重要な役割を持っている．また，スキルによる報酬格差を縮めるので，この組織率の低下は，アメリカにおける所得格差の拡大に寄与してきたと言えるだろう．

さらに，移民労働力のアメリカへの流入は，賃金引き下げに寄与し，貧困率上昇の要因となってきたとする見解がある．確かに，最近の移民は，貧しい国からの人々が多くを占める．彼らの多くは，せっかく移民してきても貧困線以下での生活を送らなければならないようである．しかしながら，1979年から1999年までの移民の増加は，わずか0.1%ポイントしか貧困率を上げていないとする研究も発表されている(30)．

さらに，1960年代以降，女性の労働市場への参加の上昇，世帯主として暮らす女性の増加が，貧困率を高めたということも言われる．

アメリカにおいてはまた，投獄者の数の増加が過去30年間，深刻な貧困を引き起こすことと関連してきたとの指摘がある．刑務所にいる人口は，1980年に10万人中221人であったが，2008年には10万人中762人に急増しているのだ．父親の投獄によって，家族は所得を失う．犯罪歴のある人の賃金は，3～16%も低下する．アフリカ系アメリカ人の投獄が1%増えるごとに，若いアフリカ系アメリカ人の男性の雇用を1.0%から1.5%減少させるという研究もある(31)．

「貧困との戦い」は，貧困状態のアメリカ人に熱き援助の手を差し伸べてきたことは明らかである．しかしアメリカ社会には，2012年にも，1340万人の子どもを含む4970万人の人々が貧困ライン以下で暮らしているのである．

■オバマ政権と最低賃金制度

こうした事態に対してオバマ政権は，どのような政策で臨んだのだろうか．世界経済危機以後の対処について振り返りながら，「中間層重視の経済学」は何をしようとしたのかについて見てみよう．

経済危機に陥った時オバマ政権は，セーフティー・ネットを強化し，数百万人のアメリカ人が貧困に陥らないように対策をとったことをまず述べておこう．復興法は，夫婦合算で800ドルを限度とする給付付き税額控除とソーシャル・セキュリティ給付を，数々の暫定的貧困対策措置とともに講じた．また，通常の失業給付への週25ドル（26週間）の追加を含む失業保険の見直し，給付拡張プログラムによる連邦資金の増額などをおこない，失業保険を現状に適合させた．

しかし，オバマ政権の「貧困との戦い」における画期的方法は，雇用報酬の大幅引き上げこそ最も効果的な貧困対策であると考え，それを具体的に実行に移してきていることである．それは最低賃金の引き上げと，高齢者や病気，障害のある人々を援助する約200万人の介護労働者への残業手当の支給を決定したことに現れている．

2014年に大統領は，連邦政府と契約するサービス業務と建設に従事する労働者の時給を10.10ドルにする最低賃金引き上げの大統領命令に署名した．この措置は，連邦政府に対してサービス業務を提供するいかなる労働者も貧困状態で家族を養うことがないことを保障するものである．最低賃金を上昇させることは，離職率を低下させ，モラルの向上につながり，コスト削減と生産性を高めることにつながるという研究が広範囲に存在している．連邦政府関連だけではなく，全国的な最低賃金の引き上げとなる，連邦最低賃金を時給10.10ドルに引き上げるハーキン＝ミラー法案（Harkin Miller bill）を通過させるよう大統領は議会に呼びかけた．

ここでは，なぜアメリカにおいて最低賃金を引き上げることが重要な政策課

題なのかについて示しておこう．2016年現在，アメリカの連邦最低賃金は，時給7.25ドルである．この最低賃金では，常勤の労働者4人家族に，たとえ勤労所得税額控除や現金給付の支援があったとしても，彼らが貧困から抜け出すことは不可能なのだ．2013年の連邦最低賃金は，インフレ調整すると1950年当時と変わらないのである．

経済諮問委員会の試算によれば，最低賃金時給10.10ドルが実現すれば，現在最低賃金付近にいる約200万人の賃金を引き上げ，その家族を含めるとおよそ1000万人以上の貧困者を減らすことができるだろうと考えられる．

もちろん，最低賃金を引き上げることに反対する意見もある．よく聞かれる反対意見は，既述のように最低賃金が上がると給料が上がり，そのことが雇用を減らすとするものだ．しかしながらこの意見は，研究によって実証されてはいないのである．むしろ，最低賃金の引き上げによって雇用へ影響することはないというのが，多くの研究の結果なのである．確かに最低賃金の上昇は，雇用主にとって賃金コストの上昇となる．しかし，そのことによって労働者の離職率が減少し，雇用が長期化すれば，求人コストは節約できるのである．新規労働者への訓練も削減できるのであるから，雇用主にとっても大きなメリットが生じるのである．

マクロ的にはまた，賃金上昇により財・サービス需要が上昇し，現実のGDPを潜在GDPの水準に近づける役割を果たすことにもなるのである．

■オバマ政権の教育政策

経済的機会の促進を積極的に進めるために，オバマ政権の経済政策が重視するのは，質の高い教育によって全ての子どもの能力を高めることである．教育は技能を高め，機会を増加させるのである．幼児教育もさることながら，オバマ政権が力を入れるのは，大学などの高等教育機関である．アメリカの全ての家庭に対して，支払い可能で，進学しやすくする大学づくりを進めるという．ペル奨学金の充実により低所得学生の奨学生を増やし，大学授業料の負担を軽減するため，アメリカ機会税額控除（American Opportunity Tax Credit）を創設し，学生ローンの包括的改革を通じて次の10年間に680億ドルの減税を実施するとした．

またオバマ政権は，しっかりした職業訓練が雇用と勤労所得を改善するということから，低所得者や長期失業者に雇用助成と職業訓練機会を提案してきた．

しかもオバマ政権は，プロミス・ゾーン構想を打ち立て，競争的に選抜された地域に既存の政府資源を集中し，雇用創出，治安，教育機会の向上，そして手ごろな住宅供給のために民間投資を活用することとした．アメリカ版特区構想とも言うべきこの構想は，子どもの出身地が彼らの運命を決定するのではないという考えから，「チャンスを与え，全ての子どもが成功の機会を得るため，わが政権は，公的・民間の資源を集中させて，貧困度の高い地域をチャンスが溢れるコミュニティへと変革するため州・地方政府と協力し」[32]進めるというのである．

この特区構想を見てもわかるように，オバマ政権の経済政策の基本的考えは，かつて「忘れ去られた人々」へ援助の手を差し伸べようとしたローズヴェルト政権においてとられたニューディール政策を思い出させるものとなっている．これがどこまで成果をあげたかは別として，ここにオバマ政権の「中間層重視の経済学」の魂を見ることは，日本の経済政策を考慮するうえでも決して無駄ではないと言えるだろう．

註
（1）『2004米国経済白書』エコノミスト臨時増刊，2004年5月17日号，47ページ．
（2）『2010米国経済白書』エコノミスト臨時増刊，2010年5月24日号，146ページ．
（3）『2012米国経済白書』エコノミスト臨時増刊，2012年5月21日号，96～97ページ．
（4）Samuel I. Rosenman, *Working with Roosevelt*, Harper & Brothers, New York, 1952, p. 67 以下．
（5）A. E. Burns and D. S. Watson, *Government Spending and Economic Expansion*, American Council on Public Affairs, Washington, D. C., 1940, p. 56.
（6）この点，萩原伸次郎『アメリカ経済政策史』17～18ページ参照のこと．
（7）前掲『2010米国経済白書』146ページ．
（8）累積債務GDP比＝単年度財政赤字GDP比／名目GDP成長率
（9）国の借金は，完済する必要はないということ．債務は存在しつづけても，名目GDPと比較して安定し，名目GDPが成長しつづければ，借り換えが可能であるから問題は発生しない．しかし，大幅な増加がある場合，名目GDPの成長が止まると，問題が発生する．

(10) 『2010米国経済白書』145ページ.
(11) 『2014米国経済白書』第4章を参照のこと.
(12) 同上，38ページ.
(13) 国民はその支払い能力に応じて納税すべきとする租税原則である．累進的な所得税と資産課税，法人税などの組み合わせによる直接税中心の体系が最も望ましい．20世紀終盤から高額所得者の所得税や資産税，法人税の引き下げが進んだ各国や，日本のように消費税の増税があった国では，応能負担の原則が失われ，格差の拡大と国民経済の悪化が引き起こされている．
(14) 「雇用法」とは，ニューディール体制の影響の下に1946年に成立した法律であり，政府が雇用確保に責任があり，大統領はアメリカ国民にアメリカ経済の現状と政策について明らかにする義務があることを明確化した．この法律の下で，経済政策について大統領に助言する諮問機関として，3名の専門家からなる大統領経済諮問委員会が設置され，毎年，大統領経済諮問委員会報告がおこなわれている．
(15) Walter W. Heller, *New Dimensions of Political Economy*, Harvard University Press, Cambridge, Mass., 1967, pp. 28-9.
(16) 「完全雇用財政均衡論」に基づく経済政策の基本戦略については，*Economic Report of the President*, U. S. G. P. O., Washington, D. C.,1962を参照のこと.
(17) *Ibid.*, p. 51.
(18) 『2014米国経済白書』31ページ.
(19) 同上，33ページ.
(20) 労働生産性は，産出を Y，労働時間を H とすれば，$\frac{Y}{H}$ だから，労働生産性成長率 $\frac{\Delta(Y/H)}{(Y/H)}$ は $\left(\frac{\Delta Y}{Y}\right) - \left(\frac{\Delta H}{H}\right)$ で表すことができる．
(21) コブ＝ダグラス型の生産関数を用いて説明すると，$Y = AL^a K^{1-a}$. ここで Y は実質産出，A は全要素生産性，L は労働投入，K は資本投入，a は定数とすると，実質産出の成長率は $\frac{\Delta Y}{Y} = \frac{\Delta A}{A} + a\left(\frac{\Delta L}{L}\right) + (1-a)\left(\frac{\Delta K}{K}\right)$ となるから，生産への投入物を労働と資本のみと考えると全要素生産性は $\frac{\Delta A}{A} = \frac{\Delta Y}{Y} - a\left(\frac{\Delta L}{L}\right) - (1-a)\left(\frac{\Delta K}{K}\right)$ になる．
(22) ふたたびコブ＝ダグラス型生産関数で説明すれば，1労働時間（H）当たりの産出は $\frac{Y}{H} = A\left(\frac{L}{H}\right)^a \left(\frac{K}{H}\right)^{1-a}$ となるから，労働生産性の成長は $\frac{\Delta(Y/H)}{(Y/H)} = \frac{\Delta A}{A} + a\left[\frac{\Delta(L/H)}{(L/H)}\right] + (1-a)\left[\frac{\Delta(K/H)}{(K/H)}\right]$ となる．つまり，労働生産性の成長は，TFPの成長に，1労働時間当たりの労働の質の成長である $\frac{L}{H}$ の成長に a を掛けたもの，資本・労働比率の成長である $\frac{K}{H}$ の成長に $1-a$ を掛けたものを加えたものになる．
(23) 15年中心化移動平均とは，8番目の年を中心として，前後7年の数値を足し合わせ，15で割って出た値を言う．15年は奇数だが，偶数の場合の中心化移動平均は，中心に位

置する2つの年の移動平均をとって，足して2で割って算出する．
(24) 『2014米国経済白書』154ページ．
(25) 詳細は，萩原伸次郎『アメリカ経済政策史』64ページを参照のこと．
(26) 前掲『2014米国経済白書』149ページ．
(27) 同上，178ページ．
(28) 必需品支出に関する支出分布を100に分け，下から33番目に位置する必需品支出額を貧困閾値とする．つまり，33番目以下の必需品支出家族を貧困層と規定するということ．
(29) 前掲訳書，188ページ．
(30) Hoynes, Page and Stevens, "Poverty in America: Trends and Expansions," *Journal of Economic Perspectives* 92, No. 3, 2006, pp. 748-65を参照のこと．
(31) Bruce Western, "The Impact of Incarceration on Wage Mobility and Inequality," *American Sociological Review* 67, 2002, pp. 525-46を参照のこと．
(32) 前掲訳書，211ページ．

第 14 章

オバマ政権と国際経済

第1節　世界経済危機とグローバル不均衡

■金融危機の国際的展開

　2008年9月のリーマン・ショック以降，危機は世界に波及し，まさにこの世界経済危機は，大恐慌以来の危機の到来と言われた．しかし，この世界経済危機勃発とその後の事態は，1929年10月以降の世界経済の状況と比較すると，明らかに異なる．ここでは，世界経済危機が国際的にどのように展開し，いかなる国際的対応策が検討され実施されていったのかについて，まず述べなければならない．

　2008年の危機が，まさしく金融危機に端を発する危機であったことは明確である．国際金融市場と為替相場には大きなショックが走ったが，金融的ショックは，銀行間貸付金利の急騰という事態となった．つまり，ドルを基軸に構築されていた信用構造が崩れ，ドルを求めての「貨幣飢饉」が国際的に引き起こされたということである．まさに，マルクスが論じた「信用主義から重金主義への転換」が，この場面でも引き起こされたのである．リーマン・ショック以降，金融危機の深化の中で，銀行の資産価値への疑問が，銀行がお互いに融通しあう金利，すなわち銀行間貸出金利の急騰を引き起こしたのである．

　さらに，国外における深刻なドル不足が引き起こされた．このドル不足は，

一定期間，外貨とドルを交換する，為替スワップの費用を急上昇させた．というのは，アメリカ国外の銀行が，通貨ミスマッチの回避のため，借り入れたドルでドル建て資産を取得していたのだが，その借入はほぼ短期であり，アメリカの短期金融資産ファンド（投資信託）からおこなっていたのである．しかしリーマン・ショックで，投資家が資金を投資信託から引き上げたため，投資信託からの資金獲得が難しくなり，彼らは為替スワップ市場でドルを獲得しようとしたため，為替スワップ費用の上昇が引き起こされたというわけである．

さらに，アメリカ国外の銀行が，自国通貨，例えばユーロで借りて，そのユーロをドルに交換し，在米資産を取得するためにドルを使用するのだが，アメリカ国外の銀行のスワップの期限が切れた時，誰かがドルを融資しないと，借りているドルを返済するためにドル建て資産を売らなければならない羽目に陥るかもしれない．銀行がリスクを抱えることに神経質になり，ドル供給が円滑におこなわれなくなると，通貨スワップの価格が大きく引き上げられるのである．

金融市場の安定性への疑問が，リーマン・ショックを契機に一気に高まったから，投資家は，損失の危険があるリスキーなポジションを借入金で維持することをおこなわなくなる．この行動は，上述の「ドル飢饉」と同時に「キャリートレード」の巻き戻しを引き起こした．このキャリートレードとは，投資家が円などの低金利で資金を借り入れ，その通貨をオーストラリア・ドルのような高金利通貨と交換すべく売却し，交換した高金利通貨で投資し利益を得るという国際的金融投資のことである．金利が日本では1％で，オーストラリアでは6％であれば，為替相場が動かなければ，キャリートレードによって，金融投資家は5％の利益を享受できる．2000年代半ばに起こり，ヘッジファンドやその他の投資家が好む戦略になった．しかし，金融危機が襲った時，金融投資家は，リスクとレバレッジを減らそうと，巻き戻しの行動に出，高金利通貨の急激な売却による為替相場の急落と低金利の資金調達通貨の相場の上昇となった．日本円は低金利の資金調達通貨だったから上昇し，オーストラリア，ブラジル，アイスランドなどの通貨は急落した．

アメリカの大幅な経常収支赤字と住宅市場その他資産市場の崩壊によって，在米資産保有が好まれなくなり，ドル暴落を予測する者もいたが，事態は逆に，

信用崩壊からの「ドル飢饉」によって，ドル相場は上昇したのだった．また，安全への逃避として，多くの資産家は，ドルとアメリカ財務省証券を購入した．

■世界貿易の崩壊

2008年の世界経済危機は，貿易の劇的減少を引き起こした．世界貿易は，大恐慌以来最悪のペースで減少した．2008年7月のピークから2009年2月に底をつくまで，世界の名目商品輸出額は，36％も下落した．アメリカの名目商品輸出額は，同時期28％の下落，輸入は38％の下落だった．国内で住宅バブルや金融危機を経験しなかったドイツ，日本では，世界経済危機による外需の激減によって輸出が急減した．ドイツでは，2008年第4四半期に純輸出の下落が，GDP下落9.4％ポイントのうち8.1％ポイントを占めた．日本では同時期，純輸出はGDP下落10.2％ポイントのうち9.0％ポイントを占めた．

この世界経済危機において，貿易が急速に落ち込んだ理由として，次の3つが挙げられている．第1が，グローバル・サプライ・チェーンが国際貿易下落に果たした役割である．今日の世界経済では，一国で原材料から完成品まで一貫して生産されるということは稀である．今日，多国籍企業における生産では，製品の各部分は異なる国で製造されるか組み立てられ，中間投入財はある国から別の国へと，しばしば一企業のある支店から別の支店へと運ばれ，それらが仕上げのため最終仕上げ地に送られるのである．例えば，ある企業が80ドルの投入財を輸入して20ドルの付加価値を付けて，100ドルの財を輸出したとしよう．その財に対する需要が消滅すれば，100ドルの財を輸出する国は，GDPは20ドル減少するだけだが，輸出は100ドル減少し，輸入は80ドル減少することになるから，輸入と輸出の平均として計測される貿易額は90ドル減少することになる．この世界経済危機において，対GDP比で貿易額が過去最高落ち込んだと言われるのだが，それは今日の国際貿易に占める多国籍企業の役割が大きくなっていることの現れということが言えるだろう．

輸出を減少させた第2の要因として，国際貿易金融のコスト上昇が指摘される．言うまでもなく，世界金融市場での信用逼迫は，貿易金融の金利上昇を引き起こし，輸出しにくい状況を作り出した可能性がある．輸出業者は，輸出に際して輸出手形を銀行に買い取ってもらうわけだが，その金利が高ければ自ず

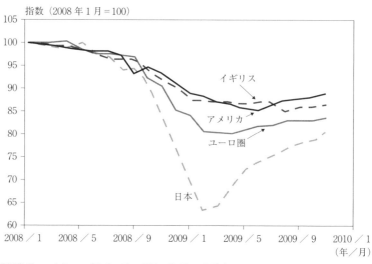

図 14-1 先進国における工業生産

(出所) *Economic Report of the President*, 2010, p.91, Figure 3-6より．

と輸出しにくい状況になる．もっとも，危機時のアメリカの貿易量の減少に貿易信用が一役買ったという証拠はないとする見解もある．[1]

　第3は，投資財と耐久消費財が商品貿易のかなりの部分を占めており，前者がアメリカ輸出の57％，輸入の47％であり，リセッション期のその落ち込みは，他の財より大きいとされる．なぜなら，投資財と耐久消費財は，経済危機になると買い控える傾向が強いからである．

　こうした要因による国際貿易の落ち込みは，世界的に産出の減少に結びついた．GDP年率6％以上で収縮した，2008年〜09年の冬における危機的衝撃は，先進国の工業生産の落ち込みを伴った．図14-1に見られるように，各国・各地域は2009年1月には，2008年1月の水準を10％以上も下回ったのだ．とりわけ日本は，他の諸国に比べてはるかに悪い状況だった．

　新興工業諸国でも，図14-2に見られるように，メキシコ，ブラジルの落ち込みは厳しく，年率20％収縮した．しかしながら，平均すると新興工業諸国では危機からすぐ回復しており，中国，インドでは，ペースを落とした程度にすぎなかった．この新興工業諸国の全体的な経済実績は，かつての状況とは異

図14-2 新興経済国における工業生産

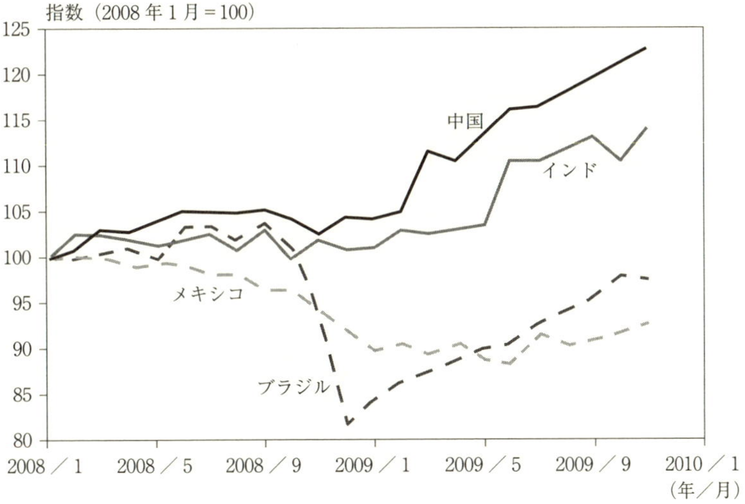

指数（2008年1月＝100）

（出所）*Economic Report of the President*, 2010, p.92, Figure 3-7より．

なっている．かつては，先進国のリセッションの後には，一部新興工業諸国の持続的な崩壊が引き起こされたのだった．

■危機における金融政策

　2008年9月15日のリーマン・ショックに始まる世界経済危機は，1929年に始まる大恐慌以来の深刻な危機だと言われたが，大恐慌に比較するとその立ち直りは確かに早かった．その要因は多くあるだろうが，大恐慌と比較してまず言えることは，世界中での政策対応が迅速機敏にとられたことである．

　その第1が，金融当局の世界中での強力な対応だったと言えるだろう．危機が引き起こされた直後，主要中央銀行は，2008年10月8日，断固とした措置として協調利下げで対応した．20カ国財務相・中央銀行総裁会議（G20）の主要諸国全てで金利が引き下げられたのだ．2009年3月までに，連邦準備制度，日本銀行，イングランド銀行など，また，続いて欧州中央銀行などが，図14-3に見られるように，政策金利の引き下げをおこなった．

　第2に，各国中央銀行は，利下げだけではなく，市中銀行から多額の資産を

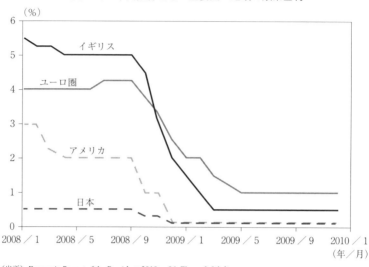

図 14-3　中央銀行をもつ主要国・地域の政策金利

（出所）*Economic Report of the President*, 2010, p.94, Figure 3-9より．

購入し，マネタリー・ベースの供給をおこなった．とりわけ，イングランド銀行と連邦準備制度は，急速に多額の資産を購入したが，欧州中央銀行はそれほど多くの資産購入はしなかった．また日本銀行は，日本経済がサブプライム関連の金融危機に見舞われたことがなかったこともあって，バランスシートを拡大することはしなかった．

　第3に，この世界経済危機における対応として注目すべきは，中央銀行による流動性スワップという措置だろう．ドルを基軸とする国際信用連鎖が断ち切られることによって引き起こされた貨幣飢饉に対応した措置である．通貨に対する需要があった中央銀行は，中央銀行流動性スワップを通じて相手の中央銀行に対して巨額な流動性を与えることにより，外貨不足に対応したのだった．これらの取り決めの多くにおいて，連邦準備制度は，米ドルと引き換えに外貨を購入し，同時に，将来の特定期日に同額のドルと引き換えに外貨を返還することに同意したのである．図14-4に見られるように，2008年8月から同年12月まで，為替スワップは670億ドルから5530億ドルまで増加したのである．この大量の流動性供給は，IMFの利用可能な融資枠よりも大きく，アメリカは，

図 14-4 連邦準備制度の中央銀行流動性スワップ

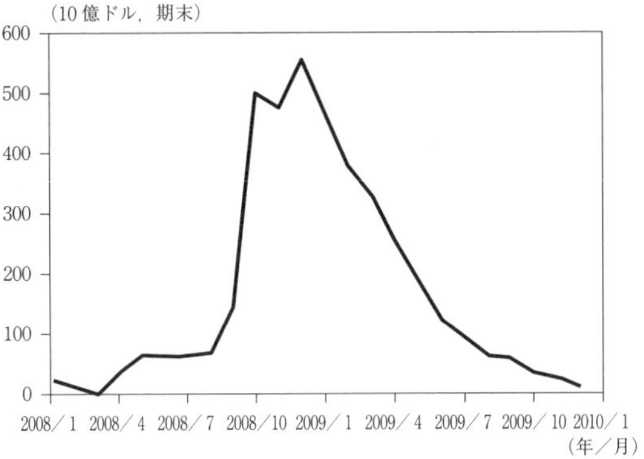

（10億ドル，期末）

2008/1　2008/4　2008/7　2008/10　2009/1　2009/4　2009/7　2009/10　2010/1
（年／月）

（出所）*Economic Report of the President*, 2010, p.97, Figure 3-11 より．

2008年10月29日にもこのプログラムを適用し，ブラジル，シンガポール，韓国にそれぞれ最大300億ドルの融資枠を提供したのである[2]．

これら各国中央銀行の協調的な緊急措置が，世界経済危機をかつての大恐慌の時のような金融システムの全面的崩壊に立ち至らせなかった大きな要因と言えるだろう．かつて，アメリカの著名なマネタリスト，ミルトン・フリードマン（Milton Friedman）が，連邦準備銀行による流動性供給不足が，大恐慌における銀行恐慌を激しくした要因であったと指摘したことは，つとに有名である．より積極的な金融政策が危機を緩和したかもしれない[3]．確かに，アメリカにおける1932年末から翌33年3月にかけての銀行破産件数の激増は，凄まじいものであった．しかし，この金融恐慌の激しさは，アメリカが金本位制をとっていたがゆえの事態であったことを忘れてはならないだろう．なぜなら，この時の貨幣退蔵は，金貨（gold coin）への追求を意味していたからである．「以前の困難は，銀行預金を現金に換えることを熱望するパニックを伴っていたが，今度は現金を金に換えるというより深刻なものであって，それはその時金が，ドルとの交換によって後になるより，より多く獲得されうるという確信によるものであった」と，A. A. バレンタイン（A. A. Ballantine）は指摘した[4]．ドルの金との兌換停止によるドル価値の切り下げを見越した，銀行預金の金への転換の大量出現が，当時の貨幣飢饉を「金恐慌」と言わせた大きな要因であった[5]．

■財政出動

 ところで，この世界経済危機が，各国政府の積極的財政支出政策を導き出したことも，かつての大恐慌に対する各国政府の対応と異なる点であったことは特筆されてよいだろう．とりわけ，大恐慌期におけるアメリカのハーバート・フーヴァー（Herbert Hoover）政権は，大恐慌のさなかに均衡予算確立のため努力を積み重ねており，それは予算を均衡させることが「経済回復のまさに要石」と思われたからだった．大恐慌のさなかにフーヴァー政権は，1932年歳入法を1932年6月成立させたが，驚くべきことに，それは歴史上平時における最大の増税法となったのである．所得税免税点の引き下げと課税率の上昇をはじめ，各種物品税の新設など，9項目からなるものだった．また，財政支出は，1932年から1933年にかけて削減された．

 こうしたフーヴァー政権に見られた財政政策とは異なり，世界経済危機後の各国政府は，積極的な財政政策を採用した．アメリカにおけるオバマ政権の積極的財政政策については既述の通りであり，ハンガリーやアイルランドのような国家財政問題が大きい国を除けば，ほとんど全ての主要国で景気刺激策がとられたのである．表14-1に見られるように，全てのG20諸国は，相当額の刺激策を実施し，2009年，単純平均で対GDP比2.0％に上った．G20諸国で中国，韓国，ロシア，サウジアラビアは，2009年に最も大規模な刺激プログラムを実行し，それらは対GDP比3％以上に相当した．

■対外経済政策

 世界経済危機後の各国経済政策の対応で，大恐慌期と全く異なっていたのは，対外経済政策と言ってよいだろう．アメリカにおいて，フーヴァー政権は，1930年，スムート＝ホーレー関税法（Smoot-Hawley Tariff Act of 1930）によって，アメリカ関税史上最高の税率による保護貿易主義をとり，したがって各国の報復的高率関税による対応を受けていた．イギリスは，1931年9月21日金本位制を離脱，1932年7月には，オタワ協定（Ottawa Agreements）によって，「スターリング・ブロック」を形成した．ドイツは，1934年6月，一切の対外債務のモラトリアムを実施，徹底した双務主義による為替清算制に入り，いわゆる「広域経済圏」の形成に走った．1930年代の世界経済は，経済恐慌激化の下で，

表14-1　2009年における対GDPシェアでの財政による景気刺激策，G20参加国

アルゼンチン	1.5%	日本	2.9%
オーストラリア	2.9%	メキシコ	1.6%
ブラジル	0.6%	ロシア	4.1%
カナダ	1.8%	サウジアラビア	3.3%
中国	3.1%	南アフリカ	3.0%
フランス	0.6%	韓国	3.7%
ドイツ	1.6%	トルコ	2.0%
インド	0.6%	イギリス	1.6%
インドネシア	1.4%	アメリカ	2.0%
イタリア	0.1%	**G20全参加国**	**2.0%**

（註）値は，拡張的金融政策をおこなった諸国についてのIMFおよびOECD推計値の平均である．
（出所）*Economic Report of the President*, 2010, p.98, Table 3-1より．

国際金本位制は崩壊し，各国は為替管理を徹底させ，独自の通貨ブロックに分裂していった．

しかし，2008年9月のリーマン・ショックの後は，1930年代の近隣窮乏化政策へ陥るというより，むしろ国際経済政策の協調によって危機を乗り切る方向へと進んだ．19カ国に欧州連合を加えたG20は，通商政策，金融政策および危機対策に関する調整の中心であった．かつて先進国を基軸とするG7が世界経済の調整役として機能した時代があったが，今や世界経済は，先進国，新興工業諸国を含んだG20を基軸に展開することとなった．G20諸国で世界の国民総生産の約90％を占めるからである．

リーマン・ショックに始まる世界経済危機後，最初に開かれたG20諸国の首脳会談は，2008年11月に持たれた．1930年代大恐慌の時とは異なり，G20諸国は，市場開放を維持し，グローバル経済を支援する政策をとり，さらに金融セクターの安定を公約した．2回目のG20は，世界経済危機が実体経済に及びGDPと貿易の急落が懸念される2009年4月に開催された．「回復を確実にし，金融システムを修復し，グローバルな資本移動を維持するのに必要なことを全ておこなう」として，IMFに相当額の新規資金拠出をおこなう決定をした．アメリカがリーダーシップを発揮し，8000億ドルの資金拠出をする，そのうち5000億ドル以上をIMFに配分するというものだった．

2009年9月の会合では，国際協調と国家的諸措置は，危機を抑え，世界の

国々を回復軌道に乗せるのに不可欠であるとし,「持続的回復が確実になるまでわれわれの強力な政策対応を維持する」と誓約し,時期尚早な撤回を回避しなければならないと公約した.この会議はピッツバーグで開催されたが,G20を国際経済的協調のための最高会議としたことは,インド,中国などの新興経済国の重要性が増していることを確認するものとなった[11].

■グローバル不均衡とは何か

ところで,世界経済危機には,アメリカを基軸に形成されたグローバル不均衡が関わっていることを理解しなければならない.オバマ政権の大統領経済諮問委員会は,次のように述べた.「1996年から2006年まで,アメリカの消費は世界経済において規格外の役割を果たし,世界経済の成長の約22～23％がアメリカの消費の伸びから生じた.この水準は絶対に維持可能なものではなかった.この期間に,アメリカにおける消費は経済の70％に上昇し,個人貯蓄はきわめて低い水準に低下し,企業の設備投資,ソフトウェア投資の伸びはGDP成長に後れをとった.それだけでなく,連邦政府の財政状態は,1990年代末のかなりの黒字から2000年代半ばのかなりの赤字へと推移した.財政赤字も国民貯蓄の低下に寄与したのである.そのようなマクロ経済的動向は,世界経済に対して重要な意味を持った.消費の急成長と貯蓄(個人および政府の両方)の減少が意味するのは,アメリカがますます多く海外から借り入れるようになり,経常収支赤字を拡大させるようになったということである」[12].

私たちはすでに本書において,ケインズ主義的景気循環から新自由主義的景気循環へと時代が変化してきたことを学んだ.新自由主義的景気循環という観点から上述の内容を読み返せば,次のように解釈することができるだろう.IT革命を内実とする景気高揚は,1990年代後半アメリカに一大株式ブームを創り出した.住宅投資も積極的に展開し,株式と住宅を軸とする資産価格の急上昇がアメリカ経済に訪れた.こうした金融資産価格の上昇が,個人消費の力強い伸びのひとつの要因となった.株式価格の上昇が消費拡大につながったのは1980年代からのことであるし,2000年代の住宅価格の上昇は,住宅の転売とリファイナンスとなり,住宅買い替えによるキャッシュアウトがこれまた消費拡大に一役買った.

第14章 オバマ政権と国際経済 273

　かくして，アメリカ経済における金融資産価格の急騰とともに訪れた消費拡大は，世界経済への膨大な需要増となり，アメリカの輸入は膨大なものとなり，経常収支の赤字が増大する．一方，インド，中国，ブラジル等新興工業諸国や日本は，こうした需要に乗り，輸出の拡大から経常収支の黒字を蓄積した．しかも，こうした新興工業諸国はじめ輸出増から形成された貯蓄は，アメリカの資産価格の上昇に引きつけられ，金融投資となってアメリカ資産市場に投資され，資産価格の上昇に帰結したのである．
　しかし，2006年に頭打ちとなったアメリカ住宅市場の価格上昇が，サブプライム・ローン関連の金融商品の価値下落を引き起こし，金融機関の不良債権の蓄積とともに，金融資産価格の暴落を引き起こしたのである．金融資産は世界的に拡大していたから，債務不履行は世界の金融機関に深刻な影響をもたらしたし，アメリカにおける消費の急減は，新興工業諸国や日本の輸出企業への需要減となり，世界経済危機は現実のものとなったわけである．

第2節　世界経済危機と貿易構造の変化

■変化するアメリカの貿易パターン

　近年，アメリカの貿易構造が大きく変わろうとしている．言うまでもなく，1990年代以降，世界貿易に新興工業諸国が大きな比重を持ちはじめたからである．
　国別のアメリカにおける財の輸入シェアを見てみると，第二次世界大戦以降，カナダからの輸入が最も多かったのであるが，徐々にヨーロッパ諸国からの輸入が比率を上昇させ，1960年代後半には，アメリカの輸入の約30％近くまで上昇した．続いて日本が登場し，1980年代半ばには，アメリカの輸入の20％を占めるところまで上昇した．カナダからの輸入は，1970年ごろ約30％でピークを迎えた．
　カナダ，欧州連合，日本からの輸入は，絶対額では成長しつづけていると言えるが，新興工業諸国，とりわけメキシコからの輸入が，1994年北米自由貿易協定締結後，比率を上昇させ，約10％程度の比率を保っている．中国から

の輸入は，中国がWTO加盟後とりわけその比率を上昇し，リーマン・ショック前には約20％近くまで上昇し，いずれの国よりもその比率を高くしているのである．

アメリカの輸出先市場は，従来，欧州諸国が最も大きい市場だった．カナダがそれに次ぐ輸出市場であり，日本も1980年代末までは比率の上昇を見た．しかし，近年になって，欧州連合へのアメリカ財輸出シェアは低下し，カナダと並ぶところまで落ちてきた．日本市場も1980年代末以降比率を低下させている．

それに対して，経済成長著しい新興工業諸国との関係は，急速にその比率を上昇させている．とりわけ対中国輸出は，中国がWTOに加盟後，急速に輸出市場としての位置を向上させ，2009年には，中国は欧州連合，カナダ，メキシコに次いで4番目に大きな輸出市場となった．

■**停滞が長引くEU経済**

アメリカの貿易にとって，欧州連合（EU）は依然として重要な位置を占める．アメリカ経済が，順調とは言えないまでも緩やかな回復を示しているのに対して，EUの危機後の回復は遅い．2014年5月の時点では，EUの経済回復は定着したとの見方も出ていたが，ウクライナ情勢の悪化が影響し，2014年第2四半期には，域内総生産（GDP）はゼロ成長となり，欧州中央銀行（ECB）は9月4日，政策金利を過去最低の0.7％に引き下げる追加金融緩和を決定し，10月には資産担保証券（ABS）を買い入れ，さらには，国債をはじめ幅広い金融資産をECBが購入する量的緩和政策による景気刺激策を始めた．しかし金融政策だけでは，本格的な景気押し上げにはならず，ユーロ圏の失業率は11％を超える事態となった．長期停滞が続いているのであるが，なぜそうなのか，アメリカにとっても大きな輸出市場であるだけに，2009年から2014年までにアメリカ輸出を倍増させるという政策を掲げたオバマ政権にとっても深刻な事態と言えるのである．

EU経済危機は，2007年8月のパリバ・ショックに端を発する．パリバ・ショックとは，フランスに本拠を置く世界有数の金融グループBNPパリバ（BNP Paribas）傘下のファンドが，サブプライム・ローン関連の証券化商品の投資解

約を凍結すると発表したことに始まる金融混乱を言う．

　住宅融資を基軸とする低所得者向けサブプライム・ローンは，アメリカにおいて住宅ブームを牽引してきたが，2006年に住宅価格は頭打ちとなり，ローン返済の延滞や債務不履行が続出し，サブプライム・ローン関連の金融商品のリスクがささやかれる中でのパリバ・ショックだった．ヨーロッパの金融機関が多くのサブプライム・ローン関連の金融商品に投資していたのであった．

　しかし2008年9月15日リーマン・ブラザーズの破綻までは，金融当局・市場関係者・金融機関も事の重大さに気がつかず，リーマン・ショックによって欧州経済も奈落の底に突き落とされる危機的状況を迎えたのだった．各国政府とEUは，緊急に金融機関への巨額の支援，東欧への国際収支支援をおこない，さらには，GDPの3％以内に財政赤字を抑えるというルールを一時棚上げにして，財政の積極的支出をおこなった．その結果EU諸国は，2009年に年率－4.5％と急速に落ち込んだ実質GDP成長率も，2010年には年率2.0％のプラス成長に持って行くことができた．

　しかし2009年10月に，ギリシャでの財政統計の改竄が明らかとなり，ギリシャにおける経済危機が進行する中で，ドイツは，その支援拒否という強硬手段に出た．ギリシャ国債評価の格下げ，2010年5月にはデフォルト発生かという状況までギリシャは追い込まれ，ギリシャのユーロ圏離脱かと言われるほど事態は悪化したのだ．

　さらに，この経済混乱はギリシャにとどまらず，南欧諸国の財政危機問題に飛び火した．2011年になるとギリシャでは，多くの国民が政府の緊縮財政政策に反旗を翻し，政府の緊縮政策がままならない状況が引き起こされ，第2次ギリシャ危機が勃発した．イタリア，スペインでは，国家信用の急落から債務不履行，新規国債発行の不能というソブリン債危機が勃発し，実質GDP成長率も1.7％に下落したのである(13)．

■**経済危機を深化させた緊縮財政政策**

　こうした国家財政危機という事態に直面したEU諸国が解決策としてとった手段が，EU各国の事情を無視した財政緊縮措置であったことは，現在までEU経済がぐずぐずといつまでも経済回復軌道に乗れない大きな要因であるこ

とは明らかだ．ギリシャ危機やイタリア，スペインなどのソブリン危機を経る中で，2011年12月に合意され，翌年3月に25カ国によって調印された新財政協定は，加盟各国は一般財政の均衡・黒字化を図らなければならず，構造的赤字はGDP比0.5％を超えてはならないとするものであり，さらに，均衡財政を憲法で規定するという強権的財政均衡策なのである．しかも，財政赤字の対GDP比3％で制裁措置が自動的に発動されるとするものであるから，各国政府は，年金の削減，公務員賃金の切り下げ，健康保険，福祉予算の切り捨てなど，国民生活を犠牲にする愚かな緊縮財政均衡路線に否が応でも従わなければならないこととなった．したがって2012年になると経済停滞は著しく，EUの実質GDP成長率は0.4％のマイナスを記録することとなった．

ところで，こうした危機的状況は，EUとりわけユーロ圏諸国において，一様に展開したわけでは決してない．国民経済の違いによって，彼らの生活上の困難は異なるのである．失業率をとって，その値が平均より高い国と低い国に分けて並べてみると，次のようになる．2012年ユーロ圏での平均失業率は11.4％だったが，それより高い国は，スペイン（25.0％），ギリシャ（24.3％），ポルトガル（15.9％），ラトビア（15.0％），アイルランド（14.7％），スロバキア（14.0％），キプロス（11.9％）であり，平均を下回る国は，イタリア（10.7％），フランス（10.2％），エストニア（10.2％），スロベニア（8.9％），フィンランド（7.7％），ベルギー（7.6％），マルタ（6.4％），ドイツ（5.5％），オランダ（5.3％），ルクセンブルグ（5.1％），オーストリア（4.3％）だった．オーストリア，ドイツなどを除けば，高失業率が長期間継続していることになる．

こうした状況が，多くの国で短期的に解消される見通しは立っていなかった．なぜなら，緊縮財政政策による年金の削減や賃金の切り下げは，多くの国で内需の拡大を阻み，企業活動の活発化による雇用の創出がなされていないからだった．失業率24.3％のギリシャでは，引き続く政権不安定の下で，工場閉鎖，公務員の削減・解雇がおこなわれ，無給で働く就業者，自殺の急増など，労働者・国民生活の破綻が進行した．これに対して公務員連合 ADEDY （欧州労働加盟）は，2013年8月29日と9月7日に抗議行動を組織し，世界労連加盟の労働センター・戦闘的労働者戦線（PAME）は，9月15日，政府が民営化・人員削減計画を推進中のギリシャ最大の鉱業・金属会社 LARCO の門前抗議行動

を組織したと報じられた。[15]

■労働市場の危機的状況

　EU諸国では，このように雇用や国民生活を犠牲にすることによって，経常収支を劇的に改善した．国内均衡を犠牲にして対外均衡を優先するという反国民的な経済政策の実施と言えるだろう．こうした経常収支の改善の要因を探れば，まず，賃金削減による単位労働コストの減少が，ユーロ圏の国際競争力を高め，輸出が拡大していることが挙げられる．だが，コスト削減に寄与する賃金切り下げが，国民経済の内需減少につながり，企業の投資行動も減退する中で輸入が振るわなかったことのほうが，経常収支黒字化の大きな要因になっていると言えるだろう．したがって，EU諸国の経常収支改善という事態は，政府の極端な緊縮的財政政策による経済活動の縮小均衡がもたらしたものであり，喜ぶべきことではない．

　ユーロ圏の金融市場は，2013年に低金利やマクロ経済の一応の安定で落ち着きを取り戻した．一連の財政均衡措置や国民犠牲の経済改革によって，国債・債券市場では，金融投資家の信頼は回復していると言われるのだが，企業活動の低迷によって銀行貸付の停滞が続いている．一連の財政均衡措置によって，ユーロ圏の債務GDP比は改善の傾向にあり，2013年では3.1％を達成した．所得税などの増税による収入増によって，2014年に，収入GDP比が，ユーロ圏では最高の46.8％に上昇した．2009年以降継続的に展開されている財政支出削減による支出GDP比の減少によって，財政収支の改善はさらに進行した．累積債務GDP比は，2014年に最高の95.9％を記録したが，その後減少傾向になった．

　労働市場は，以上のような国民無視の財政均衡策によって，危機的状況が続いた．政策の変更がなければ劇的改善を望むことはできない事態にあった．2013年において，失業率は12.0％という高い数値だったし，とりわけ若年層の失業率が2013年12月にEUで23.2％，ユーロ圏で23.9％という驚くべき高い数値を示した．[16]

　こうした労働市場では，賃金の上昇はもちろん期待できない．2011年以降，ユーロ圏の高失業率国では，生産性の上昇に名目賃金の上昇が追いつかず，実

質賃金の下落が続いている．こうした賃金減少傾向は，よりいっそうの価格競争力をつける要因ともなったが，ドイツのような比較的失業率が低く，危機前よりも実質賃金がより速く成長している国では，単位労働コストの上昇という現象も見られるようになった．

インフレーションは，2013年において，エネルギー価格の低下や経済活動の低迷によって抑えられた．

■緊縮財政ルールの見直しと賃金上昇の必要性

欧州経済の立ち直りには，言うまでもなく内需拡大が必要であり，緊縮的財政ルールの見直しが不可欠である．税制においても税率の応能負担の原則が切に求められている．国民生活をサポートし，内需を底上げする財政政策が必要であり，賃金の大幅な引き上げ，年金の引き上げなどの施策が重要である．量的緩和政策のさらなる実施，マイナス金利政策などは，金融商品や証券市場の投機化を促進するマネーを市場に供給することになり，欧州経済の実体面での立ち直りにはきわめて効果は薄いということとなる．

すでに述べたように，ギリシャやスペインなど財政状況の危機的な諸国がある一方で，ドイツのように，失業率は高くなく，経常収支黒字とともに財政も黒字を継続している中心国もある．したがって，こうした国が率先して新自由主義的な緊縮財政政策を放棄し，賃金アップとともに積極的な財政政策によって欧州全体の経済停滞を払拭する必要がある．2014年9月のG20においても，欧州経済の停滞を抜け出すには，ドイツの積極的な景気対策が必要だというのが，多くの国の共通した認識であったと報じられた．しかしドイツは，2016年5月の伊勢志摩サミットにおいても，大規模な財政出動による世界経済の停滞の打破という安倍首相の誘い（選挙対策ではあるが）には，決して乗らなかった．

■世界経済危機と中国経済

欧米経済の成長率の低迷に対して，新興工業諸国の経済成長の著しい上昇が指摘される．既述のように，世界経済危機からの産出の立ち直りもいち早く展開されたし，アメリカの貿易相手国も欧州・カナダ・日本という従来型の貿易相手国から，中国を筆頭としてインド，ロシア，ブラジルなど，いわゆる

BRICS 諸国経済が注目されはじめた．

　中国経済の国内総生産（GDP）は，2016年において，日本の約1.4倍，アメリカのほぼ半分であり，世界第2位の地位を占めた．アメリカを抜いて世界第1位になる日もそう遠くないはずだが，世界経済危機前に記録してきた10％を超える GDP 成長率が，その後停滞基調に転じた．中国経済に何が起きているのだろうか．

■中国経済の構造転換とは何か

　中国経済の2013年実質 GDP 成長率は7.7％であった．前年と同水準のレベルを保ったのだが，かつての10％を超える平均 GDP 成長率からの減速であることは明らかである．

　この成長率の減速は，一言で言えば，中国経済の成長モデルの構造的転換を反映したものであると言えるだろう．構造転換とは，投資重視から消費重視へ，また工業セクター重視からサービス・セクター重視への成長モデルの転換なのだが，その成長モデルへの転換が容易に進んでいないことの現れが，成長率の停滞となっている．2013年においては，投資が主体で成長を牽引したし，それをインフラ投資や不動産投資がサポートしたと言えそうだ．[17]

　2008年世界経済危機前までは，中国の経済成長の牽引力は，対外輸出と投資にあった．しかし，アメリカに発する世界経済危機は，欧州はじめ中国が輸出の頼みとしていた地域を経済危機に陥れ，その内需の急減は，中国の2009年経済成長を押し下げる最も大きな要因に転化した．その後の経緯を見ても，輸出は中国経済にとって，支出サイドから見て成長を牽引する要因とはなっていない．徐々に個人消費の役割が増大してはいるが，生産サイドの成長牽引要因も第3次産業に劇的に転換を果たしているというわけではない．

　欧米経済に比較して中国経済は，しかし，成長の鈍化にもかかわらず，労働市場における雇用・所得の上昇には力強い傾向が見て取れる．2013年で1300万人の新しい雇用が創出され，その数値は2012年を上回った．2014年は，1000万人の都市における新しい雇用の創出を政府は目的とした．増大する都市の雇用増は，引きつづく労働市場の構造的転換に関連しているのだが，2013年における都市部への移住労働者は，2013年では2010年の1200万人から

630万人に減少した．こうした高い労働市場の流動性は，都市と農村部との所得と消費のギャップを縮小させることにつながっている．農村部の所得と消費の上昇率は，都市部のそれを超えている．都市部と農村部との所得ギャップは，2011年第1四半期の2.7倍から2014年第1四半期の2.5倍に縮小してはいるが，中国独特の戸籍制度が人口の移動を妨げ，ギャップ解消へのスピードは遅いというのが現状である．

　中国の経済成長率は，2013年の7.7％から落ち込みはじめている．しかし，投資成長率の落ち込みを消費成長率の上昇が相殺し余りあれば，家計所得の上昇と都市部と農村部との漸進的ギャップ解消が可能となるだろう．欧米諸国の経済回復が順調に行けば，輸出増加による押し上げが期待できるし，政府による成長支援策によって着実な経済成長率の維持が可能となるはずである．

■リーコノミクスと着実な前進

　中国における成長政策は，2013年3月第12期第5回全国人民代表大会で誕生した習近平・李克強新政権によって推し進められた．李首相の名をとって「リーコノミクス」と呼ばれる経済政策であるが，それは，①安易な成長刺激策はとらない，②経済制度改革の推進により，中長期的な持続的成長能力を高めることを基調にしている．(18) 従来の成長一本槍の政策からの大きな転換と言えるであろう．

　このリーコノミクスの具体的指針が，「改革の全面的深化の重要問題に関する決定」として，2013年11月に明らかにされた．この決定は，16項60条からなる大部のものであるが，中国経済の構造的転換のロードマップを示したものだ．この方針は，従来から中国共産党・政府が主張してきた社会主義市場経済化路線の現代化と言えるだろう．主要概念の第1は，市場経済への政府の関与を減じることで，国家が持ち込む市場機能への歪みを是正することだった．つまり，経済改革の進化への重要なステップは，政府と市場との全てにわたる関係を再定義することになるだろう．それがうまく行けば，改革は，土地，労働，資本市場へ，根底的かつ決定的影響を与えられ，経済成長の長期にわたる持続性を維持することが可能になるであろうと言う．

　これらの改革は，中国財政システムの重要な変革を必要としており，財政能

力に相応した財政支出が問われるのであって，中央政府と地方政府の利害のバランスがうまく図られねばならないのである．当局者は，教育，ヘルスケア，社会保障，一人っ子政策，制度ガバナンスやさらなる経済開放への取り組みを強化しなければならない．とりわけ方針では，社会的セーフティー・ネットの充実と所得格差の削減へ改革を進めることが誓われた．計画では，低所得者層を優先し，中間層の規模拡大をねらうのである．労働報酬の増加や，農村部家計の資産関連所得の増加を図る措置も含まれている．税制を通じての所得再配分機能や所得移転あるいは国有企業の利潤の再配分なども考慮されることになるだろう．

■財政・金融改革

ところで，これらの改革では，財政政策と金融セクター改革が優先的におこなわれることとなる．それは，財政政策をいかにして中国の成長モデルの変化に適合的なものにするかが重要であるからだ．それには4つの重要な財政改革がある．第1に地方政府の収入基盤を改善すること，第2に政府間補助金システムの改善，第3に地方政府債務の明確なフレームワークの確立であり，第4に地方政府間の金融規律の引き締めが挙げられるであろう．政府は2014年に，政府支出構造の適正化，財政規律の引き締め，予算の透明化，そして地方政府の債務管理の強化を優先すると述べた．

また，包括的構造改革計画を前進させるには，政府は直ちに金融安定のために2つのリスクに対処しなければならない．第1が，シャドウバンキングの信用を含めて，よく練られた規制なしに経済において急激に信用が拡張することであり，第2に，予算外の措置を通じて運営される地方政府による負債の急速な蓄積である．これらは，金融セクターと同時に財政政策上の包括的な改革を必要とするであろう．[19]

欧米など先進諸国の経済停滞を尻目に中国では，リーコノミクスによる着実な経済成長戦略が実行されようとしている．この政策が中長期的な成功を収めれば，習近平・李克強政権が次期政権に引き継がれる頃，「共同富裕化した大同社会」を実現した中国が東アジアの一角に，巨大な経済大国として出現するかもしれない．

第3節 対外経済政策とTPP

■オバマ政権とTPP

　オバマ大統領は，ブッシュ政権によって敷かれた環太平洋パートナーシップ協定（TPP）参加路線に最初から乗っていたわけではない．2008年大統領選挙に臨んだオバマ民主党候補は，富裕者優遇の一律減税政策と小さな政府論といったブッシュ政権の新自由主義的経済政策に対抗して，政府の機能をフルに活用した新しい経済政策を対置したからである．

　貿易政策では，投資と貿易の自由化によるアメリカ多国籍企業の利益を優先した北米自由貿易協定（NAFTA）について，再交渉を主張しており，そこでは，投資家の特権は制限されるべきであり，労働者の権利や環境保護こそ，通商交渉での重要な課題であると言っていた．NAFTAについては，アメリカ多国籍企業のメキシコ進出によってアメリカの地域社会に悪い影響を与えたのみならず，メキシコの農業システムを破壊し，多くの失業者を作り出したと批判していた．経済的観点から見れば，メキシコにおいて非効率的生産システムに代わる，アメリカ企業による効率的生産システムが形成されたかもしれないのだが，実際上は，そうしたことによって数百万ものメキシコ人が職を奪われ，彼らの多くがアメリカをめざし，不法移民問題を引き起こしていると把握していた．[20]

　アメリカのTPP参加は，ブッシュ政権の時だった．その交渉の第1ラウンドが2009年3月にシンガポールで予定されていた．本来ならば，アメリカは率先してその交渉に臨むはずだったが，2009年1月に誕生したオバマ大統領は，新政権の貿易政策に関してのレビューができるようにと，TPP交渉参加国へ，その無期限の遅延を要請したのだ．議会の指導的民主党議員たちは，オバマ大統領に対して，提案されたTPPに反対の表明をした．ブッシュ大統領が新大統領を罠にはめようとしたと非難し，新政権のTPP参加を牽制したのである．

　しかし，2009年11月23日，オバマ大統領は，東京においてアメリカのTPP交渉参加を政権として正式におこなった．「アメリカは，広範囲にわたる締約

国が参加し，21世紀の通商協定にふさわしい高い水準を備えた地域合意を形成するという目標をもって，TPP諸国と関与していく」．2010年2月に発表された大統領経済報告においても，TPPの重要性は，次のように指摘されていた．「世界の貿易体制を改善するわが政権の措置の一例は，新しい地域協定（TPP）に太平洋地域の貿易国を加えようとする方法に見られる．それは，経済全体，労働者，中小企業，農業経営者に有利な方法で貿易を拡大するような高い規範を持つ協定となり，アメリカの価値観と一致するだろう」．(21)

■オバマのTPP交渉参加の背景

しかし，なぜTPPに批判的であったオバマ大統領が，積極的にその推進に力を入れはじめたのだろうか．その謎を解く鍵は，2009年8月末の衆議院選挙による政権交代の結果，9月初めに成立した鳩山由紀夫政権と，そのアメリカ離れの政策にあった．鳩山総理大臣は，2009年9月24日，国連総会で次のように演説した．

「第5に，東アジア共同体の構築という挑戦です．今日，アジア太平洋地域に深く関わらずして日本が発展する道はありません．『開かれた地域主義』の原則に立ちながら，この地域の安全保障上のリスクを減らし，経済的なダイナミズムを共有しあうことは，わが国にとってはもちろんのこと，地域にとっても国際社会にとっても大きな利益になるでしょう．これまで日本は，過去の誤った行動に起因する歴史的事情もあり，この地域で積極的役割を果たすことに躊躇がありました．新しい日本は，歴史を乗り越えてアジアの国々の『架け橋』となることを望んでいます．FTA（自由貿易協定），金融，通貨，エネルギー，環境，災害救援など，──できる分野から，協力し合えるパートナー同士が一歩一歩，協力を積み重ねることの延長線上に，東アジア共同体が姿を現すことを期待しています」

この演説は，明らかに日本の政治経済路線の転換であり，アメリカ抜きでの東アジア共同体の形成につながるものではないか．アメリカにとって，これは許されざる演説だったのだ．これ以降，米国オバマ政権の鳩山政権崩しが展開されることになった．この辺の事情を当事者であった鳩山元総理は，次のように述べている．「私はクーデンホーフ・カレルギー伯が唱え，彼に啓発された

私の祖父・鳩山一郎が日本に導入した友愛の理念こそ，戦争が未だ止まない現代の世界に最も必要な思想であると信じている．そして友愛の理念の下に地域共同体を作ることが世界平和をもたらす現実的な道筋であると考えている．欧州ではそれが実現している．欧州で出来て東アジアで出来ない筈はない．そう信じて，私は政権交代の際に，その趣旨の論文を発表し，総理就任直後の国連総会でも東アジア共同体構想を述べた．／ところが，それが思わぬところで火を噴いた．アジア市場への進出を強く望んでいたオバマ政権にとって，鳩山はアメリカ外しの政策を取りそうだと映ったようだ．私の国連総会での演説を聴いた米政府高官は激怒したという．……私は普天間基地移設問題の責任を取って総理を辞任したが，米国にとっては，『最低でも県外』より『東アジア共同体構想』のほうが大きな懸念であったとする識者も多い．あるいはそうであったかもしれない．そして，米国の意を斟酌した日本の外務省は，私が総理を辞した後，全く東アジア共同体という言葉を使用することがなくなった．とても勿体ないことである」[22]

　オバマ政権が TPP 交渉に参加を表明したのは，明らかに，中国を基軸とする「東アジア共同体」の形成が懸念され，それに日本が参加することへの牽制であったと言えるだろう．2015年10月5日，TPP は「大筋合意」を見た．「大筋合意」した TPP 協定に署名する意向を11月5日に明らかにしたオバマ大統領の言葉が，それをよく示している．「もし協定が承認できなければ，中国のような国がルールを書くことになる．アメリカの雇用や労働者を脅かし，アメリカの世界の指導力を弱めるだけだ」[23]．

■ TPP 推進の根拠

　2015年の大統領経済諮問委員会報告は，TPP 推進の必要性を力説し，おおよそ次のように述べた．

　TPP は，オーストラリア，ブルネイ，カナダ，チリ，日本，マレーシア，メキシコ，ニュージーランド，ペルー，シンガポール，ベトナム，これら11ヵ国と交渉をおこなっている地域的 FTA である．最近のデータによれば，これら TPP 交渉相手国は，世界の GDP の37％，世界の人口の11％，世界の財・サービス輸出の23％を占める．2013年において TPP 交渉諸国は，アメリカ商

品輸出先地域のトップになっている．加えるに，交渉諸国の中には，急速に経済成長を継続している諸国を含み，ある推定では，アジアでの中間層消費者の数は，2030年までに27億人にも上るとされる．これは，アメリカの財・サービスの潜在的輸出市場として，途方もない増加である．この地域は，すでにアメリカの投資にとって重要な地域となっている．アメリカは，アジア太平洋地域に6960億ドル投資した．

TPP 交渉国のリーダーたちは，地域的貿易と投資の広範な自由化を促進する包括的かつ高水準の FTA の達成を目標にし，それが交渉国間の経済的絆を強化することを明らかにしている．関税障壁の除去に取り組むばかりではなく，TPP 交渉国は，輸入許可制，この地域のサービスや政府調達市場の開放などの，多くの非関税障壁の問題にも取り組む．アメリカと交渉諸国は，投資家と市民への保護の透明性を明確にし，知的財産権の強力な保護監督を通してイノベーションを促進し，国有企業と結びつく競争慣行除去のガイダンスを提供するルールを協議することを求めている．

加えて，TPP が締結されるならば，協定の中核的約束として，強力な労働条項を成立させ，他の商業条項とともに，紛争解決に強制力を持たせるであろう．TPP は，歴史上強制力のある労働権の最も大きな拡大となり，強制力ある労働基準によって保護される世界の人々の数は4倍以上となることであろう．TPP は，さらに，海を保護し，野生動物の闇取引を阻止し，不法な木材の伐採を除去することに関わることを含む環境問題への強力な関与を含んでいるのである．TPP の労働条項によって，これらの関与は，紛争解決を通じて強制的なものとなり，関与の遵守を怠る諸国への通商制裁をおこなうこととなるだろう．

TPP 協定認可を怠れば，アメリカ労働者と企業を明確に不利な立場に置くこととなり，他の諸国がグローバルな通商システムのルールを創ることを許し，そのルールは，アメリカの利益に著しく不利なものとなるであろう．TPP のような包括的な通商協定は，アメリカ労働者と企業に対し最も利益となるグローバリゼーションのルールを形づくるやり方であり，労働者と環境保護のような重要な問題を含むグローバル・スタンダードを確実にする方法でもある．[24]

確かに，この合意された TPP 協定は，従来の貿易協定にはない，労働と環

境の条項を含んでいる．第19章「労働」では，おおむね次のように述べられているからだ．「全ての締約国は，国際労働機関（ILO）の加盟国であり，および国際的に認められた労働者の権利を促進することの重要性を認める．TPP締約国は，ILOの1998年宣言において認められた労働者の基本的権利（結社の自由および団体交渉権，強制労働の撤廃，児童労働の廃止および最悪の形態の児童労働の禁止ならびに雇用に関する差別の撤廃）を自国の法令および慣行において採用し，および維持することに合意する．締約国は，また，最低賃金，労働時間ならびに職業上の安全および健康を規律する法令を定めることに合意する」[25]．

また，第20章「環境」では，「TPP締約国は，世界の人間，野生動物，植物および海産の種の相当な割合が生息する地として，環境に関する課題（汚染，違法な野生生物の取引，違法伐採，違法な漁業，海洋環境の保護等）に対処するために協働すること等により，環境を保護し，および保全する強固な約束を共有する．TPP協定において，12の締約国は，自国の環境法令を効果的に執行し，および貿易または投資を奨励する目的で環境法令を弱めないことに合意する」と書かれている．

■「大筋合意」のTPPと米日多国籍企業

しかしこの協定は，労働者の福利厚生のアップや環境の改善を目的としたものではない，ということは肝に銘じておくべきだろう．なぜなら，この協定の基本精神は，「米日多国籍企業の，多国籍企業による，多国籍企業のための包括的協定」なのだからである．

概要（暫定版）が，はしなくもその本質を明らかにしている．大筋合意されたTPP協定は，21世紀型の画期的な協定であるとしており，その特徴を次の5つにまとめて示してある．第1，包括的な市場アクセス，第2，コミットメントに対する地域的アプローチ，第3，新たな貿易課題への対処，第4，包摂的な貿易，第5，地域統合のプラットフォームが，それら5つである．

まず，「包括的な市場アクセス」として，「TPPは，各国の企業，労働者，および消費者に新たな機会と利益を創出するため，物品およびサービスの実質的に全ての貿易にまたがる関税および非関税障壁を撤廃または削減し，物品およびサービス貿易および投資を含む貿易全域を対象としている」と述べる．つ

まり，TPP 協定は，従来から指摘されてきたように，物品・サービス貿易および投資を含む全域にわたって関税および非関税を撤廃することをめざしている．農産物においては，2328品目中約 8 割に当たる1885品目において関税が撤廃される．関税が残る品目についても大幅に関税が削減され，長期的には，限りなく 0 ％に近づくということである．

コメ，小麦・大麦，乳製品，甘味資源作物においては，日本政府は，関税を守ったという説明をしている．コメについては新たに無関税の枠の拡大をおこなっているし，小麦・大麦，乳製品，甘味資源作物においては新たに無関税枠が設置される．しかも，関税について，協定発効から 7 年経った後に，アメリカ，オーストラリア，カナダ，チリ，ニュージーランド 5 カ国との間で再協議に応じる規定を結んだとあるから，限りなく関税を除去する TPP の基本精神に則って事態が進行することは明らかだろう．

こうした，関税撤廃あるいは無関税枠の拡大や設定は，明らかに，日本の農業に壊滅的影響を与えることになるだろうし，食糧自給率の低下が懸念される．日本の TPP 推進派は，関税撤廃による輸入製品の価格低下によって，消費者が恩恵を被るなどと主張する．しかし，これほどおかしな議論はない．なぜなら，日本が TPP 協定を批准し，締約国から安い農産品や食品が，大量に日本に輸入されれば，確実に賃金は低下の傾向を辿るからだ．賃金は，基本的に生活費からなっていることを忘れてはならない．

18世紀後半から19世紀の初めにかけて，イギリスでは産業革命が起こり，生産性が上がり，工業製品の価格は下がりつづけた．けれども，イギリスには当時「穀物法」という法律があり，外国からの穀物には高率の関税がかけられていた．地主がかなりの政治的力を発揮し，19世紀になっても穀物法が撤廃されることはなかった．しかし，産業革命によって経済力をつけてきた産業資本家たちは，穀物法による高関税がイギリスの食費を押し上げ，賃金の低下につながらないことに気がつきはじめる．経済力と同時に政治についても大きな力を発揮しはじめた彼らは，穀物法撤廃の連動を起こし，とうとう1846年にそれを廃止させることに成功する．こうして，外国から輸入される穀物価格の下落によって賃金の下落を実現したイギリス産業資本家たちは，19世紀の中頃には，莫大な富を築くことに成功するのだった．

農産物の約 8 割が無関税で日本に輸入されたならば，従来関税によって高かった農産品価格が下がることは容易に理解ができるだろう．食料品価格の低下による生活費の低下と賃金削減，これがまた，米日多国籍企業のねらいでもある．こうなると，日本経済のデフレと言われる事態は解消するどころか，より深刻になるだろう．かくして，さらなる賃金低下，内需の落ち込み，デフレの進行という「魔のスパイラル」が引きつづき起こされることになる．TPP 参加の行き着く先は，貧困と格差の拡大となってしまうであろう．

■ TPP と雇用

しかし，こうした国内経済の疲弊に対して，「大筋合意」の TPP は何ら顧慮することなく，第 2 のコミットメントに対する地域的アプローチで，多国籍企業によって，国境を超える統合を円滑にし，国内市場を開放する継ぎ目のないサプライ・チェーンの形成をおこない，効率性を向上させると主張する．しかも，雇用を創出し，生活水準を高めるという聞こえの良い言葉を使いながら，目標を達成させるともいう．これは，2015年アメリカ大統領経済報告においても同じだ．つまり，貿易は，生産性を上昇させ，価格を低下させ，多様性を高め，イノベーションを引き起こす．そして，輸出増大による高賃金職の創出につながるという，古典的な貿易論による教科書的説明がなされるのである．[26]

しかし，こうした貿易効果は，すでにもう過去のものである．企業が，原材料から完成品の製造まで，国内経済においておこない輸出を増進していた時代の貿易効果の話であって，今日の多国籍企業時代では，国境を越えて企業は，利潤増大のための「効率的」サプライ・チェーンを形成するのだから，自由貿易の促進は，投資の自由を伴い，必ずしも雇用の増大にはつながらない．

現在，アメリカの全国的労働組織（AFL・CIO）が TPP 批准反対の運動をおこなっている背景には，1994年 NAFTA の締結によって，アメリカ国内の雇用が逆に奪われ，1990年代後半，IT 革命による景気拡大でも労働賃金が上昇することはなかった苦い経験を踏まえてのことである．

第 3 の新たな貿易課題への対処とは，デジタル経済の発展と世界経済における国有企業の役割などの新たな課題に対処し，イノベーション，生産性および競争力を促進するとある．また，第 4 の包摂的な貿易では，あらゆる発展段階

の経済とあらゆる規模の企業の貿易から利益を得ることができるように謳っている．これらも21世紀の多国籍企業主導型のグローバル経済運営に付き従って経営をおこなえば繁栄するということを説得性もなく述べているにすぎないと言えるだろう．

そして，第5に，TPPを地域統合のプラットフォームに位置づけ，ゆくゆくはアジア太平洋自由貿易圏（FTAAP：Free Trade Area of Asia Pacific）につながると言っている．

■多国籍企業本位の諸条項

TPPが多国籍企業本位の国際連携協定であることを示す事実に事欠くことはないのだが，重要なポイントをいくつか拾い上げれば，例えば，第3章の原産地規則および原産地手続きを検討すれば，よくわかるだろう．

この章は，輸入される産品について，関税の撤廃・引き下げという関税上の特恵措置の対象となる要件，および特恵待遇を受けるための証明手続きを定めたものである．とりわけそこでは，「完全累積制度の実現」というのが注目される．そこには，「複数の締約国において，付加価値・加工工程の足し上げをおこない，原産性を判断する完全累積制度を採用」とある．

これは明確に，多国籍企業の国境を越えるサプライ・チェーンの形成を促進することになる．なぜなら，一般の原産地規則は，付加価値方式をとる場合，当該国での付加価値のみが原産性として認められるのであるが，累積制度を採用すれば，輸入される締約国からの中間財や部品も原産品としてカウントされるから，コストダウンのサプライ・チェーンを締約国内では自由に形成することが可能となるからである．

だから，自由貿易による輸出促進が雇用を増大させるなどと言われても，必ずそうなるという保証はどこにもない．多国籍企業は，賃金が高ければ，そうした地域を避け，締約国内のどこでも自由に企業の立地をすることが可能となるからである．

そして，第9章「投資」において，多国籍企業が締約国内のどこでも自由に企業活動ができるように，様々な仕掛けが用意してある．まず，投資財産の設立および設立後の内国民待遇および最恵国待遇がそれである．投資しようとす

る締約国の企業を他の締約国の企業と差別してはならず，いったん企業が立地されたならば，その国の企業と同じように処遇すべきで，外資系企業ということで差別してはならないのである．

　だから，立地された企業へ，ローカルコンテント要求や技術移転の要求をしてはならないことになる．ローカルコンテントとは，外国企業が現地で生産する場合，その現地で生産された部品や中間財を使用しなければならないと定めることである．企業を受け入れる国にとっては，地元企業の製品が売れることになるので好都合なのだが，外国企業にとっては，彼らにとって「効率的」なサプライ・チェーンを形成することができなくなる．したがって，国境を越えて多国籍企業が都合のいい生産システムを形成するためには，こうした規制は禁止されることとなる．

　その他，特定の率のライセンス契約に関するロイヤリティを禁止するとか，特定の技術仕様の要求を禁止するとか，多国籍企業活動を縛る様々な規制を解き放つこと，まさに岩盤規制に穴を空けることが決められていると言っていいだろう．そして，その極めつけは，ISD条項だろう．自由民主党の選挙公約では，「国の主権をそこなうようなISD（投資家対国家紛争）条項は合意しない」と言っておきながら，この条項を設定するのに，いちばん熱心だったのは日本政府であったと言われている．企業がTPP締約国に進出し，業を営み，その企業が当該国政府あるいは自治体から「不利益を被った」と判断した場合は，その政府・自治体を相手取って損害賠償を要求し，提訴できるのである．

　こうして見てくると，「大筋合意」のTPPは，まさに米日多国籍企業の利害の下に形成されたと言ってよいだろう．

■東アジア経済統合への「2つの道」

　「大筋合意」のTPPを考察する時，東アジアの経済統合についての議論にふれないわけにはいかないだろう．なぜなら，シンガポール，ニュージーランド，ブルネイ，チリの太平洋岸4カ国で2006年に創設された環太平洋戦略的経済連携協定（TPP：Trans-Pacific Strategic Economic Partnership Agreement）が今日のTPPの元祖であり，またこの協定は，東アジアの経済統合をめぐる政治的路線の相違から生み出されたものだったからである．

従来東アジアでは，個別にアメリカとの関係が深く，地域で共同体を創ろうとする動きはなかった．いわば，アメリカの内需に期待して，アメリカに輸出することによって，アジア経済の奇跡を引き起こしたと言っていいだろう．

　しかし，その転機は，アジア通貨危機にあった．本書第5章において詳述したように，1997年タイのバーツの暴落に始まるアジア通貨危機は，瞬く間に，フィリピン・ペソ，マレーシア・リンギ，インドネシア・ルピアの価値暴落につながっていった．当時，アメリカの大統領はビル・クリントンだったが，この政権は，こうしたアジア諸国の金融危機に何ら援助の手を差し伸べようとはせず，日本が代わって「アジア通貨基金」構想を提起し，通貨危機からの脱出に手を貸そうとした．しかし，あくまでドルを基軸とする金融覇権維持を最優先するアメリカの反対に遭ってつぶされてしまう．アメリカが反対したのは，このアジア通貨基金をもとに，米ドルに代わるアジア共通通貨が生み出されるのではないかと恐れたからだった．

　しかし，このようなアメリカの妨害にもかかわらず，アジア諸国は，基金構想の創設プランをあきらめはしなかった．この構想は2000年5月，タイのチェンマイでのASEAN+3（中国，韓国，日本）の蔵相会議において「チェンマイ・イニシャティブ」として実現していった．これは，ASEANスワップ協定を強化することにより，各国通貨が投機の対象になり危機に陥った時に，お互いに通貨を交換しあって協力することを約束したものである．

　こうした，東アジア諸国同士の通貨協力とゆくゆくは経済統合につながる動きに対して，どちらかと言えばアングロサクソン系諸国が反発をしはじめたのが，TPPということになる．まず，2001年，ニュージーランドとシンガポールが「シンガポール・ニュージーランド経済緊密化協定」を成立させた．そこにチリが加わり，さらにブルネイが参加して，2006年1月1日，P4協定と言われる，元祖TPPが発足することとなった．このP4協定は，全ての関税をゼロにするという極端な自由貿易協定だったが，そこにはさらにその2年後の2008年には投資と金融サービスの自由化をめざして交渉するという規定があった．つまり，P4協定にはもともと投資と金融サービスの自由化については規定がなかったのだが，2年後に交渉を開始するという規定があった．そこでブッシュ政権は，2008年2月にTPPの投資と金融サービスの交渉作業部会に

参加するという決定をすることになったのである．

■オバマ政権のアジア戦略と TPP

こうして，東アジアには，アジア諸国を基軸とする「東アジア共同体」路線と，アングロサクソン系諸国の主導の下に展開する TPP という，2 つの統合の道が存在することになった．こうしたアジア経済統合における「2 つの道」において，日本の鳩山政権が2009年9月に「東アジア共同体」路線を表明したことが，アメリカ政府高官の逆鱗にふれ，オバマ大統領の決断を急がせ，その年の11月23日東京での TPP 交渉参加表明となったことは，既述の通りである．

アジアは経済成長の著しい地域である．2008年〜09年世界経済危機勃発においても，中国，インドなどはいち早く立ち直った．アジア域内での相互の貿易も対米貿易額を超えるまでになった．しかも，中国の人民元の地位向上やアジア共通通貨（ACU）構想などが出てくると，アメリカは安穏としているわけにはいかない．

こうしてオバマ政権は，TPP への参加を表明し，日本の抱き込みにかかったというわけである．この自由貿易圏を足がかりにして，アメリカは，南米で失敗した米州自由貿易圏のアジア版，アジア太平洋自由貿易圏（FTAAP）を形成できると考えたと言えるだろう．しかも，TPP 参加国が広がれば，WTO の多角的交渉，ドーハラウンドでは折り合いのつかなかった中国とインドも TPP 参加に向かわざるをえないというのが，オバマ政権の読みということになるだろう．

オバマ政権のドル圏を軸とするアジアにおける経済覇権維持が，この政権をして TPP へ向かわせた大きな要因と言っていいであろう．しかし，もうひとつオバマ政権の TPP 参加路線には，東アジアの経済成長をアメリカ輸出に取り込みたいという彼らの願望が込められていたことを忘れてはならない．

■オバマ政権の中国重視

オバマ政権は，世界経済危機の真っただ中に誕生した．この政権は，ブッシュの新自由主義的経済政策を批判し，「賢明な政府」論を基軸とする「中間層

重視の経済学」を実施に移してきたことは，既述の通りである．

　彼らは，世界経済危機を引き起こした構造的要因が，アメリカが膨大な経常収支赤字を出しつづけ，その他諸国が黒字を出しつづけた，グローバル不均衡にあったと考えたことを忘れてはならない．今や世界経済の成長の基軸は東アジアにシフトしたのであり，アメリカの政治軍事路線も東アジア重視でなければならないというのが，この政権の戦略だった．これをリバランス戦略と言うのだが，かつてブッシュ政権が石油の利害から中東重視の政治軍事路線を取りつづけたのとは大きな違いである．⁽²⁷⁾

　もちろん，このリバランス戦略をとる背景には，いまやアメリカは，サウジアラビアを抜いて世界最大の産油国になったという事情もあるだろう．シェール・オイル革命は，確かにアメリカの政治軍事路線を大きく変えた．しかし，何よりこのリバランス戦略の基本は，中国を米ドル圏へつなぎ止め，習近平・李克強政権によって進められている中国経済の構造転換をアメリカの対中輸出の飛躍的拡大に結びつけたいということなのである．

　既述のように，中国経済は，世界経済危機後大きく変わろうとしている．危機前は，中国経済成長の牽引力は，対外輸出と投資にあった．しかし，危機後欧米諸国の経済的停滞によって，対外輸出はもはや成長の要因ではなくなった．投資もかつてほどの勢いはなくなった．まだ不充分とはいえ，個人消費が中国において大きな比重を占めはじめているのである．2013年に成立した習近平・李克強政権の経済政策は，中国社会の過度な成長偏重の経済政策と格差の広がりを是正し，国民消費の着実な増進による経済政策を実施しようとしている．そのためには，富の偏在を正さなければならない．分厚い中間層の形成による確実な個人消費の増大が望まれるのである．

　米国オバマ政権のねらいもその辺にあると言えるであろう．もはやアメリカは，各国企業の売り込みの場ではない．むしろ中国こそ，アメリカの売り込みの場であるべきだ．オバマ政権は，リーコノミクスによる中国経済の内需拡大に期待するのである．そして，中国を基軸とする世界経済の編成には極力反対する．ドルを基軸とする世界経済システムの維持が，オバマ政権の至上命令だった．

註

（１） A. A. Levchenco, L. Logan and L. L. Tesar, "The Collapse of International Trade during the 2008-2009 Crisis: In Search of the Smoking Gun," *Research Seminar in International Economics Discussion Paper* 592, University of Michigan, October 2009.

（２） 『2010米国経済白書』エコノミスト臨時増刊，2010年5月24日号，毎日新聞社，104ページ．

（３） M. Friedman and A. J. Schwartz, *A Monetary History of the United States, 1867-1960*, Princeton, 1963, pp. 391-406.

（４） A. A. Ballantine, "When All the Banks Closed," *Harvard Business Review*, Vol. 26, No. 2, March 1948, p. 135.

（５） *Ibid.*, p. 137.

（６） L. H. Kimmel, *Federal Budget and Fiscal Policy, 1789-1958*, Washington, D. C., 1959, p. 148.

（７） P. Studenski and H. E. Krooss, *Financial History of the United States*, N. Y., San Francisco, Toronto, London,, 1963, p. 364.

（８） R. G. Blakey and G. C. Blakey, "Revenue Act of 1932," *American Economic Review*, Vol. 22, No. 4, December 1932参照．

（９） Treasury Department, A*nnual Report of the Secretary of the Treasury on the State of the Finances, For the Fiscal Year Ended June 30*, 1932-33.

（10） 前掲『2010米国経済白書』106ページ．

（11） 前掲『2010米国経済白書』107〜109ページ．

（12） 『2011米国経済白書』エコノミスト臨時増刊，2011年5月23日号，98ページ．

（13） EU 経済危機とその対応については，田中宏「欧州統合の到達点と経済危機の構図」（『経済』2012年7月号）を参照．

（14） *European Economic Forecast, Winter 2014*, European Union, 2014, Table 1より．

（15） 宮前忠夫「欧州各国の『熱い秋』緊縮反対，政策転換を求めて」（『経済』2013年11月号）8ページ．

（16） *European Economic Forecast*, p. 21.

（17） The World Bank, *China Economic Update, June 2014*, World Bank Office, Beijing, 2014, p. 2.

（18） 井手啓二「改革の全面的深化と中国経済のゆくえ」（『経済』2014年1月号）89ページ．

（19） The World Bank, *op. cit.*, p. 21.

（20） ジェーン・ケルシー編著，環太平洋経済問題研究会，農林中金総合研究所訳『異常な契約——TPP の仮面を剥ぐ』農山漁村文化協会，2011年6月，62〜63ページ．

（21） 『2010米国経済白書』エコノミスト臨時増刊，毎日新聞社，2010年5月24日号，252ページ．

（22） 鳩山友紀夫「沖縄を軍事の要石から平和の要石へ」（進藤榮一・木村朗共編『沖縄自立と東アジア共同体』花伝社，2016年）49〜50ページ．

(23) 『朝日新聞』2015年11月7日付.
(24) 『2015米国経済白書』蒼天社出版, 2015年11月25日, 255〜257ページ.
(25) 「環太平洋パートナーシップ協定の概要（暫定版）」13ページ.
(26) 前掲『2015米国経済白書』258〜263ページ.
(27) 詳しくは, アメリカ国防省発表の *Sustaining U. S. Global Leadership: Priorities for 21st Century Defense*, January 2012を参照のこと.

終　章

アメリカの経済政策に，今何が問われているのか
―― 新自由主義的経済政策からの転換を求めて

■新自由主義からの転換

　オバマ政権は，2016年が政権最後の年となった．「中間層重視の経済学」と自らの経済政策を命名し，「賢明な政府」論に基づく経済政策の実施を信条としてきた．

　しかし，レーガン政権以来展開されてきた新自由主義的経済政策からの転換は実現されてはいない．もちろん，政権の経済政策の実施には，議会の協力が不可欠である．オバマ政権に敵対する共和党議会が「中間層重視の経済学」の実施を阻止してきたことは事実なのだが，オバマ政権の経済政策それ自体も，全てが「中間層重視の経済学」として理解できるものではなかった．

　2016年は大統領選挙の年である．アメリカの経済政策には，今，何が求められているのかを，本書の基本線を振り返りながら明らかにしてみたい．とりわけここでは，バーニー・サンダース上院議員の提起した経済政策に注目したい．なぜなら，彼は自らを「民主的社会主義者」として，ヒラリー・クリントンと民主党大統領候補者指名を競ったのだが，その経済政策は，大恐慌のどん底，1933年にアメリカ大統領となり，アメリカ経済を危機から脱出させることに成功したフランクリン・ローズヴェルトの経済政策の基本線を踏襲しているからである．[1]

　オバマ政権は，世界経済危機の真っただ中に誕生した．この危機は，本書でもくり返し指摘したように，大恐慌以来の経済危機であり，ローズヴェルト政

権との比較が話題となった．歴史はくり返したのであるが，どのようにくり返したのか，まずその辺のところから振り返ってみることにしよう．

第1節 大恐慌勃発の世界経済的条件と危機対策

■大恐慌勃発の世界経済的条件

1929年10月24日ニューヨーク株式市場の大崩落に始まる大恐慌が，2008年9月15日リーマン・ブラザーズ倒産に始まる世界経済危機と決定的に異なる諸条件の第1は，アメリカ経済の世界経済的位置づけにあると言える．

大恐慌が開始されたとき，アメリカは世界最大の債権国だったが，現在は，世界最大の債務国である．第一次世界大戦で中立を装っていたアメリカは，1917年に参戦し，イギリス，フランス，イタリア，ロシアの協商国側についた．ドイツ，オーストリアを敵に回して，協商国側に大量の戦時物資を輸出し，大々的に貸し付けていった．イギリス，フランス，イタリアの順に貸付額が大きく，1917年から1922年にかけて93億8670億ドルを記録した．第一次世界大戦後，アメリカは債権国としての地位を盤石なものとした．かつて世界経済をリードしたイギリスに代わり，戦後世界経済の中心はアメリカへ移動しはじめたのだ．

イギリスは，ポンド体制の復活を夢見て，1925年に旧平価で金本位制に復帰した．当時は，金本位制による通貨の安定こそ，国際経済の安定に資する制度であると考えられていた．イギリスにとって，もともと旧平価での金本位制への復帰には無理があった．だから，これを維持するには，高金利で資金をイギリスに引き寄せなければならなかった．19世紀後半のように，金本位制に基づいて低金利によって資本を貸し付けることは，もはやできなくなっていた．ポンド・スターリングは，基軸通貨の地位から滑り落ちていたのである．

第一次世界大戦後，世界経済に資金を提供するのはアメリカの役目となった．1920年代，アメリカは，地域的にはドイツを中心とするヨーロッパへ貸付を増加させた．1920年から1929年までの10年間にアメリカは，ヨーロッパへ33億5700万ドルの証券投資をおこなったが，そのうちドイツへは10億3700万ド

終章　アメリカの経済政策に，今何が問われているのか　**299**

ルを新規に投資した．第一次世界大戦で敗北したドイツは，多額の賠償支払いを負っていた．だから，戦後の復興資金はアメリカに頼らざるをえなかったし，ドイツによる，イギリスやフランスへの賠償資金の支払いは，めぐりめぐって協商国側のアメリカへの借金返済を可能とした．つまり，戦後の世界経済の資金循環は，アメリカを起点とし，ドイツへ流入し，ドイツからイギリス，フランス，そしてまたアメリカへ戻るという構造を有していたのである．

　だが，この世界の資金循環に異変が生じる．なぜなら，1927年末から1928年にかけて，アメリカ株式市場に一大ブームが訪れたからだった．1920年代のアメリカには，自動車の普及，電化の進展，建築ブームがあった．さらに，1920年代末になると株式ブームが起こった．

　こうして，アメリカは世界の資金をウォール街へと集中させることになってしまった．アメリカにおける株式発行額は，社債市場，外債市場の停滞を尻目に，1928年初頭から急上昇を開始した．この時期のアメリカは，富の一部の者への集中と過度の貯蓄が進んでいた．その貯蓄の多くは，遊休し，あるいは外国への貸付に使われていたのだが，国内株式ブームは，その過剰資金を証券市場へと惹きつけた．アメリカの証券市場は，国内の遊休資本を集中させただけではなかった．本来，世界最大の債権国として，資本供給を世界に対しておこなうべきアメリカが，逆に多くの資本を世界から集中させてしまったのである．

■大恐慌の勃発

　大恐慌は，1929年10月の株式大崩落となって出現した．世界経済的にも衝撃は大きく，南米の低開発諸国は，輸出不振により，国際収支危機の頻発から金本位制を離脱，為替の管理体制へと入っていったし，ドイツも例外ではなかった．

　アメリカにおいては，金融中心地に金融逼迫があり，ニューヨーク連邦準備銀行は積極的な信用貨幣の投入を試み金融困難はかろうじて回避された．しかし，中小商工業資本や農村では，経営破綻の連続となり，1930年末から翌年初めにかけては，深刻な銀行破産が起こった．とりわけ，1931年中頃からの大量の貨幣退蔵（currency hoarding）がアメリカ金融中心地に起こった事実は，

経済恐慌の深刻化を示すものだった．というのは，貨幣退蔵とは，経済恐慌の激化によって金融資産の価値が減価し，銀行資産の不良債権化から預金者が銀行の経営状況を訝る結果，銀行から預金を大量に引き上げることを意味するからだ．

この年，1931年9月21日に起こったイギリスにおける金兌換停止による金本位制離脱は，この貨幣逼迫に拍車をかけた．というのは，イギリスの金本位制離脱が，アメリカも同じように金兌換停止をするのではないかという思惑を生み，アメリカからの大量の短期資本の流出となったからだった．⁽²⁾

こうした，ニューヨーク金融市場における国内的にも国際的にも深刻化した信用破綻とそれにより引き起こされた貨幣逼迫に対して，諸銀行は従来一定の価値を保ってきた一流債券類も含めて大量の有価証券類を売却せざるをえない羽目に陥った．こうして，1931年後半からアメリカ有価証券市場の全面崩壊が引き起こされることになった．1931年末から1932年初頭にかけて，大量の銀行破産が集中的に起こった．

■大恐慌への危機対策

こうした事態に，ニューヨークの金融資本の中枢部は，かつてイギリスの銀行家ウォルター・バジョット（Walter Bagehot）が金融パニック時の理想的な対策と主張した中央銀行行動に打って出た．すなわちそれは，連邦準備銀行適格手形割引利率および銀行引受手形購入利率の引き上げという古典的金利政策の採用と同時に，多額の貸付による金融逼迫の緩和という二面作戦だった．金流出を防ぐには，金利の上昇が必要なのだが，金融危機を防止するには，多額の貸付による金融緩和が必要だった．金本位制における金融政策の苦肉の策とも言うべき手段だった．

しかし，それでもこの金融危機は収まる様相を示さなかった．かくしてフーヴァー政権は，公的資金の導入による経済危機突破という，新たな手段に打って出る．それが「復興金融公社」（RFC：Reconstruction Finance Corporation）の設立であり，「連邦準備法」（Federal Reserve Act）の改正法案として制定された「グラス＝スティーガル法」の制定だった．RFCは，1932年1月22日，金融諸機関への緊急の金融的便宜と，農業，商業，工業への金融的援助を目的とした

「復興金融公社法」によって設立された．一方，「グラス＝スティーガル法」は，それに遅れること1カ月，2月27日に制定された．

RFC は，全くの政府機関であり，この公社は，5億ドルの資本を全額政府出資で「一般基金」から払い込まれた．加えて15億ドルを限度として，公社自らの手形，社債，その他有価証券を発行することができたが，これらは完全に元金・利子とも政府によって保証されていた．つまり，この公社を通じて公的資金を困窮した経済諸機関へ注入することが目的だった．

また，この「グラス＝スティーガル法」は，翌1933年に制定されるグラス＝スティーガル銀行法（商業銀行と投資銀行を構造的に分離した法律）とは別物である．加盟銀行が適格手形を所有しない場合でも，政府証券によっても貸出が受けられるように，連邦準備銀行の信用創造能力を高めることを目的とするものだった．

■ **金本位制の離脱へ**

こうして連邦準備銀行の信用創造能力は高まり，金融恐慌時の巨額な金流出とともに出現する金融逼迫に対して貨幣供給を増強し，それに応じる体制が確立された．RFC は，困窮する都市の銀行や信託銀行などへ積極的に貸付事業を展開した．また，信用創造能力を高めた連邦準備銀行は，大々的な買いオペレーションを実施し，金融緩和と国債価格の安定が図られた．

しかしながら，こうした大々的な公的資金の注入，また，連邦準備銀行による積極的金融緩和政策は，1932年末から1933年にかけて，全般的な新たな銀行危機を引き起こす構造的要因となった．というのは，金本位制を前提とする国債発行の継続と金融緩和政策は，銀行券価値への不安を一般大衆に与えるものとなったからである．金兌換停止とドルの金平価切り下げを見越した貨幣退蔵が，1931年末の規模をはるかに超える形で出現した．つまり，かつての銀行恐慌は，預金の取り付け，すなわち，預金者が預金を銀行券に転換するという行動によって引き起こされたものだったが，今回の危機は，銀行預金を銀行券のみならず金へ転換するという「金恐慌」の様相を呈したのである．[3]

フーヴァー政権を引き継ぎ，1933年3月4日に政権を樹立したローズヴェルト大統領の最初の仕事は，金流出という深刻な事態を伴う全般的な銀行破産

の危機に対処するため，6日月曜に銀行休業声明を発表することであった．国債発行による資金の投入，財政赤字の累積，グラス＝スティーガル法による連邦準備銀行の積極的信用創造が，連邦準備銀行券そのものの価値についての不安を作り出していた．金本位制をとり，金兌換を制度上認めている以上，公衆による銀行券の金への転換を阻止することはできず，信用主義から重「金」主義への転化が引き起こされたのだ．ローズヴェルトは，全国銀行休業声明を発し，3月9日木曜日まで，アメリカ全ての銀行を閉鎖し，貴金属の輸出入禁止，外国為替取引の全面的禁止をおこなった．

第2節　ニューディール政策の歴史的意義
――金融封じ込めによる安定的経済体制の確立

■金融封じ込め政策の実施

　1933年3月9日木曜日まで4日間閉鎖された銀行の再開は，3月13日，月曜日に始まった．ローズヴェルトは，その前日の日曜日，後に有名となる「炉辺談話」を，ラジオを通じておこない，明日から銀行業が再開されると告げ，国民に沈着冷静な行動をとることを呼びかけた．月曜日から再開された銀行業務は，炉辺談話が功を奏したのか，一件の取り付け騒ぎもなく順調におこなわれた．

　ローズヴェルトは，3月9日，すでに緊急銀行法の通過により銀行休業を正当化させていたが，4月19日，アメリカは正式に金本位制を離脱した．すでにイギリスは，1931年9月21日に金本位制を離脱していた．フランスなど金本位制をとる国と，英米の離脱組との，世界経済を二分する状況がここに生み出された．

　ところで，こうした緊急の銀行対策はさておき，ローズヴェルトの100日間で最も重要な改革は，金融の構造改革に関してのものだろう．単に緊急の銀行対策を講じただけではなく，その後のアメリカ経済を根本から規定する構造改革が実施されたからである．

　既述のように1929年大恐慌は，株式大崩落として開始された．空売りを利

用しての大儲けだとか，税金逃れだとか，大恐慌をきっかけとして，証券市場を通じた様々な非倫理的・犯罪行為が，1932年に設置された上院通貨・銀行委員会の小委員会であるペコラ調査委員会を通じて明らかにされた．こうした調査結果をもとに，1933年5月27日には証券法が成立，「連邦取引委員会」に証券の新規発行の監督権限が与えられ，さらに金融情報の公開が義務づけられるなどの改革となった．翌年それは1934年証券取引法の制定につながり，証券取引委員会（SEC：Securities and Exchange Commission）が証券市場の監督機関として創設された．

■1933年グラス＝スティーガル銀行法

　1933年6月16日に成立したグラス＝スティーガル銀行法は，証券業と商業銀行を分離した．

　1929年大恐慌において明らかになった事実は，証券業と商業銀行の兼業による，常軌を逸した投機の横溢だった．モルガンなどウォール街勢力の執拗な反対にもかかわらず，ペコラ委員会を通じて明らかになった事実が，金融業の規制への政策転換の力となったことは言うまでもない．

　また，この法律は，連邦預金保険公社（FDIC：Federal Deposit Insurance Corporation）の創設を準備した．1億5000万ドルの運営資金を，連邦資金と加盟銀行からの保険料によって調達し，FDICは，1934年1月1日から暫定的に業務を開始した．

　これら一連の素早い改革によって，ローズヴェルト政権は，金融資本勢力を封じ込めることに成功したし，またこれらの改革は，第二次世界大戦後，寡占企業の利害と組織労働組合を中心とするケインズ的な経済政策の実施の立法的基盤となったのである．

■1935年銀行法

　こうした産業優位の政治経済関係を，連邦準備制度の強化という形によって，財務省と連邦準備制度との関係で築いた立法が，1935年銀行法であった．

　この銀行法は，まずFDIC加盟銀行の保険料を引き下げ，暫定的に運営を開始したFDICが1935年7月1日に正式に運営を開始することを援助した．さ

らに，連邦準備局を廃止し，大統領が指名し上院が承認する7名の理事によって構成される連邦準備制度理事会に置き換えた．連邦公開市場委員会を刷新し，その運営において，連邦準備制度理事会の権限を高めた．

こうした一連の改革によって，その後銀行倒産は影を潜めたし，連邦準備銀行の政策は，理事会によって集中的に管理統制され，政府の経済政策との密接な連携がとられるようになったのである．

当時連邦準備局総裁であったマリナー・エクルズ（Marriner Eccles）は，上院銀行通貨委員会小委員会において，次のように証言した．「政府のコントロールの必要は，政府が経済・金融諸政策の立案実行の主要機関になっているからであります．通貨そして預金の形態をとった支払い供給手段の諸変化は，重要な要因であり，時には経済変化の決定的な要因となりますから，中央銀行が政府の政策に敵対的な政策を選ぶとすると，それは政府の目的達成に対して重大な障害となるのであります．中央銀行諸機関の権力は政府に由来し，事実上政府による創造物でありますから，事柄の性質上政府に対して対立する政策をとることは，……できません」[4]．

■貿易における保護主義

1930年代世界恐慌を深刻にさせた要因のひとつとして，貿易における保護主義が挙げられる．アメリカの場合，1930年6月17日フーヴァー大統領の署名によって成立した「ホーレー＝スムート関税法」（Hawley-Smoot Tariff Act of 1930）が悪名高いものである．農産物の保護を主張する，ユタ州選出の上院議員リード・スムート（Reed Smoot）が強力に進めたものだが，繊維，鉄鋼はじめ国内市場に販路を求める多くの産業の支持があった．

しかし，この保護主義は，多くの国から報復的な保護関税によって反発されることは容易に理解できた．イギリスは，後に英国特恵関税圏の確立へと進むし，ドイツは，ナチス政権の確立とともに侵略政策と結びついた独自の経済圏への拡大となった．しかし，そもそも貿易依存度の低いアメリカでは，外国からの輸入攻勢には保護主義をもって対抗するという考えが存在する．これはとりわけ，産業の貿易依存度が低い産業では，今日のアメリカにおいても変わることはない．

世界恐慌の深刻化とともに，国際経済の立て直しが叫ばれるに至った．かくして，1933年6月12日，ロンドンに66カ国の代表が集まり，世界的な恐慌対策を協議する経済金融会議が開かれた．この会議は，金本位制を離脱し国内の経済政策を優先させようとするイギリス，アメリカと，金にあくまで固執し，通貨の安定こそが経済回復の基本であるという旧来の考えにしがみつくフランス，イタリアなどの金ブロック諸国との対立から，結局は何の成果もないままに終わってしまった国際会議であった．イギリスは1931年に金本位制を離脱していたし，アメリカも1933年4月19日には金本位制を離脱していた．

　その後の歩みは，周知のように世界経済の分断と第二次世界大戦の勃発となった．事態は，安定的な国際経済の形成ということにはならず，それに逆行する状況となってしまった．ロンドン国際経済金融会議の後，世界各国が一堂に会した国際経済会議は，1944年7月，米国ニューハンプシャー州ブレトンウッズにおける会議を待たねばならなかったが，この会議に招待された国は，言うまでもなく連合国側の44カ国のみであった．

■1934年互恵通商協定法

　金融利害封じ込めによる安定的な経済体制の確立という考えは，アメリカにおいて，大恐慌後，ニューディール政策の実施において貫かれたものだったと言ってよいだろう．1934年互恵通商協定法（Reciprocal Trade Agreement Act of 1934）の成立は，そのことを示している．

　この通商協定は，ローズヴェルト政権において長らく国務長官の任にあったコーデル・ハル（Cordell Hull）によって進められたものだが，1933年6月のロンドン国際経済金融会議においても，彼は関税引き下げについて提案をしようとした．しかし，それが国際通貨問題の意見の相違から，何も実現することのなかった国際会議であったことは既述の通りである．アメリカ政府が，国際貿易の拡大を2国間の互恵通商協定を結ぶことによって実現しようとし，法案を成立させたのは，1934年6月のことであった．

　互恵通商協定法は，関税引き下げについて各国と個別に交渉し，相互にその引き下げをおこなうというものである．ハルは，当初，関税交渉を，広範囲にかつ一斉に多くの国と協調して多国間でおこなうことを考えていた．しかし，

アメリカ議会の保護主義グループや外国政府がこうした方式を容認しないと見るや，品目ごとに個別に交渉する方式へ切り替えた．

一部には，この協定法をもって，アメリカの経済ブロック形成を目的とする保護主義的政策であるとする見解もある．しかし，この協定法によって，相互に関税が引き下げられ，最恵国待遇を協定国間で与えあった事実を見ると，むしろ，スムート＝ホーレー関税法による超保護関税体系から自由貿易主義への転換点として位置づけたほうがよいだろう．

この通商法は，3度の延長を経て，期限切れを迎えて新たに1945年互恵通商協定法が成立するまで，実に27カ国と結ばれ，全ての有税輸入品のほぼ64％にわたり相互の関税の引き下げが実現されたのであった．

■アメリカの自由主義的通商政策の背景

ここで考えるべきは，多くの国が保護主義的貿易政策をとり，世界経済がブロック化していった中で，なぜアメリカは，互恵通商協定法によって自由主義的転換を図ったのかということである．1934年2月にワシントン輸出入銀行が創設され，この時期にアメリカにおいては，輸出促進が国家的目標とされた事実である．

既述のように，アメリカにおける保護主義的貿易政策の背景には，輸出依存度の低い，国内を基本的販売市場とする産業グループがあったことが指摘されている．繊維，鉄鋼などがその典型的な産業だった．しかし，第一次世界大戦を契機にしてアメリカが債権国になった最大の要因が，輸出の増強にあった事実を想起されたい．確かに，マクロ的に見れば，アメリカ経済の輸出依存度は，当時は低いものではあったが，輸出比率の高い産業が1920年代に急速に発展し，ローズヴェルト政権の政策基盤となるまで成長した事実があった．

機械，電気機械，公益事業，自動車などの新興産業が，国内市場依存の保護主義的産業グループに対して，政策的にも対抗しはじめていたと言っていいだろう．しかも，こうした産業グループは，株式投機を主導し挙句の果てには金融危機から大恐慌を引き起こした金融資本グループとは一線を画していたのである．

輸出を積極的に進めるグループが，ブロック経済を打破し，国際貿易の活発

化を多角的な自由貿易システムの実現によっておこなおうとするのは当然であろう．1933年のロンドンにおける国際会議は失敗に終わり，世界経済はブロック経済から第二次世界大戦へと崩壊の道をひた走りだったが，連合国側の勝利が目前となった1944年には，既述のように米国ニューハンプシャー州ブレトンウッズに44カ国の代表を集めて国際会議が開かれた．ここで結ばれた協定がブレトンウッズ協定であり，それをもとに国際通貨基金ならびに国際復興開発銀行（世界銀行）が創設されたが，この基金こそ，1971年8月15日まで，固定相場制の下で，戦後の国際貿易の拡大を金融面から支える国際通貨システムに他ならなかった．

■輸出産業と金融業との対立

しかしながら，完全雇用を目的として，国際貿易をドルにより金融的に支え，拡大強化するこの国際通貨基金の創設には，アメリカ金融界から強い反対の声があがった．彼らの見解によれば，国際通貨システムは金本位制によるべきで，この制度こそ今まで人類が作り出してきた決済システムにおいて最も合理的で優れたものだというのである．外国為替の交換比率を人間による恣意的な判断によらないという点で，金本位制が優れているというのである．[5]

また，国際通貨基金の流動性条項が「健全な事業原則」に反するというのだった．金融界では，貸し手が条件を決定できるのが常識であり，それが「健全な事業原則」なのだが，この条項によれば，その権限を国際通貨基金に移譲してしまい，自分たち，つまり貸し手の権限が無視されてしまうというのである．

まさに貸付資本らしい論理で反対したのだが，財務省は，輸出を刺激するシステムとしてのブレトンウッズ協定という性格を強調した．国際通商体制についての担当は，国務長官コーデル・ハルだったが，国際通貨体制については，財務長官のヘンリー・モーゲンソーだった．「死体置き場のヘンリー」と大統領から綽名された彼だったが，1934年から1945年7月にトルーマン大統領に解任されるまでの11年間，財務長官の地位にあった．モーゲンソーは言う．「もしブレトンウッズ協定が成立したら，世界貿易は為替制限や為替切り下げ競争から自由になり，アメリカ自動車産業は年間100万台以上の輸出市場を確保できることになるだろう．国際通貨基金と世界銀行は，アメリカ労働者に

500万もの就業機会を追加して提供することになるのである」

ブレトンウッズ協定は，下院において圧倒的多数で可決され，上院では，国際通貨基金設立延期の提案があったが成立せず，1945年7月18日，上院はこの法案を可決成立させたのだった．⁽⁶⁾

第3節　世界経済危機勃発の世界経済的条件と危機対策

■世界経済危機勃発の世界経済的条件

世界経済危機勃発の世界経済的条件は，本書において詳細に説明した．まさに，いかにして世界経済危機勃発の条件がアメリカを基軸に創りだされたのかを解明することが，本書の基本モチーフのひとつでもあった．それを要約すると，以下のようにまとめることができるだろう．

まず，1971年8月15日，米国ニクソン政権による金ドル交換停止，1973年固定相場制の崩壊，そして金利平衡税制の撤廃に始まる，アメリカにおける国際資本取引の自由化が，戦後の安定的な国際経済体制を崩壊させた．しかもその崩壊は，キンドルバーガーが鋭く指摘したように，決して米国ドルの崩壊ではなかった．彼は次のように指摘した．「われわれは，1950年代から1960年代前半のアメリカは，不均衡状況に陥っているのではないと確信をもって言いつづけてきた．アメリカは，国際金融仲介業に従事してきたのであり，長期で貸し，短期で借り，世界に流動性を供給してきたのだ．外国にドル・バランスが蓄積されたのは，アメリカが経常収支赤字を出したからではなく，経常収支黒字を超えて外国に貸付・援助したからなのだ」⁽⁷⁾

国際経済におけるアメリカの役割という観点から見ると，戦後の安定的な国際経済体制の崩壊は，キンドルバーガーが言うドルを基軸とする「世界の銀行」から，国際資本取引を基軸に編成されるドルを基軸とする「世界の投資銀行」への転換であったと言えるだろう．国際収支における資本取引の自由化は，変動相場制への移行を必然化した．資本取引の自由を認めながら固定相場制を維持するには，資本の流出入に対して為替相場を固定するために，通貨当局は常に外国為替市場に介入せざるをえない．そうなれば，国内のマネーサプライ

(マネーストック) に多大な影響を与える可能性があり，一国の金融政策の自立性が保てなくなるからである．資本取引の自由化と変動相場制への移行は，アメリカ国際収支の金融（投資）勘定取引の巨額化をもたらすことになった．

この新自由主義的経済体制は，世界経済危機勃発の世界経済的条件となったが，大恐慌勃発の世界経済的条件とは異なる歴史的特質を有している．第1に，アメリカは，今日第一次世界大戦後のように世界最大の債権国ではなく，逆に世界最大の債務国であるということだ．アメリカは，毎年膨大な経常収支の赤字を生み出している．ドルが基軸通貨として受け入れられ，世界各国は，アメリカによるドル支払いをアメリカへの対外債権として受け入れていることによって，世界経済システムが動いているということである．第2に，第一次世界大戦後では国際金本位制が世界経済システムの基軸だったが，現在は国際金本位制ではない．したがって，現在，米ドルは，金決済されることなく，アメリカが経常収支の赤字を継続するかぎり，アメリカの対外債務が膨大に積み上がっていくシステムとなっている．そして，証券化を軸にアメリカ多国籍企業・金融機関が世界経済的に資本を動かすことによって収益を確保する仕組みができあがっているのだ．

■金融救済政策の優先と巨大金融機関

既述のように，大恐慌の時は，国際金本位制が金融制度の基軸に存在した．したがって，大胆な金融救済作戦は，銀行券の事実上の価値減価を引き起こし，金への追求が引き起こされ，貨幣退蔵から全面的な銀行崩壊へと導いた．しかも，自動車をはじめとする20世紀型産業の興隆は，ケインズ主義の受容となり，金融投機を封じ込める制度的構築が可能であった．

しかし，2008年9月のリーマン・ショックに始まる世界経済危機においては，金融救済が優先され，大量の公的資金が注入されても，制度上金本位制が成立してはおらず，銀行券を金に換えるという行動は起こるべくもなかった．ブッシュ政権下で提起された7000億ドルにも上る金融救済は，オバマ政権において着々と実行に移された．これは，新自由主義的経済政策からの転換を主張して政権を樹立したオバマ政権の，決定的な汚点だろう．既述のように，大統領に選出されたオバマは，移行チームの要にサマーズを置き，そのアドヴァ

イスをもとに，経済政策立案の要的存在の財務長官にガイトナーを任命したのである．ニューヨーク連銀総裁であったガイトナーが金融救済策を着々と実行したことは既述の通りである．

こうした金融救済は，ローズヴェルト政権下の金融封じ込め政策と全く異なっていた．なぜなら，ローズヴェルト政権下で財務長官を長期にわたって務めたモーゲンソーの基本哲学は，金融資本を「経済の主人」から「経済の召使」へと貶めることだったし，世界の金融の中心をロンドンとニューヨークからアメリカ財務省に移すことだったからである．しかし，ブッシュ政権の財務長官は，元ゴールドマン・サックス CEO のポールソンであり，公的資金注入による金融機関救済策をあたかも当然と言わんばかりに提出した．オバマ政権下のガイトナーも，前政権が敷いた金融救済路線を実施したのだった．

■危機対応の矛盾

かくして，アメリカにおける経済格差は，危機を通じて広がるばかりだった．オバマ大統領も2014年大統領経済報告において，正直に次のように言わざるをえない事態となった．「多くの面で何年にもわたって中間層を脅かしつづけてきた傾向が，いよいよ強くなりつつある．トップにいる人たちはかつてなく状況は改善されているものの，平均賃金はほぼ頭打ちであり，格差は開きつづけている．多くのアメリカ人は，より懸命に働き，やっとのことで生計を成り立たせているのだが，まだ職すら見つかっていない人々がいる」[8]．

富裕層が危機を通じて富をいっそう蓄積しているのに対して，アメリカ経済の中軸を形成してきた中間層の経済状態が一向に改善されてはおらず，アメリカ全体で見れば格差のいっそうの拡大が引き起こされているのである．分裂するアメリカと言われるゆえんだった．

とりわけこうした傾向を強めているひとつの大きな要因が，危機回復後の資産価格の動向であることは間違いない．つまり，危機勃発に際して，大金融機関救済が優先され，大量の公的資金が注入され，経済回復過程では，さらに FRB による超金融緩和政策によって，有価証券を基軸とした資産価格の急回復がなされたからだ．その結果，株式資産を多数保有する富裕層の家計資産は急増した．個人可処分所得に対する株式資産比を検討すると，あの IT 革命に

よる「ニューエコノミー」と言われた1990年代末には及ばないものの，2008年リーマン・ショックに至る世界経済危機前夜の水準に辿り着こうとしている．

しかし，危機後の個人消費を見てみれば，順調な回復過程を辿っているとは言えなかった．住宅資産や株式資産の急増による資産効果によって個人消費が伸びていることは，統計上確認されてはいる．しかし，長期停滞の中で労働者の賃金水準は低く抑えられている．したがって，金利が低く，投資可能な内部資金が潤沢であるにもかかわらず，企業の固定資本投資の成長ペースは低いものとなったのだ．

■多国籍企業優先の国際経済制度の再構築

世界経済危機勃発後の国際関係は，既述のように大恐慌の時とは比べ物にならないほど協調的に進んだ．

1933年のロンドンの国際会議が，満足のいく成果が得られず，ブロック経済と第二次世界大戦に突き進んだことは既述の通りである．しかしその後の展開は，1944年 IMF の設立，1947年 GATT に基づく，固定相場制と国際資本取引の規制によって，国際貿易は順調に拡大した．ケインズ的自由貿易主義は，各国の財政・金融政策による積極的内需拡大政策に結びつき，雇用も拡大され，戦後の高度成長の牽引役を務めた．

しかし，今回の世界経済危機においては，初発の危機回避の財政・金融政策においては各国の協調が見られたものの，ギリシャ危機を契機とする EU 諸国の緊縮的財政政策は，国際貿易の順調な拡大の阻害要因となった．米国オバマ政権は，危機後，輸出の倍増政策を掲げたものの，輸出は外需に依存するわけだから，かけ声だけの政策として終了してしまった．

オバマ政権は，既述のように，2009年11月には TPP 交渉への参加を打ち出し，2015年10月には「大筋合意」にまで持って行き，議会に批准を迫った．しかしながら，2016年7月の共和党大会では，ドナルド・トランプ（Donald Trump）が，その秋におこなわれる大統領選の候補者に指名されたが，彼は TPP からの撤退を国民に呼びかけた．もちろん共和党は TPP 推進派が多くを占めるから，彼の主張通りにはいかず，またデマゴーグとしての彼の言動は一貫性がないからどうなるかはわからないが，「TPP に反対なのは，アメリカ国

内の雇用を流出させるから」と，一応まともな TPP 批判をおこなった．一方，民主党の大統領候補に指名されたヒラリー・クリントンは，本来ならば，オバマ政権の国務長官だったのだから，オバマ大統領が積極的に進める「大筋合意」の TPP を推進すると思われた．しかし彼女は，「大筋合意」の TPP を認めず再交渉を主張した．いずれにしても，大統領選に臨む両候補が「大筋合意」の TPP に反対の態度をとったのは，アメリカ国内の事態を考えれば，そのまま支持すれば落選することが目に見えているからだった．

　既述のように，TPP なる通商協定は，かつての GATT のように締結によって国際貿易とともに雇用が増加するということにつながらないのである．TPP 締結で貿易量はもちろん増加するだろう．これは，1994年の NAFTA が教えた教訓である．しかし，アメリカの雇用は増加はしなかったし，賃金の上昇もなかった．今日の貿易協定は，多国籍企業本位のものだから，企業の効率的なサプライチェーンの形成には大いに役に立ち貿易量は増加するのであるが，雇用は増えるとは限らない．賃金が高ければ，そうした地域から多国籍企業は賃金の低い地域に立地を移動させるだろう．これが効率的サプライチェーンの形成の意味なのである．

第 4 節　新自由主義的経済政策からの転換を求めて
　　　　　——バーニー・サンダースの民主的社会主義(9)

■サンダースの民主的社会主義

　アメリカによる新自由主義的経済政策は，今日政治的に疑問視され，多くの国民から批判の目で見られるようになっている．2016年の大統領選における「トランプ現象」「サンダース旋風」は，それを図らずも示したと言えるだろう．以下では，バーニー・サンダースの「民主的社会主義」の神髄は何かを論じながら，新自由主義的経済政策からの転換を展望してみる．

　サンダースは，なぜ自らをあえて「民主社会主義者」と言うのだろうか？その言葉は，戦後長らくアメリカを支配してきた共和・民主両党に対する批判の精神が込められていると言えるのではないだろうか．社会民主主義を標榜し

ながら，実際おこなってきたのは巨大資本・金融機関への追従政策だったということへの批判と言い換えてもいいかもしれない．

なぜなら，サンダースの民主的社会主義とは，1933年から1945年初めまでアメリカ大統領として人気のあったローズヴェルトの実施した政策を踏襲したものだからなのである．バーニー・サンダースは，次のように言っている．「ローズヴェルトが提案したことのほとんどが，『社会主義的』と呼ばれた．社会保障年金はこの国の高齢者の生活を変えたが，『社会主義的』だった．『最低賃金』という概念は，市場への過剰な介入と見なされ，『社会主義的』と称された．失業保険や児童労働の禁止，週40時間労働，団体交渉，強力な金融規制，預金保証，数百万人を働かせる就業労働，これら全て何らかの上で，『社会主義的』と称された．しかし，こうした事業は，アメリカを形作るものとなり，中間層の基盤となった」

2008年9月，リーマン・ショックに始まる世界経済危機は，大恐慌以来の経済危機だった．ローズヴェルト政権のニューディール政策が本格化するのは，1929年大恐慌勃発からかなり経ってのことだ．2016年，世界経済危機から8年経つ．しかし，巨大な富と所得の不平等は，ますますその深刻さを増している．「民主的社会主義が意味するのは，私たちは，富裕者だけでなく，全ての人に役に立つ経済を生み出さなければならないということだ」とサンダースは強調する．(10)

■サンダースの政策

それでは，サンダースはどのような方策によって，この巨大な富と所得の不平等を是正しようとするのだろうか？　サンダースの大統領候補をめざすにあたっての選挙公約の主な点を述べてみよう．

第1に，富裕者と大企業への課税強化だ．所得税の累進性の強化，富裕層，ウォール・ストリートの投資家たちへの増税だ．第2に，連邦最低賃金を2020年までに，時給7.25ドルから15ドルに引き上げる．第3に，5年をかけて道路，橋梁，鉄道，その他インフラ整備に1兆ドルを投資し，少なくとも1300万のアメリカ人に雇用を創り出す．第4に，雇用を損ない賃金下落となるNAFTAを撤回し，TPP協定を締結しない．第5に，55億ドルの若者雇用プロ

グラムへの投資によって，障害を持つ若者に，100万人の雇用を創り出す．第6に，給料支払い公正法によって，同一労働同一賃金を実現し，賃金の男女格差を是正する．第7に，全米の公立学校の授業料を無料にし，貧しさゆえに大学進学をあきらめざるをえないことをなくす．第8に，公的年金の充実を図り，すべてのアメリカ人が尊厳と尊敬の念で退職できるようにする．第9に，単一基金の健康保険によるメディケアを立法化し，市民の権利としての健康保険を保障し，国民皆保険制度の創設を図る．第10に，少なくとも12週の有給の家族疾病休暇や2週間の有給休暇を労働者が持てるようにする．第11に，質の高い児童ケアと就園前ケアの充実プログラムを実施する．第12に，雇用者自由選択法の制定によって，労働者が労働組合に入ることを容易にする．第13に，巨大金融機関の分割によって，大きくてつぶせないということがないようにする．世界金融危機真っただ中の7年前，納税者は，巨額な税金で巨大金融機関を救済し，今では4つに3つの巨大金融機関は救済前より80％も大きくなった．これらの銀行を分割する法律を成立させ，二度と大きくてつぶせないという状況を引き起こすことのないようにする．

　こうしたサンダースの大統領選挙にあたっての公約のいくつかは，7月にあった民主党全国大会において，大統領選に臨む2016年民主党綱領の中に反映された．なぜなら，予備選挙でのサンダース陣営の勢いを受けて，15人で構成された委員会のうち，5人がサンダースの指名した活動家や有識者によって構成されたからである．もっとも，TPPに関しては，サンダース陣営が主張するTPPからの撤退路線は認められず，「大筋合意」を認めず再交渉というクリントンの路線が貫かれたが，連邦最低賃金時給15ドルに関しては明記された[11]し，巨大金融機関についても，その貪欲さと無謀さと闘い，彼らの投機的行動を許さず，消費者を擁護する路線を明らかにしている[13]．

　こうしたサンダースの民主主義的改革は，多くの識者の賛同を得ている．ノーベル経済学賞を受賞した著名な経済学者ジョセフ・スティグリッツは，ドナルド・トランプ，ヒラリー・クリントン，バーニー・サンダースについて語っているが，全ての人への健康保険や家族のための有給休暇，あるいは有給の疾病休暇制度を聞かれて，「私はバーニー・サンダースが全く正しいと思う」と述べている．

2016年6月17日から3日間，シカゴで開かれたサンダース支援団体の「ピープルズ・サミット」では，カナダのジャーナリスト，ナオミ・クライン（Naomi Klein）が今後の運動について「次の段階の戦略と計画をともに議論することが必要だ」と指摘．ジョン・ニコルス（John Nichols）は，アメリカ各地の運動の様子や勢いを見てきた実感として，「この運動は高まりつづけるだろう」と語り，運動が前進し，決して負けないと自信を持つことを呼びかけた[14]．

　まさしく，2016年アメリカ大統領選挙の「サンダース旋風」は，一時の風で収まることはなさそうだ．そうなった時，サンダースの言う本当の意味での「政治革命」が始まることになるのであろう．

註
（1）　詳細は，バーニー・サンダース著，萩原伸次郎監訳『バーニー・サンダース自伝』大月書店，2016年を参照のこと．
（2）　M. Nadler and J. I. Bogen, *The Banking Crisis*, N. Y., 1933, p. 78; M. Friedman and A. J. Schwartz, *A Monetary History of the United States, 1867-1960*, Princeton, 1963, pp. 315-6.
（3）　この「金恐慌」を含むアメリカにおける全面的銀行崩壊の実態については，A. A. Ballantine, "When All the Banks Closed," *Harvard Business Review*, Vol. 26, No. 2, Marchを参照のこと．
（4）　U. S. Senate, Subcommittee of the Committee on Banking and Currency, Hearings, *Banking Act of 1935*, Washington, D. C., USGPO, 1935, p. 284.
（5）　この辺の議論は，R. N. Gardner, *Sterling-Dollar Diplomacy, The Origins and the Prospects of Our International Economic Order*, N. Y., 1969, 130.
（6）　アメリカにおけるIMF法案の成立事情については，*Ibid.*, pp. 133-43を参照のこと．
（7）　C. P. Kindleberger, *International Capital Movements, Based on the Marshall Lectures given at the University of Cambridge*, Cambridge, 1985, p. 43.
（8）　『2014米国経済白書』蒼天社出版，2014年7月30日，3ページ．
（9）　詳細は，萩原伸次郎「2016年米国大統領選と経済社会──『サンダース旋風』の歴史的意義は何か」（『前衛』2016年9月号）参照．
（10）　詳細は，『しんぶん赤旗』2016年4月19日付．
（11）　2016 Democratic Party Platform DRAFT, July1, 2016, p. 10.
（12）　*Ibid.*, p. 3.
（13）　*Ibid.*, p. 8.
（14）　『しんぶん赤旗』2016年6月29日付．

著者
萩原伸次郎（はぎわら しんじろう）
1947年　京都市生まれ
1976年　東京大学大学院経済学研究科博士課程単位修得退学
1978年　横浜国立大学経済学部助教授
1989年　横浜国立大学経済学部教授
1990-1991年　米国マサチューセッツ大学経済学部客員研究員
2000-2002年　横浜国立大学経済学部長
2002年　横浜国立大学大学院国際社会科学研究科教授
2013年　横浜国立大学を定年退職，同大学名誉教授

著書
『アメリカ経済政策史』有斐閣、1996年
『通商産業政策』日本経済評論社、2003年
『世界経済と企業行動』大月書店、2005年
『日本の構造「改革」とTPP』新日本出版社、2011年
『TPP　アメリカ発、第3の構造改革』かもがわ出版、2013年
『オバマの経済政策とアベノミクス』学習の友社、2015年
ほか多数

装幀　鈴木 衛

新自由主義と金融覇権——現代アメリカ経済政策史
（しんじゆうしゆぎ　きんゆうはけん　げんだい　けいざいせいさくし）

2016年11月10日　第1刷発行	定価はカバーに表示してあります

著　者　萩原　伸次郎
発行者　中川　進

〒113-0033　東京都文京区本郷2-11-9

発行所　株式会社　大月書店　　印刷　太平印刷社
　　　　　　　　　　　　　　　　製本　ブロケード

電話（代表）03-3813-4651　FAX 03-3813-4656／振替 00130-7-16387
http://www.otsukishoten.co.jp/

© Hagiwara Shinjiro 2016

本書の内容の一部あるいは全部を無断で複写複製（コピー）することは
法律で認められた場合を除き、著作者および出版社の権利の侵害となり
ますので、その場合にはあらかじめ小社あて許諾を求めてください

ISBN 978-4-272-15041-0　C0033　Printed in Japan

バーニー・サンダース自伝	バーニー・サンダース著 萩原伸次郎監訳	四六判四一六頁 本体二三〇〇円	
世界経済と企業行動 現代アメリカ経済分析序説	萩原伸次郎著	Ａ５判三〇四頁 本体二九〇〇円	
資本主義を超える マルクス理論入門	渡辺憲正・平子友長 後藤道夫・蓑輪明子 編	Ａ５判二六四頁 本体二四〇〇円	
これならわかる アメリカの歴史Ｑ＆Ａ	石出法太 石出みどり 著	Ａ５判一六〇頁 本体一六〇〇円	

―――― 大月書店刊 ――――
価格税別